非股民和股民都必须读的一本现代人必备经济读本

失败者叫股民，胜利者叫股神，没有只赚不赔的股民，只有永远的股市

股市何时崩盘？股市何时变牛？股市为什么会熊？

超前的股市涨跌预测，震撼的股市暴涨与暴跌内幕

股市魔咒

——剖析暴跌与暴涨下的利益争夺与股市战争

王　宇　寇俊玲　编著

股市暴跌何时才会休止？股市何时见底？牛市熊市到底是谁来决定？股市专家在为谁呐喊？股市是谁的提款机？

黑幕？白幕？谁在流血？

没有只涨的股票，只有利益的争夺

没有只跌的股市，只有振荡的战争

为谁哭泣，为谁 K 线，为谁努力，为谁捐钱

谁在希望股市暴涨，谁在希望股市暴跌

一个数据的交易场所，一场没有硝烟的战争

中国财政经济出版社

图书在版编目（CIP）数据

股市魔咒：剖析暴跌与暴涨下的利益争夺与股市战争/王宇，寇俊玲编著．—北京：中国财政经济出版社，2008.9

ISBN 978－7－5095－0964－7

Ⅰ．股…　Ⅱ．①王…　②…寇　Ⅲ．股票－资本市场－研究　Ⅳ．F830.91

中国版本图书馆CIP数据核字（2008）第142995号

责任编辑：付克华　　　　责任校对：张全录

封面设计：金大侠设计·闫历

中国财政经济出版社出版

URL：http：//www.cfeph.cn

E－mail：cfeph@cfeph.cn

社址：北京市海淀区阜成路甲28号　邮政编码：100142

发行处电话：88190406　财经书店电话：64033436

北京财经印刷厂印刷　各地新华书店经销

787×1092毫米　16开　15印张　250 000字

2008年9月第1版　2008年9月北京第2次印刷

印数：6 061—11 060　定价：35.00元

ISBN 978－7－5095－0964－7/F·0795

（图书出现印装问题，本社负责调换）

本社质量投诉电话：010－88190744

序一

这是一部每个股民不得不读的著作

每一位资深股民都知道如何看K线图，都知道如何看各种指数。但是，看过这本书的股民就会有不同的感受。因为这本书告诉了我们一些股民不能不知道的东西，而这些东西几乎没有人告诉过我们。

有一位特有名的股市专家告诉我们，有时股市的真实反应并不代表股市本身。这句话，也许很多人不懂，那么我们首先要看几个问题：

为什么说股市的涨跌与上市公司的业绩无关？

为什么股市在牛市时不能介入？

为什么股市在熊市时，永远谈不上见底？

为什么“长期持有”不会让股民得到实惠？

……

这还不是关键的，关键的问题还有：

股市为什么存在？这个问题很简单，但是有几个股民知道股市存在的真正目的？可以说在股市游荡的股民中，有80%以上人并不能说明白。

上市公司在上市后，为什么管理者会有年薪几千万的收入？这些钱是来自公司的营业收入还是股市？

为什么在中国股民来看是熊市，在外国投资者眼中中国的股市却是牛市？

为什么很多公司为上市不惜一切代价?

为什么上市公司的期权也能让普通员工一夜暴富?

……

这些问题，有多少股民真正能够回答?

《股市魔咒》告诉我们股市其实是一场股民、上市公司、上市公司股东、庄家等博弈的平台，是一场金钱方面的战争！这本书完全回答了上述很多股民不知道的问题。

股市是一场战争，战争本质上是人与人的实质对抗。股市发展到现在虽然比以前成熟多了，与多年前的股市已经是今非昔比，不再有制度上的缺陷可供股民利用，却依然处处透露着残酷与血腥。而现如今在股市中，战争的残酷与猛烈更是展现的淋漓尽致。

股市本应该是公平竞争的赚钱场所，但由于各国经济发展的速度不同，使得国际股市时刻处于动荡不安之中，而这种动荡则时时刻刻都在影响着国内股市的平静，从而打破了股市平稳发展的格局，使得股市的发展更是风云流转，变幻莫测。

《股市魔咒》一书就是把“虚拟”的“股市战争”体现在股市中，从国际、国内股市的发展、影响到股市中牛市、熊市的变更，从大股东与股民这对看不清的冤家，到把股市变身为自己的提款机的群体，从股评专家到股市黑嘴的更替出现，从股市中观红海创蓝海到股神赚钱招术的介绍，让人们在对国际、国内股市有一个更深切认识的同时，也让身在股市的人们对如何在股市中赚钱有了更明确的定义。该书也是一本让人们看清股市本质的平台，更是一本让人们摸清“战争”发展方向的凭据。身在股市拥有这样一本书，就等于拥有在股市战争中可能“小胜”的把握。

每个股民都应该读一下这本书，因为它确实值得每一位股民读。

北京大学政府管理学院　刘　爽

序二

中国股市何去何从？

2007年中国股市进入了大牛市，2008年上半年中国股市又进入了大熊市，2008年6月开始，中国股市将何去何从？2009年的股市何去何从？

中国股市是一个特殊的股票市场，目前来看与国际股市的规则并不一致。它的特殊性决定了中国股市的特殊性。

《股市魔咒》一书明确了预测股市以后走势的基本方法：

一、不能从上市公司的业绩来判断股票涨跌；

二、不能相信股评专家的话；

三、不能相信大家的观点，越多的人认为的观点一定是错的；

四、熊市是永远没有底的，它可能跌到任何一个数字。3000点不是底，2800点不是底，2000点也不是底，任何数字都不是底；

五、不要看网上大多数人的观点；

六、不听股民的建议，对非股民的人群更要多听一点他们的想法；

……

我们不能从这些来分析股市，我们又如何分析股市呢？

《股市魔咒》一书，对这些问题进行了分析，使股民对股市有了更深入的了解。本书对2008年6月开始到2010年的股市进行了大胆的预测。相信读了本书的读者对其中的观点进行研究之后，用于股市会对今后的操作大有益处。

有人说，没有人能预测股市，但是从大局来看，从一个旁观者的角度来看，也许能找到一些股市发展的动向。

有人说没有人能知道2009年的股市，但是，《股市魔咒》对2009年的预测也是空前的。读了《股市魔咒》后的读者也会对此有自己的观点。

如果说《股市魔咒》能让读者有一点收获，有一点终于“明白”的道理，终于知道了一些早该知道的知识的话，也许这本书就达到作者的目的。

所以，股市何去何从？也许读了《股市魔咒》，我们才能真正有一个正确的答案。

故荐此书，因为它真的很有阅读价值。

北京大学毕业生　刘　艳

前言

读完第一章，股民肯定会哭！

读完第一章，很多人会明白！

读完第一章，更多人会惊呆！

读完第一章，更多的人会陷入思考！

然而，第一章只是本书的开始……

股市是一种魔咒，当所有人认为股市将暴涨时，它一定会跌。同样，大多数人认为股市将暴跌时，它偏偏上涨。这些都是股市利益争夺的具体体现，也许股市本身就是一场战争，它让多少人胆战心惊！股市中战争的继续，让人们看到的不仅仅是战争的残酷……

股市战争的伊始是人与人的实质对抗，一路发展而来虽是今非昔比，却依然处处透露着残酷与血腥。股市犹如战场，在现如今的股市中，战争的残酷与猛烈更是展现的淋漓尽致，而在股市中占有一席之位的人从不打无准备之战，更不打无把握之战。

战争里虽说胜败乃兵家常事，但没有人不希望自己是战争的最终胜者。每一个人都有英雄情结，无论在现实世界还是在虚拟世界，股市中的战争是残酷的，虽然没有血腥，但这个虚拟的战争平台却让太多的人头破血流，同时也为人们提供了成为英雄的可能，如布什、SDM，也如身在股市的每一个人。每一个人都在用智慧和战术打一场弱者的保卫战，因为他们相信胜利不总是属于强者。

股市本是公平竞争的赚钱场所，但由于各国经济发展的不同速度，使得国际股市时刻处于动荡不安之中，而这种动荡则时时刻刻都在影响着国内股市的平静，从而打破了股市平稳发展的格局，使得股市的发展更是风云流转，变幻莫测。

股市的发展如火如荼，让人们看到了股市赚钱的高额利润，也使得越来越多的人争相涌入股市，但并不是所有人都对股市有着全面的了解。

战争的触目惊心让人叹为观止，股市的跌宕起伏也让人惊魂不定，战争不是游戏，也没有确定的结局。股市不是战场，但结局却已经有所固定。

战争给股市带来了无尽的想象力，使得股市战争的方式发生了许多实质性的转变，不再是丛林战、游击战，而变成了更为实质的城市战，一路攻城掠寨，虽然使得许多老股民颇不适应，但股市的发展丝毫没有受其战术改变的影响，发展势头依然旺盛。

股市的发展仰仗的是多方面的因素，许多人都以为周边股市与国内股市并没多大的关系，但实质却并非如此。国际股市的发展可谓是牵一发而动全身，通用货币的贬值、人民币的升值、油价的起伏等都可谓是牵一发而动全身，国内股市的发展更是与其紧紧相连。让我们设想一下，如果美国股市摆脱了熊市困扰，一路高歌唱进牛市，对国内股市会没有任何影响吗？

股市战争模式的转变，注定了各种负面因素的滋生！战争的不确定性也给股市平添了几分变数，各种陷阱、黑幕的产生更是让人们看到了股市的黑暗，为了让盲目的人们避免跳进股市各种各样机关里，为了将他们的损失降到最低，在股市中能做的就是尽可能地在这种变数中找到应对的方法，使资本在追逐利润的游戏中，在紧张而又悄然无声的游动中得以挽回，也使得人们对股市的内外发展有个更为全面的认识。

本书的实质就是把“股市中的魔咒”彻底进行分析，以希望能让读者参透股市战争中各方利益争夺中的一些玄机。从国际、国内股市的发展、影响到股市中牛市、熊市的变更，从股评专家到股市黑嘴的更替出现，在给人们介绍了股市中高手、富豪、大股东、股神等群体的炒股高招的同时，也为人们揭露了股评专家的骗人招术以及股市可能存在的各种陷阱，更让人们在炒股的同时对股市潜在的危险做足准备。

股市魔咒存在于整个股市的动荡中，利益的战争渗透于股市内部，《股市魔咒》揭露出股市利益战争的本质，它让无数人感慨，更让人心惊！

目录

第一章　大开场：股市各方谁能赢？ ……………………………（ 1 ）

读完第一章，有的股民肯定会流泪，有的股民肯定会惊呆，有的股民会明白一些更深层的东西。

读完第一章，很多人会明白什么是股市，更会明白什么是股票。读完第一章，更多人会惊呆！读完第一章，更多的人会陷入思考……

但是，第一章只是本书的开始……

股市是一个利益博弈的平台，无时无刻不在进行着一场股市战争。当前的中国股市有很多的漏洞，也有很多不合理的政策。当前股民也许不是需要好好地研究如何看K线图，不是需要更好地了解上市公司的业绩，也许更需要知道的是：当前股市是怎样的一场股市战争！

1. 上市公司：上市公司的利益永远是上市的理由 ……………（ 1 ）
2. 外国投资者：中国，永远的牛市 ……………………………（ 4 ）
3. 上市公司领导：上市真好 ……………………………………（ 7 ）
4. 上市公司员工：期权让我一夜暴富 …………………………（ 10 ）
5. 股民：我们怎么当了永远的冤大头？ ………………………（ 13 ）

第二章　国际、国内股市，血雨腥风红海战场 ……………………（ 17 ）

怎样地翻云覆雨？怎样地惊天动地？国际股市凭什么让人们几度痴迷，几度疯狂？这里，将为你展开国际股市的战争画卷……

人民币升值、次贷危机……，无不是国际股市战争的一部分，世界每个国家的股市无不是国家利益战争之后的一个微小表现，没有平静的股市，只有血腥的股市战场。国家之间、不同国家的财阀之间、不同国家的金融巨头之间也同样演绎着一场惊心动魄的股市战争。

1. 只有利益的争夺，只有永远的“股市战争” ………………（ 17 ）
2. 国际财阀，如何从股市中掠夺财富 …………………………（ 21 ）

3. 次贷危机与股市震荡 …………………………………………（26）
4. 人民币升值，与“股市战争”的血缘关系 ……………………（29）
5. 国际资本开道国际股市，疯狂掠夺中国财富 ………………（35）
第三章　牛市？熊市？谁决定 ………………………………………（39）

国内股市经历了怎样的低迷？跨越了怎样的障碍？为何在大风大浪中依然故我地稳坐江山？……

牛市、熊市到底由谁决定？是上市公司还是国际巨头？做为股民，应不应为股市的涨跌负哪怕一点点的责任？

面对国际股市的起伏不定，国内股市更是动荡不安，多少人在试图力挽狂澜。国外从一开始就已经形成了全流通的市场环境，而国内形成的却是股权分裂型市场，流通股超高溢价发行并单独上市，这种失衡的结构造成流通股上市后股价严重偏高。面对这种现状，面对其他国家的密切关注，想要力挽狂澜，不了解股市为什么牛、为什么熊怎么行？

1. 中国股市的牛市与熊市 ……………………………………（39）
2. 牛市有多牛 ……………………………………………………（44）
3. 牛市、熊市正确应对 …………………………………………（47）
4. 股市动荡中的牛市 ……………………………………………（52）
5. 股市救市，究竟是救什么 ……………………………………（56）
6. 没有永远的牛市，也没有永远的熊市 ………………………（59）
第四章　大股东与股民，看不清的冤家 ……………………………（64）

企业上市是为了弄到股民的钱，股民买股票是为了赚其他股民的钱，到底是企业与股民之间的战争，还是股民与股民之间的战争？

企业上市有多少是为了圈钱？公司高管为什么上市后瞬间成了更富有的富豪？富豪的钱到底是股民的钱还是自己的劳动所得？企业是有钱时上市还是缺钱时上市？上市公司与股民之间到底是怎样的一种“血腥”战争？……

1. 企业为什么上市？是圈钱还是发展？ ………………………（64）
2. 企业上市后为什么就有了资金？ ……………………………（68）
3. 国内股市与国际股市的距离 …………………………………（71）
4. 股民，企业圈钱的牺牲品还是胜利者 ………………………（73）
5. 上市公司的黑幕到底有多黑 …………………………………（76）
6. 上市公司黑幕背后的操作手段 ………………………………（80）
7. 多少企业在上市中创造富豪 …………………………………（83）

第五章　股市，哪些人的提款机 …………………………… (87)

人民币升值让谁提走了巨额财富？次贷危机为什么能让中国买单？股市大跌，巨额的财富流向了哪里？为什么99%的散户赔钱？

股市有时就是国际财阀的提款机，有时就是企业老总的小金库，有时就是在不停地掏股民的口袋，有时就是富豪玩的一个游戏……

1. 企业大股东股市赚钱也疯狂 ………………………… (87)
2. 富豪提款，股市赚钱有高招 ………………………… (91)
3. 股市，高手的小金库 ……………………………… (95)
4. 股市，庄家的提款机 ……………………………… (99)
5. 地产商圈地，醉翁之意在股市 ……………………… (103)

第六章　股评专家，他们在为谁呐喊 ……………………… (107)

股评专家整天在电视上、网络上呐喊，他们在干什么？他们代表了谁的利益？他们在为谁争取？有多少专家是骗子？又有多少专家是“托”？

没有专家就没有更多的黑幕；没有专家就没有无数人上当；没有专家的股市，就不会那么热闹；没有专家的股市，就没有大起大落……

1. 股评专家的话能信吗？ ……………………………… (107)
2. 股评专家，到底代表了哪些人的利益 ……………… (110)
3. 是股评专家还是股市骗子 …………………………… (113)
4. 股评“黑嘴”，不得不防 …………………………… (116)
5. 股评“专家”在股市 ……………………………… (121)

第七章　股市有乌贼，股民需要看清路 ……………………… (126)

股市自诞生那天起，就与“黑”有着天生的渊源：黑幕、黑庄、黑嘴……，有关股市，会有很多的信息，有谁知道哪一条是“乌贼”放的“烟幕弹”？

看似机遇，实则陷阱，里面暗藏杀机。

在一个充满欺诈与诱惑，虚伪与谎言的股市中，如何才能避免虚假上市？如何遏止股市中的腐败黑幕？如何才能在重重迷雾中立于不败之地？那些让你“狂赚”的机会，也许就是请君入瓮的陷阱。洞察黑幕陷阱，打赢股市之战！了解股市黑幕，才能每战必胜！

1. 真作假时假亦真，跨越消息陷阱 ……………………… (126)
2. 跳出“空头陷阱” ………………………………… (129)
3. 关联交易中的“猫腻” ……………………………… (133)

4. 重组黑幕，迷雾重重 …………………………………………（135）
5. 炮制“业绩”，意在“圈钱” ………………………………（139）
6. 庄家玩出来的骗局 ……………………………………………（143）
第八章　正视红海，雾里看花创蓝海 ………………………（148）

股市是一个红海，在这个红海里，有的人流血。但是总有人能独闯这个红海战场？什么样的眼光才能让人们看清股市？又是什么样的眼光让他们在红海中开创蓝海？

（蓝海，简单地说就是价格以外的竞争，多指出其不意的构想而带来的利益增长点。再简单地说，就是未知的市场空间。）

股市中，一种掘金理念的诞生，就代表一种投资方式的问世。在炒股成为潮流的今天，你方唱罢我方登台，一方守擂，一方攻擂，谁是最后的擂主，谁就能在股市中开辟自己的蓝海。

1. 股市中，有输必有赢 …………………………………………（148）
2. 股市，不论手段能赢就是高手 ………………………………（153）
3. 国内外投资理念的转变 ………………………………………（156）
4. 做“股林”常青树，坚持价值投资 …………………………（161）
5. 搏击股市，抛开羊群效应 ……………………………………（166）

第九章　股神内幕，赚钱多有弦外音 ………………………（170）

无数的股市传奇，无数的股神传说，有多少人像“散户”般炒股？有多少人不知道上市公司的底细？有多少人发家不是靠股票而是靠原始股？又有多少人是靠公司上市前拥有的股份？

身在股市中，每个人都希望自己能够不断积累财富，有朝一日成为专家或者大师，充分享受人生的巅峰体验。其实，像巴菲特、孔菲德这样的大师级人物，虽然他们获取的财富也富可敌国，但他们都有着同样的成长经历，而他们的经历也许让我们瞠目结舌！他们的股市发家传奇真的是像我们一样在股市上拼搏吗？让我们用另一只眼睛看这些股神吧……

1. 沃伦·巴菲特创造神话 ………………………………………（170）
2. 柏那尔·孔菲德从穷小子到股票巨人 ………………………（175）
3. 彼得·林奇的投资艺术 ………………………………………（179）
4. 伯纳德·巴鲁克创造奇迹 ……………………………………（184）
5. 本杰明·格雷厄姆的投资锦囊 ………………………………（188）
6. 吉姆·罗杰斯的远见投资 ……………………………………（192）
7. 威廉·欧奈尔笑傲股市 ………………………………………（196）

第十章 看国际国内，宏观、客观地看待股市 ……………………… (201)

股市涨跌的原因也许不是只有公司业绩能够影响的，一些富豪的说话和行为、国家政策、大灾难、战争等都是其中的因素。而这些因素很少是股民考虑的对象，也许这就可能决定了成功或失败……，怎样在股海中绕过急流险滩？怎样才算真正做到了谨慎入市？怎样才能打赢这场“股海”之战？也许正确客观地看待股市，才是一个基本正确的方案。

股市热浪滚滚，似乎只要敢买就能赚。于是谨慎被嘲笑为胆小，追涨成了潮流，风险被繁荣遮盖。要想游刃股市有余，就要铭记：股市有风险，入市须谨慎！股市升降是综合性的因素造成的，必须修炼自身的本领，提高综合信息的能力，才能让利润奔跑起来！

1. 世界上从来就没有“没有股灾”的股市 ……………………… (201)
2. 股市泡沫与股市灾难 ……………………………………… (206)
3. 利用正确信息来看待股市 ………………………………… (211)
4. 国际与国内形势严重影响股市 …………………………… (217)
5. 全球股市互相影响 ………………………………………… (220)

第一章

大开场：股市各方谁能赢?

读完第一章，有的股民肯定会流泪，有的股民肯定会惊呆，有的股民会明白一些更深层的东西。

读完第一章，很多人会明白什么是股市，更会明白什么是股票。读完第一章，更多人会惊呆！读完第一章，更多的人会陷入思考……

但是，第一章只是本书的开始……

> 股市是一个利益博弈的平台，无时无刻不在进行着一场股市战争。当前的中国股市有很多的漏洞，也有很多不合理的政策。当前股民也许不是需要好好地研究如何看K线图，不是需要更好地了解上市公司的业绩，也许更需要知道的是：当前股市是怎样的一场股市战争！

1. 上市公司：上市公司的利益永远是上市的理由

公司上市，令无数的企业管理者、企业员工疯狂，创造了无数的神话。上市让公司的董事长一夜之间成为福布斯富豪排行榜前几名的报道屡见不鲜。为什么上市能创造那么多富豪？这些上市后的富豪的财富是从哪里来的？是从无数股民口袋中拿来的，还是富豪本身创造的财富？

作为上市公司，公司上市的首要目的就是希望从股市中弄到可以发展的金钱，这点，我们从来就不会不承认。股票的存在就是为了在股市中弄到企业发展的资金，作为上市公司，我们发展需要那么多的钱从何而来，当然是从广大股民中索取了。

什么是股票？教科书上说得很明白：股票是有价证券的一种主要形式，是指股份有限公司签发的证明股东所持股份的凭证。

公司通过中国证监会审批可以上市发行股票，发行股票的目的在于融资，公司获得新的投资资金，扩大经营资本。这是公司上市的目的。

股票的收益性是股票最基本的特征，它是指持有股票可以为投资者带来收益的特性。持有股票的目的在于获取收益。股票的收益可以分成两类：第一类来自股份有限公司的股息和红利；第二类来自股票流通的差价。

然而中国股市的情况对以上的定义就有一些区别：

第一，中国的股票基本上不分红，这与世界股市有着本质的区别。

第二，中国的股民只能通过股票的流通形成的差价来获得利益。这就注定了，股民买了股票后，只能从其他股民那获得一种差价利益，基本上从上市公司里得不到更多的利益的。所以，上市公司的业绩只能是影响其他股民的一种手段，不是股票大涨的理由。

从以上可以看出，股市就好比上市公司的提款机，想什么时候提款就什么时候提，当然，这与广大股民的支持是分不开的，如果没有股民把钱投入股市，哪会有上市公司的融资。作为上市公司，他们代表所有的上市公司向广大股民致谢，没有股民可能就不会有上市公司辉煌的今天。股民就是上市公司的财神爷，因此，上市公司打心眼里祝每个股民都能够健康长寿，因为这样才可以保证上市公司能融资，有充足的资金用于发展企业。

对于上市公司来说，需要告诉某些股民，不要想把上市公司怎么样，因为这是不可能的。除非你不当股民，这样才能与上市公司无关。只要你是股民，你就不得不给上市公司提供用于发展的资金。

作为上市公司，他们上市的目的就是为了在股市上融资，不融资上市公司就没有了上市的理由。再说股市上融资得到的钱不用还啊！比借钱或贷款强多了。再说了，上市融资“不融白不融”，这一点没有人不知道，大家都不是傻子，就算是傻子也会为自己争取更多的利益！这一点每个股民其实都能明白，只是无数股民都有一种梦想，就是这种想发财的梦想把他们拉入了这个无底的深渊。一部分股民对上市公司“融资圈钱”的行为可以说是恨之入骨，其实上市公司也没办法，不融资公司如何发展，上市公司是支撑股市的有力支柱，企业无法发展必然会造成股市的低迷，就算上市公司自己不去融资，在有关政策和人员的指导下，很多企业也会走向融资的道路。因此，作为股民，你们必须接受这一无法改变的现实。

其实，上市公司也希望有钱大家一起赚，可是，有几家上市公司能把赚来的钱大把地给股民？这在历史上，有少有这样的事情。很多股民总是会因为这样那样的原因赔个精光，这其中部分原因是因为上市公司的原因。但是，也有部分原因出在股民自身，很多股民过于贪婪，总想着一夜暴富，因此赚了还想赚得更多，最后也只能落得套牢的结局。

一直以来，很多股民都在抱怨上市公司不披露真实的信息，其实这是一个很简单的问题，公布上市公司的真实信息又有什么用？上市公司就算赢利也不会返回股市，上市公司就算赔钱了，也不能让股民承担。也就是说，上市公司上市后，与股民基本上就没有太多的关系。所以，公布上市公司的业绩好，只是让无数股民掏更多的钱投入股市的理由，别的没有任何作用。这些公布的数字只是用来影响股民心情和操作的方式，从而引起股市的跌或涨。

无论上市公司是不是诚实地告诉股民上市的目的，仍然会有很多人一直心甘情愿地掏腰包进入股市。那是因为无数的股民都有“赌徒”心理。上市公司和钱又没有仇，没有人会和钱过不去，能上市融资，谁会把可以到手的钱往外推？因为没有人可以打败自己贪婪的心魔，上市公司当然也不例外。

作为上市公司，只有将业绩做好了，股民朋友们才能看到希望，从而投身于股市。其实上市公司的业绩与股票市场和股票升降是没有关系的。很多股民朋友们在赔钱之后，才发现被上市公司骗了，说上市公司炮制业绩，其实股市也就是靠所谓的公司业绩的好坏来影响人们的心态，从而来影响股市。股市只有涨跌，股市才会存在，上市公司才能永远做下去。因此，上市公司只能将业绩做得好一点，从而吸引住股民朋友们的眼球，继续往里投钱。虽然很多上市公司因为这个原因而走向了不归路，但这依然无法改变上市公司继续想法吸引股民的决心，业绩就是上市公司的命脉和财源，上市公司怎么可能自己掐断自己的命脉和财源？

作为一个上市企业，压力比股民的压力要大得多，公司要走可持续发展的道路，就不得不为自己铺好路基，其中最重要的就是资金。为了从股市中得到更多的资金，各式各样的报表就是上市公司生存的血液，因为广大股民都是通过上市公司的报表来抉择是否投资的。因此，为了更好地生存，上市公司只能将报表做的更漂亮一些，只有这样才能保证上市公司的利益最大化。

当公司处于低迷时期，为了让更多的股民投资上市公司的股票，有时上市公司会让一些所谓的股市专家帮上市公司做广告。这些股市专家的力量是无法估量的，在他们的呼唤下，公司有时总能起死回生。股民的钱就像源源不断地流水，流入了上市公司的账户。你见过哪位股评专家是在建议大家不买某某股票的？他们都是在劝大家应尽快买某某股票。这一点，他们的目的其实已经告诉了大家，只是很多人还会继续听他们的。

其实这也不能完全怪上市公司，怪也只能怪有些股民太天真了，股市中没有专家，那些所谓的专家只不过是上市公司的“托”罢了，然而总有一部分股民将他们的话当成真理，他们怎么说股民朋友就怎么做，这又能怪谁？

……

> 作为上市公司，赚钱是公司唯一的目的，上市公司不是仁慈的慈善家，因此永远不会考虑股民是否会倾家荡产，我们追求的永远是利益的最大化。每家上市公司都希望：有力量打破重重的困难，成为股市战争中最大的胜利者。

无论何时何地，每一个股民都不要忘了股市存在的基本目的：股市是为上市公司的发展融资的渠道。

2. 外国投资者：中国，永远的牛市

中国的股市太神奇了，因为外国人买中国的股票可以用低于中国人的价格买到。世界股市只有中国有这样的机会，这可是千载难逢的机会，不赚白不赚。所以，作为外

国投资者，中国真的是一个机会。再说，还可以在中国上市公司上市前投入进行控股，就像巴菲特，可以先把钱投入到中石油，等中石油上市后，看好机会全抛股票，哪有不赢利的道理啊。

中国股市的潜在能力实在是太大了，在外国投资者看来，中国股市不论何时，都是牛市。中国的政策对外国投资者有很多优惠条件，外国投资者可以用很低的价格买到中国股票，也可以用很少的投入得到中国公司上市前的股权。这很重要，因为得到上市前的股权在将来公司上市后，外国投资者可以马上进入股市套利，然后得到比投资时多很多倍的利益。所以很多外国投资者看到了在中国投资的希望和未来。很多人都急切地渴盼着能够尽快在中国股市进行投资，因为这将带给他们难以想象的无穷财富！中国的牛市行情是谁也拦不住的，因此将有更多的外国投资者继续在中国股市进行“弄潮”。

中国的上证综合指数在2006年上涨超过了120%，2007年元月中旬，沪深股市总市值又一举超过了1万亿美元。仅在圣诞节至元旦期间，一些大盘蓝筹股的涨幅就高达30%。这种令人疯狂的行情吸引着我们的资金如洪水般涌入香港，抢购在香港上市的内地公司的股票，从而推动了其总市值突破2万亿美元，远远超过了当时中国的国内生产总值。

由于中国经济呈不断走强的趋势，外国投资者对中国股市的关注开始变得越来越密切起来，将目光全部投向了中国。“投资中国”早已经成为诸多国际战略投资家的共识，莫衷一是的是，外国投资者基本上都能够从中获得短期或长久的实惠。

2008年6月16日又是一千多家股票跌停板（跌幅10%），虽然此前中国股民早已习惯了跌停板，只是这次的跌停板和以往都不同，它是广大股民的资金被掏空的标志。2007年仅银行和房地产被外国投资者掏走的财富就超过了3万亿。而中国全年的经济增长才只有2万亿，也就是说，外国投资者和上市公司相当于拿走了中国每年经济发展的财富增量，而且还在不断地加大对原有财富存量的占有。

通过投资，外国投资者可以控股中国的一部分产业，可以控股中国银行，可以进入到中国经济和金融的各个角落，已成不可阻挡的历史大潮。在银监会宣布允许投资者控股中国银行业以后，中国人民银行又以银行令的形式宣布允许非金融企业进入金融市场发行中期票据，前者将把银行控股权给了外国投资者，而后者则把企业财富交给了银行。如此一来，中国所有的财富都有可能被这些外国投资者所控制。

我们中间的国际投资巨头罗杰斯在很早以前，就曾经预测美国经济即将进入衰退期，于是连续减持手中的美国企业股票。在担忧美国经济前景的同时，罗杰斯指出，全球经济存在很多机遇，特别在中国。罗杰斯发现投资中国股市才是最赚钱的，中国股市存在很多好的投资目标。罗杰斯举家迁往了新加坡，以期方便管理在中国的业务。他指出，经历了近期的调整之后，中国市场拥有非常大的发展空间。罗杰斯还表示，美国遇到的经济困难不会对中国经济造成大的拖累，虽然之中难免会有一些关联较密切的投资受到影响，但中国经济部分领域甚至根本不会感到美国经济的衰退。罗杰斯指出，应把投资重点放在一些高增长行业，比如旅游、农业、电力、航空等项目上面。

值得深思的是，为何对于外国投资者来说，中国股市永远都是牛市，而对于中国人来说却永远是熊市。与中国普通股民来比，起点不同，股价不同，投资数额不同，站的角度不同，所以，结果就不同。

在我们看来，中国国内投资者在股市中几乎没有人真正挣到钱，中国股市上的各种机构和个人投资者几乎全部都是亏损的，并且是巨额亏损。中国股市经历了淘汰“大户”、淘汰庄家、淘汰券商等几个大的阶段。在这几次大的淘汰之中，无数的市值灰飞烟灭，据说，每次大淘汰都有一批人破产，但数据无从统计。在中国的散户中，一项公开的调查数据显示，其中99%以上的投资者是亏损的，而亏损达到50%以上的占主流。

另外，我们发现，中国股市之中的大股东很少关心股票价格，更不要说关心股民的死活了。由此，使得市场处于混乱之中，使中国投资者在投资之时，充满了盲目性和猜测性。

中国股市中到处都是蓄意圈钱的投资者。中国很多的上市公司都是那些资金上存在困难，而且效率低下的国有企业，依靠在股市中圈钱来维持企业的生存，可是大多数这样的企业，因为本身就缺乏适应市场的竞争力，所以，圈钱也只不过是为了解决一时的问题，解决不了一世。因此，中国上市公司中就出现了一大批这样的劣质企业。上市质量提不上去，上市公司始终得不到根本性的改变。如此恶性循环下去，对中国国内的投资者来说，自然总是处于水身火热之中，永远不会赚到什么大钱。

作为外国投资者，如果没有掌握大量的股市投资知识以及颇具远见的投资目光，在投资中国股市之前如果没有深刻地了解和调查，是绝对不会妄自进行投资的。中国股市犹如一个到处充满投机空隙的大金库一样，只要稍微动一下脑子，用一点心计，便能够收获不菲的成绩，何乐而不为呢？

中国有句古话说："当局者迷，旁观者清"。虽然从严格意义上来讲，外国投资者算不上什么旁观者，因为他们也把资金大量地投在中国股市之中，也在依靠中国股市而获取利润。但是，他们在做每一笔投资之前，都会做一番周密的投资计划，能够准确估算出大概能赚多少钱，以及会赔进去多少钱（赔的钱当然是少量的，掩人耳目而已）。他们对自己所做的每一次投资决策都有十分清醒的认识。

正所谓："知己知彼，百战不殆。"外国投资者在深刻了解中国股市现状的同时，深知自身所存在的优劣之处。他们相信自己的战略眼光，不管在中国国人眼中，中国股票市场将发生什么样大的变动，对他们来说，中国股市永远都处在"牛市"，原因很简单，在中国股市很容易赚钱。

中国股市对外国投资者、中国广大股民的不同待遇，也许是目前政策制度下，股民没法改变的一个痛。

3. 上市公司领导：上市真好

公司上市了，作为公司的法人或管理者，真的是一个好消息，因为之前所有虚拟的股票数字马上就变成了真金白银。上市前也许只有一个拥有股票的数字，上市后这些数字就会有机会变成真正的财富。再说了，上市后，上市公司领导的年薪可是马上升到一个天文数字。上市真好，真的很好。

奥运马上就要来临了，你去看么？
火箭可以载人了，你能上么？
石油涨了，你买单了么？
如果你的回答都是否定的，那我不得不给你说一个道理，其实石油涨价你买单了。中国石油上市半年多啦！它为什么会上市？原因是什么？

这要从上市公司说起：上市公司上市，为的是融资，这从股票的定义中就能看出。说白点，就是从股市拿钱。既然是到股市拿钱，自然上市公司没有赔钱的可能。从道理上讲，上市融资得到的钱只能用于公司发展。当然是不是全部用于发展，作为股民是不可能查上市公司的账的。股民为什么花钱买股票？这个还要问股民了。整个地球都说买股票是为了投资，是为了能获得红利。然而，中国大陆股市例外，中国大陆的股市主要是为了股票流通过程中通过买卖的差价来获得利益。

这样一个现实我们必须看到，从股市的设立之初开始，股市的定位便是供上市公司“融资”的，也就说为上市公司没钱发展找到一个得到钱的方法。用大白话来讲，公司上市就是向股市说“拿钱来”，也正因为如此，我们看到，一些将要破产的公司把自己乔装打扮一番，然后便到股市高价圈钱。

当然，最能体现圈钱本质的，主要体现在上市公司股本结构的设置与发行价格的确定上。将股份分成流通股与非流通股，其中流通股高价发行，非流通股面值发行。国有股、法人股 1 元钱可买到的股票（甚至白送），却按 20 元、30 元，甚至 40 元以上的价格卖给流通股股东。而且这些只是一切的开始，1 元钱买来的股票经过一些方法，可以以 20、30 元的价格在市面上流通，所以，得到这样 1 元的股票是不可能赔钱的。

自从我国启动股权分置改革以来，管理层出台了许多新政策为股改保驾护航，比如证监会发布的《上市公司回购流通股操作细则》就允许上市公司控股股东根据股改的需要增持或回购流通股，我们由此可以得出结论，在即将到来的全流通时代，上市公司大股东将成为股市上合法的庄家，有能力随意左右本公司的股票交易价格。

由于流通股自身只占总股本的 30% 左右，甚至比这些更少，于是，上市公司的企业领导可利用投资者的赌性，在投资者炒高股价后，然后进行再融资，从而将圈钱进行到底。而从管理层来说，他们也是为上市公司圈钱服务的，我们还可以看到，上市公司圈钱的门槛越来越低，管理层将圈钱的门槛一降再降，以至发展到如今，就连亏损公司、成立不满 3 年的公司也都能上市圈钱。

现在的机构，上市公司的领导都以市盈率来评价公司每股的价值，因为这些对他们来说是专业的和理智的。资本市场的吸引力是巨大的，也正由此引来了许多企业和中介机构的狂热追求。他们体会到了资本市场十足的魅力。然而，在当前市场中，更多的企业能够通过中介机构的“操作”来上市，无论这家公司是不是一家能够有很好发展的公司。甚至很多上市公司无法理解、也不清楚企业为什么要上市，更不知道上市到底意味着什么。但是这些公司明白，上市后，就能得到钱。当然这些钱来自股市，来自很多股民。至于为什么那些股民把辛辛苦苦赚来的钱投入股市？那只有股民自己能回答了。

一般情况下，我国的企业上市都有两个目的，即融资和打通与国际资本市场接轨的渠道。上市，对于企业来说是一种转型，更是一种质的飞跃。一方面，上市可以使公司治理结构与国际上先进的公司治理结构接轨。另一方面，它能够使企业走上一条生产经营和资本经营相结合的道路，通过利用资本市场来填充资金缺口。

企业上市的目的也是为了融资，它通过资本市场的多年发展进行融资的目的也已经被大众所广泛认识，通过发行或增发股票，企业可以募集大量社会资金加快企业发展。这是资本市场的重要功能之一，也是许多企业上市的重要目的。除此之外，资本市场的许多功能都尚未被大多数企业所认识。

由于财富神话在社会中不断出现，资本市场才真正开始被越来越多的人所认知。“以钱赚钱”、“并购扩张”的做法开始不断改变企业的发展模式，“产业＋资本”的新商业模式改变了传统“用锄头精耕细作”的发展，取而代之的是“机械化精益生产”的快速发展。企业需要做的就是尽快学会“如何用挖掘机赚钱”。

我国的股票市场是改革开放后管理层采取渐进式市场经济模式为导向的大背景下产生的。企业上市的有意“圈钱”行为实际上是旧体制下企业“投资饥渴症”行为的延续。我国上市公司大多数是从国有企业改制而来，软预算约束在没有得到彻底改进的情况下，过度“圈钱”行为也就难免，而且关键是在我国传统的官本位及地方政府保护主义的影响下，企业原有的“投资饥渴症”意识并没有因为增加几个社会股东而削弱。

由此可见，在股票市场上融资者群体和投资者群体“结构分布”本身就不平等关系，赋予给上市公司的优越地位，为其能够在市场上过度“圈钱”提供了方便。我国上市公司产生的特殊背景为过度“圈钱”提供了土壤，我国股票市场的产生是改革开放后管理层采取渐进式市场经济模式为导向的大背景下产生的，其产生的基础存在着制度上的先天缺陷。

从以上来看，上市唯一的目的就是融资，融资也就是从股市得到很多用于公司发展的资金，这些资金来自股市，当然也是来自股民。上市真好，上市前，公司没有钱，上市后，公司有钱了，上市公司领导年薪也高了，有时高达年薪几千万元。如果公司不上市，这样高的年薪是不可能的。所以说啊，公司上市真好！

4. 上市公司员工：期权让我一夜暴富

公司上市，对于一个上市公司的普通员工来说，真的是一件值得庆幸的事。上市前公司领导给我许诺的期权终于可以由一个虚拟的数字变成真正的财富了。我们可以把这些变成股票的期权，寻找到合适的机会与很多股民用很高的价格才能买到的股票一起，以市场高价卖掉。于是，我也可以有房子、有车子了。至于我套现这些股票的钱来自哪里，这个我可管不着，反正我们有钱了，哈哈。

股票期权到底是绣球还是仙人球？“股票期权”是否值得期待？股票期权真的可以让公司员工一夜暴富吗？员工是要股票期权还是要高工资？作为上市公司的一名员工，期权让我一夜暴富，我当然选择股票期权。

的确，股票期权可以让无数上市公司的员工一夜暴富，但其来龙去脉却鲜为人知。

所谓股票期权的含义，也就是指一个公司授予其员工在一定的期限里（比如5年或者10年），按照该授权日股票的公平市场价格（FMV），即固定的期权价格购买一定份额的公司股票的权利。执行期权的时候，享有期权的员工仅需要支付期权价格即可，而不用关注当日股票的交易价是多少，之后便可获得期权项下的股票。期权价格和当日交易价之间的差额就是该员工实际所得的利润。假如该员工在行使期权时，想马上兑现获利，则可直接售出其期权项下的股票，得到其间的现金差额，并不是必须要有一个持有股票的过程。从其本质来看，股票期权其实就是一种受益权，即享受期权项下的股票因价格上涨而带来的利益的权利。

比如，以某公司授予其员工200股为期10年的期权为例，如果授予日股票的价格为每股 100 元，那么该员工就可以在规定时期内任何一天行使期权，也就是以 100 元 1 股的价格购买 200 股该公司的股票。如果此股票平均每年价格上升 20%，那么，3 年以后股票价格就是每股 173 元。如果此时该员工行使期权，便可获取 15600 元的利润。如果某个员工在 10 年的最后的期限才行使期权，那时股票价格升为每股 620 元，那么他便可以获取 104000 元的利润。假如 3 年后行使期权，员工可将其获得的 15600 元进行再投资，年回报率也是 20%，那么，7 年之后，他总共可获取 52314 元的利润，很不划算。这个员工曾说，期权之所以让我一夜暴富，主要是因为我所持有的期权期限相当长。由此可以说，如果在把握时机和耐心程度上有所差别，其从同一期权中获利的情况也是大大不同的。

作为一名普通的员工，虽然有自行选择行使或不行使其股票期权的权利，但结果是一样的，那就是肯定不会赔钱。我们的代价只是必须在公司工作一段特定的期限。因为在许多上市公司的股票期权规划中，要求员工离开公司时，公司有权没收其享有的期权，或者要求离职员工快速行使其期权。

对于发行股票期权的公司来说，它所获取的好处也是显而易见的。持有股票期权的员工的收益，完全是由公司股票上涨的幅度决定的，公司本身不会承担任何担保责任和风险。

自 2001 年以来，对于员工持股计划的运作，确实也获得了不少成效，这也使得越来越多的公司实行了或即将实行员工持股计划。曾有权威公司做过统计，《财富》杂志前 200 强的公司中至少有 50% 的公司，对行政层以下的员工给予了股票期权，可以说，不少于 20% 的公司对 50% 以上的员工给予了股票期权。

实行员工股票期权计划，主要是遵循了这样一条基本原则：人们对于自己的东西，总的来说会更在乎一些。一旦我们拥有了公司股份的期权，我们和企业的利益就相辅相成、密不可分。从心理方面而言，这样的好处就在于我们可以树立起主人翁的责任感，以主人翁的方式行动，竭尽全力地使企业取得更佳的业绩。因为企业经营的好坏，将直接决定着期权拥有者的受益情况。

另外，由于股票期权是一种长期性的受益权，因此持有期权的期限越长，利益最大化的可能性也就越大。所以，无论作为公司的高级管理层和普通员工，均能从长期利益的角度来对待自己和公司的发展，从一定程度上规避了短期行为。

当然，使股票期权计划充分发挥其作用，很大程度可以激励我们，从而提升公司的业绩。但我觉得最重要的还在于精心设计，权衡各方面的因素。例如，发放期权的范围如何确定？是发给全体员工，还是只发给一定级别以上的员工？员工级别不同是否可以享有相同数量的期权？除此之外，还要考虑如期权计划的期限。时限太短则对公司和对员工意义不大；时限过长，则会因可变因素太多而造成实际操作困难。

因为发行员工股票期权与公司股东的利益密切相关，所以需要得到股东的批准和支持。如果员工股票期权计划实施成功，不仅可以激励我们的工作积极性，提升公司业绩，股票价格也会随之上涨，股东的投资就可获取更高的回报率。不过，一旦员工股票期权发行过量，则公司的收益就会大量流向公司的员工，而股东的投资回报率就会降低，从而背离了发行股票期权的终极目标——增加投资者的回报率。也就是说，股东的投资回报率降低，就会直接影响股票的价格，这样享有股票期权的员工其利益也会随之减少。所以说，作为员工，与股东之间可以说是一荣俱荣，一损俱损的关系。

然而，一旦我们仅仅把股票期权看作是一种额外福利的话，则股票期权计划就很难发挥其应有的作用。因为我们常常趋向于把公司提供的福利，看成是自己应得的，其激励作用难以长久。故而，实施员工股票期权计划的另一个关键环节就是宣传。西方的许多大公司都会花费很多精力和时间，来宣传自己的股票期权计划。如国外的翰威特公司，过去一度受雇于多家大公司，以此来推行这些公司的全球性股票期权计划。通过印刷宣传小册子，或通过网络、多媒体、庆祝大会等方式，以便达到宣传股票期权计划的目的。

不过，公司也亟须向我们详细解释股票期权是怎样运作的，我们从中可获取什么利润，如何才可以效益最大化，以及拥有股票期权与我们自己从股市上购买股票有什么样的不同。从一定角度而言，公司对待股东和员工是一视同仁的，也定时或不定时地向持有期权的员工宣布公司经营方面的信息，以便让我们有一种归属感，觉得自己是公司的所有者，从而激发了我们的工作积极性。

概而言之，公司是借助于员工期权这盏明灯，使全体员工都看到企业前进的道路，齐心努力，成功之后共同分享成果。就如同通用电气总裁韦尔奇曾经说过的：“22 万名公司员工，不论级别都享有股票期权，因而都被一种非常明确的财务上的因素所激励，一起努力致力于公司业绩的提高。这就使员工的个人利益、公司利益、股东利益，都统一于公司经营业绩这一强有力的基础之上。”

最后，我忘了说一点：公司许诺给我们员工的期权，公司并没有付出什么金钱。作为员工可以用很少的钱或根本就不用钱就会拥有公司上市后的股票。公司上市后，市面上的股票价格当然相当高，一般都会几十元一股。而公司员工的期权变成股票后，基本上不用付出什么资金。这样一般的股民是不同的，他们需要付出很多的资金来买股票。股民买到股票后，如果股票下跌的话，他们就会赔钱。而我们永远不会赔钱，因为股票不可能跌到一、二元一股！再说了，我们根据实际情况可把手头的期权高价转让或直接以股票的形式卖出，这样我们就能把虚拟的数字变成实实在在的真金白银。我们这些钱哪来的？那还用说，肯定是广大股民的钱了！

> 对于上市公司的员工来说，期权是员工将来在公司上市后变成富豪的捷径。对于公司来说，许诺员工期权，对公司损失也不大，不用付出现金，只需要许诺一个数字。这种“双赢”的结局就注定了很多公司都会这样做。

上市公司在上市之前，许诺员工的期权本来就是一种变相地搜刮股民财富的手段，这是在用股民的钱，讨好公司的员工。

5. 股民：我们怎么当了永远的冤大头？

在上市公司、上市公司法人、上市公司管理者、上市公司大股东的利益博弈中，普通股民几乎没有任何可以获利的机会。我们永远被一些把我们引导到一个无底洞的谎言所吸引，在股市上像个无头的苍蝇。也许我们永远都是冤大头。

提到股市，真是让我们又爱又恨。许多人和我们一样都以为进入股市就可以大赚特赚了，却没想到进入股市就再没有了出市的机会，那些拥有实力的、能影响股市的人尚可在其中占得一席之位，若无钱、没有内部消息、没有能力买到原始股、没有能力获得公司期权的人则只会成为任人宰割的冤大头。这是股市的潜规则，也是股市竞争下的必然现象。

也许我们没有什么机会。公司法人有法人股，控股人有自己的股份，员工有期权。这些在公司上市后，就会通过一些方法获得花很多钱才能拥有的股票流通权。问题是：他们获得这些股票，也许每股只需要一两元的成本，而股民需要付出几十元的代价才能得到一股。一旦全部变成一样的流通股，公司法人、控股者、公司拥有期权的员工马上就可以抛出手中的股票，他们永远不会赔，除非股票跌到一元以下。如果股票真跌到一元以下，股民还能有几个不赔死？

孟子曾说过："民为贵，社稷次之，君为轻。"这句话用在股市中再恰当不过，民即股民，社稷即股市，君即股市的掌权者。如此说来，我们股民在股市中是最应该受到重视的，也理应是获利的基础所在，但事实却恰恰相反。没权没势的我们虽然在股市中所占的比重最大，但同时也是赔钱最多的群体。我和其他人一样从进入股市初期就一直赔钱，都说股市是最大的利益场所，但身在其中的我们却丝毫没有尝到利益的甜头。因为决定股市的涨跌始终是那些所谓的庄家。而在其中沦为冤大头的就是我们这些靠微薄工资来买股票并希望发财的股民，这样的结果不得不让人感到疑惑：为什么我们会成为冤大头？

说到冤大头，这就不得不从股市发展现状说起。股市的发展力量是庞大的，身在股市的人无论是投资者还是大企业或者老百姓，总是习惯性地把自己叫做股民。但股市的阶级分层是明显的。身在股市的大企业和投资者不是上市公司就是其背后的操纵者，这些人大多掌握着股市的生杀大权，而我们这些股民则是纯粹靠股市赚钱的人，大多没有雄厚的资本，亦没有操纵股市的能力，只有随着股市的跌涨浪潮而随波逐流。没有自主权使得我们只能听命于玩弄权势者，若能审识度势还好，但若是判断失识，终将被掌权者一路斩杀，稳坐冤大头的位置。而且在现如今的股市中成为冤大头的股民也越来越多。

股市中的斗争是残酷的，在股市里就像在战场一样，这个杀机四伏的赚钱场所吸引了无数的像我们一样渴望赚钱的人，虽然逐渐走出了一开始的毫无头绪，却也让我看到了一个残酷的事实是：股市中大多数人亏损，只有少部分人保本，而真正稳定获利的股民只有极少数。如果给个比例的话，或许是85%的人亏损，10%的人保本，只有5%的人获利。这个比例的准确性并不重要，重要的是本来明明是 85% 的人获利，为什么股市发展到今天，却有 2/3 还要多的人成为股市的冤大头？股民朋友如果不在这个问题上弄个明白，无论占尽股市多大的先机也是徒劳。即使输了，也要输个明白，不能一直做冤大头，相信这是每个股民朋友的心声。

股市的竞争是残酷的，在我们股民中间一直有这样一个比喻：股市中的投资者和股民就好比狼群在羊群的养育下迅速壮大一样，新股民的不断加入就相当于不断繁殖的羊群，源源不断地为狼群提供食物。这种比喻的讽刺意味极大，却最能真实地反映出股市的现状。我们股民为什么会成为股市待宰的“羔羊”？为什么我们会成为上市公司的冤大头？……在这些问题的背后每个股民都有着自己的辛酸。

其实每个股民都知道自己之所以成为股市中的冤大头群体，最关键的就是决定股市发展的决策者在碰到利益冲突时，最先舍弃的就是我们这些小投资群体的利益。这是我们在股市中最为无奈的事实。另外，许多上市公司也用其包装华丽的外衣设出了一个又一个诱惑陷阱，乘我们关注股票上升心神有所分散的时候进行铺设，这是让人防不胜防的，许多股民都有过这样的经历：好不容易碰到个牛市，高兴地认为赚钱的机会来了，看到自己认识的一家股票在持续上涨，手痒痒了，就忍不住也去购买，却没想到刚买进到一个稍高点的时候这家股票就开始一路狂跌，此时想要抛售已经来不及了，结果只能被套牢。

这样的例子在股市中已经屡见不鲜，上市公司造假者多多，蒙冤者何止千万。那些和我一样被套牢的股民总想着只要在股市就能捞回本钱，所以在每做一次冤大头时就会抱着更大的希望能够赢利，这样周而复始就让我们陷入了成为冤大头的僵局中。虽然经过利害算计，最终也剩一个忍气吞声、过往不咎，继续为股市的掌权者提供血液。

身在股市，没有一个人想成为冤大头，但当今的股市，处在最底层的我们成为“冤大头”几乎成了一种宿命，用一个比喻就是：好像一麻袋无组织的土豆。对于依然在股市奋斗的股民来说，我们就是这一麻袋无组织的土豆，在进行利害算计的时候，损益得失无异于一个土豆，而并不是所有土豆之和。要摆脱这种状况是很难的，因为股市本身就是一个诱惑体，小投小赚小赔，大投大赚大赔，这是一种必然的现象。一家公司的上市决定着股市一方领域的发展，无论我们在股市中面对怎样的沉浮，都是受控于上市公司的最终决策者。

> 无论股民如何赢利、赔钱，最终受利的都会是上市公司或者股市的掌权者，而股民只要身在股市一天，就总体而言，所有股民的钱总会有相当大的一个数字以“融资”的名义进入上市公司的账上，所以，就总体来说，股民始终摆脱不了成为“金钱”贡献者的冤大头命运。

有人说巴菲特是世界上的“股神”，是世界上唯一靠股票发家的富豪。其实有时并不是那回事，巴菲特很多时候都是靠在公司上市前，投入资金控股，等公司上市后再抛售的方法来谋利。所以，他是靠股票发家，但不是靠在股市上买卖股票发家。也就是说，这唯一一个股神，也有徒其外表啊。

第二章

国际、国内股市，血雨腥风红海战场

怎样地翻云覆雨？怎样地惊天动地？国际股市凭什么让人们几度痴迷，几度疯狂？这里，将为你展开国际股市的战争画卷……

人民币升值、次贷危机……，无不是国际股市战争的一部分，世界每个国家的股市无不是国家利益战争之后的一个微小表现，没有平静的股市，只有血腥的股市战场。国家之间、不同国家的财阀之间、不同国家的金融巨头之间也同样演绎着一场惊心动魄的股市战争。

1. 只有利益的争夺，只有永远的“股市战争”

战争——利益的争夺战，股市——利益的博弈平台！

没有血雨腥风，却在你争我夺之中透露着惊心动魄的本质！

战争永远存在，你没有退出，你就没有喊停的权力！

无论是国际股市或者国内股市，其存在的本质就是一个利益争夺场。尤其是国际股市，其利益的争夺特征更是惊心动魄。任何一个国家的股市本身就存在着许多矛盾，例如所谓的庄家和散户的矛盾，庄家和庄家的矛盾，散户和散户的矛盾。矛盾与冲突是并立的，利益争夺的最终发展就是冲突升级的发展。在股市的战争中，利益的争夺永远不会停息，国际股市亦然。国际股市中有能力左右公共媒体的利益集团，根据自己所拥有的筹码和符合自己利益的方式来操纵舆论，其目的就是为了获得更多的现实利益或超额利润，制造各种可以盈利的空隙，从而在各种冲突中争夺属于自己的利益，成为个中翘楚。利益有多大，风险就有多大，国际股市为各方称王称霸者提供了一个可以随意操控的金钱争夺平台。无论是上市公司或个体炒股者要想在国际股市中站稳脚跟，让自己处于主导地位，最好先做好永远的“战争”准备，因为股市中的战争永远存在，你没有退出，你就没有喊停的权力。

股市从利益争夺上讲就是人吃人的金融社会

股市，其实质就是一个到处充满利益冲突和争夺的“战争”，股市个股的横盘涨跌是人为主导操控的，而主导操控股市的就是主力资金阶层，也就是平时所说的“庄家”。不管你是大户、中户、小户，都属于“散户”阶层。正如“大鱼吃小鱼、小鱼吃虾米”的原理，主力资金庄家阶层就是掠夺金钱、吃小鱼和虾米的大鱼，散户阶层就是贡献金钱、被吃的小鱼和虾米。主力资金庄家阶层无利不做，与传销的训练课差不多，最终不会免费上课、不会免费训练的。股市个股的涨跌不会被白白主导操控：股市跳水一次、拉起一次，一次次地跳水又一次次地拉起，散户如同肥肥的羔羊一样被慢慢地宰割，就这样习惯成自然。每次涨跌，对于庄家来说都是面对一个绝佳的机会，处于金融社会中的主力资金庄家阶层又怎能错过。竞相出货，引起的又岂是利益的争夺？有些人散布无庄时代、机构博弈，他们这样做不是无知，从一定意义上说是骗人。所以说，股市从利益争夺的意义上讲就是一个人吃人的金融战争。

虽然股市战争中的利益竞争是残酷的，但拥有金钱却还没有进入股市的人们依然被它的魅力所折服。原有广大散户被主力资金庄家阶层掠夺的同时，又有许多人将银行的存款取出投入股市，加入被主力资金庄家阶层掠夺的散户阶层，而且有时会出现散户阶层以每天二万人开户的速度迅猛壮大，主力资金庄家阶层便乘机为自己的利益增加筹码。看到越来越多的待宰羔羊拥入股市，竞争是必然的，利益的冲突、矛盾升级也是必然的，如此，不见血的股市战争持续下去也是必然的。

对于国际股市而言，中国股市就是令国际巨头一致看好的“肥牛”。以玩弄金钱为乐的人都知道：中国股市必然有大牛市，也会有大熊市，而牛市和熊市基本上被这些人掌握，所以开了户、投了钱、买了股票就赚钱。中国股市下跌之日正是买股票之时、越跌越买，中国股市跌完还会被拉起来再继续向上，配合用钱买的“股评专家”在市场误导民众，想不赚钱都不行。目前中国股市实际真的就是震荡向上，而且跳水越来越频繁，但是每次跳水都会被拉起来再继续向上。面对这样诱人的利益，谁会坐视别人拥有？说股市是人吃人的金融社会一点也不为过。

利益的争夺，股市的战争

利益的冲突是“股市战争”的开始，渴望拥有金钱的人们为了各自的利益，便自动形成战争双方的力量。没有真正战争的各种流血现象，但是股市却成了最佳的决斗平台，参与的人们便在这个平台中展开了一轮又一轮的战争。

股市战争实质就是一种竞局，一个把竞争与利益连接的代名词，在股市尤其在国际股市，竞局无疑是最佳的形容词。形成竞局有三个要素为：竞局的参与者、所争夺的资源、竞争的具体形式。竞局的起源就是利益的争夺，而这也是形成竞局的基础，参与竞局的各方形成相互竞争相互对抗的关系，以争得利益的多少决定胜负，而一定的外部条件又决定了竞争和对抗的具体形式，这种形式就是股市。股市同时提供了形成竞局所必需的两方面条件，即竞争的资源和竞争的具体形式。于是，千万投资者便聚集到了一起，国际股市中更是壮观，无形中形成了一场空前规模的永无休止的大竞局。围棋对局的双方是竞争棋盘上的“空”，每一步都为自己争“气”，战争的目的经常是为了争夺领土，古罗马竞技场中角斗士在争夺中仅有一个生存权，武林中人的决斗常常是为了争夺名誉，而股市中人们所争夺的则是金钱。

竞局是利益争夺的产物，而利益则是诱人的所在，已经拥有金钱或者地位或者权利的人们之所以会参与竞局，大多都是因为经不起利益的诱惑。然而，他们所争利益的性质直接影响到竞局的吸引力和参与者的关注程度。一般来说，竞争的对象越重要吸引的人就越多，而参与的人越投入，竞争也就越激烈。虽然很多人不愿意为了金钱参与竞局，对他们而言股市没有丝毫的吸引力，然而他们却可能看重成功，金钱对他们来说只是股市成功的一个标志，这些人参与股市竞局会比为金钱而来的人更认真，更富有敬业精神，当然也就会竭尽全力，非要在竞局中有所作为不可。在各种争夺战中，生存权对大多数人来说是最重要的，生存权受到威胁时，大部分人都会奋起而战，如角斗士间的决斗。比个人的生存权更重要的是大多数人的生存权，如缺水地区对水资源的争夺，国家之间对领土的争夺，它们背后都关系到国民生存权的问题，即便不看重个人生死问题的人，至此也是不得不争了。所以，竞局中所竞争的利益越重要，参与者对竞争看得越重，竞局就会越激烈。股市是关系到多数人生存权的利益争夺而引发的战争，最为激烈，参与的人也是最多。股市中的战争是含蓄的，它所涉及的是每个人的金钱利益，而为了利益的战争在股市中也是最常见的。

在各方高手的利益争夺下诞生的竞局，引来了无数人想一探究竟的好奇心，所以在股市中就形成了一种其他人都围绕这一中心展开的现象。在竞局中最根本的计算胜负的方式便是看各竞局方所争取到的利益的多少，各种竞局中具体计算胜负的方式都是利益计算的延伸。所以股市中的竞局分为两种，第一种是自然竞局，是直接的利益争夺，以争得利益多少直接决定胜负，不存在计算胜负的特别规则，如生物界的生存竞争、战争等等；第二类则是人工竞局，人为的设定一套竞争规则和计算胜负的方法，有时是只分胜负而和利益无关，如果和利益有关则先分出胜负，然后再根据结果决定利益分配。有了这样的区分后，竞局更成为了无数人争相前往的诱惑点所在。

就竞局的区分而言，股市就是一个自然竞局。在这样的竞局中，其胜负是直接以金钱的得失来计算的，同时又有一些规则限制了人们的操作范围，使人只能按规则操作，不能为所欲为。虽然在股市中人们受到的诸多限制使得竞争发展的井然有序，但其残酷性也是不争的事实。为达到目的，股市中的各路高手能用的手段全部都用上了，让人们在感觉股市变化无常的同时，也让参与者增添了丰富的知识和经验，保持敏锐的嗅觉，掌握了搜集和分析大量信息的方法。这是得益的地方，也是让人无奈的地方，因为学到的越多，运用的手段越高明，利益的争夺就越激烈，更会长久地持续下去。然而，这就是股市，这就是战争，只有掌握竞局的潜规则，你才能在国际股市中时刻处于顶尖地位。

股市中的战争，无所遁形的利益争夺，国际股市中的强取豪夺究竟在如何继续？没有人能够预知，也没有人能够预防。身在股市，为金钱、地位、权力……而争是必然的，国际股市相对于国内股市而言，为人们提供了更宽阔的平台，为争夺自己的利益提供了更为宽敞的空间。战争是血腥的，竞争是残酷的，股市中的和平相处是不可能的。在那里，只有利益的争夺，也只有永远的“股市战争”！

不见硝烟的股市，战争在继续，争夺在继续，创新思维在继续，利益的分歧依然在继续……

只有利益的争夺，只有永远的股市战争才是永恒的真理！

2. 国际财阀，如何从股市中掠夺财富

股市无国界，它是一个国际大赌场，国际财阀注注肆无忌惮地掠夺着这个“岛屿”上的白银、红铜以及木材，借机兴风作浪以自肥！

从世界角度来看，在世界经济范畴内，很多国家连续几年都保持两位数的增长速度，社会形势稳定，而且在没有发生重大自然灾难与重大政局变动的情况下，股市出现大幅度的暴跌是非常罕见的，然而，往往这种情况下会出现股市的大熊市。那么，是谁制造了股市的大跌？谁是财富的掠夺者？

美国利用股市谋划“第二次世界大战”

美国的制度对世界的影响我们不用怀疑，美国对世界各国的各种排挤也很少失败，对世界各国进行的掠夺也从来没有失败过。美国每次都成功

如愿，其中最高明的手段之一就是将世界各国的注意力转移到“资本主义与社会主义”的对抗上，这也许就是传说中的“暗渡陈仓”。似乎没有一个人怀疑美国在第二次世界大战前后及过程中的表现，没有人怀疑美国在第一次世界大战中为世界和平做出的贡献，然而也没有怀疑他们利用股市（政治股市、军事股市和经济股市等）谋划着另一场“第二次世界大战”。

美国历史上出现过几次股市危机，例如，1929 年 10 月底，美国纽约的股票市场出现了巨大危机。美国纽约股票市场之所以出现巨大危机，并不是一蹴而就，而是逐步积累形成的。这种危机的发生是美国财富巨头最希望看到的一面，他们十分明白这种危机是促成“第二次世界大战”最有效的手段。在这之后，美国财富巨头如愿以偿地达到了自己的目的。从而引发了一场世界规模的资本主义危机，资本主义世界各国的工业生产减少了 1/3 以上，其国际贸易减少了 2/3。

这次股市危机的直接后果是：1929 – 1932 年，4 年的时间，由于股票价格的下跌，导致美国当时 840 亿美元的证券贬值，在整个大危机期间 1929 年 10 月底至 1933 年 3 月初，引起了金融货币、政治经济信用、政治财政的相应程度的危机；在此次危机期间，股票价格指数的下降幅度美国在 51%，而德国在 32%，日本在 45%……

那么，美国财富巨头是如何达到其目的呢？我们现在分析一下：1929 年 10 月底，美国纽约股票市场出现的这次令人震撼的危机，本身就是美国最厉害的财富巨头将美国的股市有意地引入熊市的最低谷点以便达到其目的。这次大跌导致美国财富巨头从熊市的最低谷点买进了超量的股票，此时美国的广大基层散户，只能在这种股市综合的千变万化中，倾家荡产。在这些财富巨头稳定收购“超低价”股票时，会使股市稳步上升，世界各国的“资金”看到美国此时股市稳定上扬，不久之后纷纷跟进，注入大量资金；就这样美国又在策划如何利用机会再制造一个小熊市，让世界各国的资金受损，而美国财富巨头相应获利。

到 1933 年 3 月底为止，罗斯福开始着手实施“罗斯福新政”，从而美国财富巨头动用“美国的财政资金”等，表面上“人为干预”美国股市，美国的牛市才出现，股市很快上扬。

美国“鹬蚌相争”的做法，就是在“间接屠杀”当时世界大战双方还没有死亡的人。美国此时能够分清当时世界大战的哪一方才是正义的？美国分不清，对于美国而言，有钱就是娘，赚钱就是“正义”，无论是什么钱。实际上世界各国的“政治及经济”股市，是一个整体，是一大盘棋，是一个只有“战争”思维才能理解的棋局。

美日等国是发动金融战争最厉害的高手

美国无论什么时候都希望世界不和平，因为只有不和平的时期，美国才能获得更大的利益。

我们先看一个例子，看看美国是如何对日本发动一场“股市战争”。20世纪60－80年代，是日本经济的黄金时代。面对日本企业凌厉的出口攻势，美国企业节节败退，对日贸易逆差巨大，越南战争也让美国长期陷入泥潭。当时，各国都在关注、赞叹日本，在当时赖肖尔的《日本人》成为了全世界的畅销书。日本人沉迷于自己的成功当中，不仅本国的股票、地产价格飞上了天，还把手伸向美国，不停地大量购买美国的房地产，让美国人惊呼：“日本收购美国！”日本政客和企业家忘乎所以，狂妄叫嚣：“日本可以说‘不’！”

令日本人没有想到的是，表面上看似衰败已经不可逆转的美国，一方面在悄悄策划着信息革命，另一方面暗地里谋划一场对日的金融战争：一手迫使日元急剧升值，另一手以即将破产的低姿态，貌似欢迎日资进入美国房地产，其实在间接地推高日本本土的资产泡沫。之后，进入20世纪90年代，日本经济泡沫破裂，股市暴跌，陷入了“失去的十年”的萧条期，直到2004年前后，由于“中国需求”的刺激，才摆脱萧条，经济略有增长，但再也无法重现20世纪60－80年代的辉煌。痛定思痛，日本朝野各界都已经认识到，这是继二战的军事失败之后，在金融战场上日本第二次被美国打败。

现在美国正在用对付日本的方式对中国发动相似的金融战争。进入21世纪以后，中国经济增长的速度极快，出口顺差和外汇储备连年大幅度增加，成为继日本之后的又一个世界经济明星。相比之下，美国财政与贸易赤字连年大幅攀升，同时由于他们陷入伊拉克战争的泥沼，20多年前的场景再一次上演。面对困境，美国又故伎新施，国会与政府一个扮白脸，一个扮黑脸，软硬兼施，不停地压迫与诱导中国将人民币升值，提前开放资本市场，同时在全世界扩散人民币升值的预期，引导国际热钱通过合法和地下两条渠道进入中国，先将大城市的房价急剧推高，继而以借道香港和非法入境两种方式，里应外合，狂炒中国股票，在香港和内地两个市场连环套利。不同的是，20 年前主要是美国对日本进行金融战争，现在则是美、日联手，共同向中国发动金融战争，当然还有一些其他的打手趁火打劫。

亚洲金融危机到 2008 年为止，整整 11 年了。20 世纪 70 年代以后，几乎每 10 年就会刮起一场全球性的金融经济风暴，破坏力极其惨重。金融大鳄在中国的布局可能还处于初、中期阶段，还没有达到他们的期望值，中国很快爆发金融危机的可能性很小。但是，事态的发展已经让我们不能不高度警惕。对于美、日官方及金融大鳄针对中国金融体系和资本市场的战略意图与战术手段，我们需要让自己的头脑多一些清醒认识，更需要预先准备真正具有杀伤力而且要让美、日官方和金融大鳄没有任何办法遏制的手段。

俄罗斯，往日荣光再现

世界股市和金融市场，只有俄罗斯近年稍微稳定，原因很简单，因为俄与美国之间历史上就是仇敌，美国根本就控制不了俄罗斯，俄罗斯成为一个能够游离在世界经济之外的世外桃园。但是，俄罗斯也与美国发生过一些不大不小的战争。

我们分析一下近年俄罗斯的情况：

20 世纪 90 年代末期，俄罗斯爆发金融危机，导致美国长期资本管理公司面临倒闭，国际金融投机大鳄索罗斯也第一次栽了跟头，所以，当时的美联储主席格林斯潘不得不大幅度调低联邦基本利率，以挽救包括俄罗斯在内的新兴市场的股市。时光流逝，转眼间到了 2008 年，美联储主席换了，但是大幅度降息的剧本就跟 10 年前的一样，与上次所不同的是，美国这一次是要救自己，俄罗斯反而成为国际投资资金的避风港。

以前，俄罗斯的很多企业都是国营企业，在前苏联解体以后，这些企业被许多有关系的人士收购并私有化，从而导致了一系列的经济和社会问题。后来，普京担任总统，他对于私有财阀并不支持。2004 年 6 月之后，著名的财阀尤科斯石油公司的核心资产被收归国有，俄罗斯第一大油田成为俄罗斯政府持股 75.16% 的 Rosneft 石油的一部分。从此以后，叶利钦时代的财阀声势被大幅度削弱，俄罗斯政府的财政赤字大幅度下降，卢布也开始大幅度升值，因为税收终于进入国库。

尤科斯是一家拥有美国存托凭证（ADR）的大型上市企业，一夜之间，其核心资产便被政府以欠税名义拍卖，最终回到了俄罗斯政府手上，许多国际级的投资者都感到十分好奇。有人问2003年投资中国石油的巴菲特为何当初不选择投资尤科斯，巴菲特的回答很简单：每个国家能承受的风险程度不一样。所幸俄罗斯政府并没有做出其他危及投资者权益的举动，所以才保住了国际投资者对于俄罗斯市场的信心。

虽然中间好几次都差点走火，但是根据过去10年来观察，影响俄罗斯投资最重要的政治风险的确在下降。普京之后由谁继任的悬案使得2007年俄罗斯股市大幅落后于其他新兴市场的走势，但是自从普京决定转任总理后，俄罗斯市场的涨跌开始再一次跟上东欧市场同区域的走势，俄罗斯市场政治因素的重要性由此可见一斑。

如果从股市自身的结构来看，能源与天然气板块占俄罗斯股市权重的50%，矿业股、钢铁股、银行和电信分别占10%。由于俄罗斯长期以来偏重重工业，轻工业基础比较弱，在经济增长的过程中，代表民生消费的CPI一直居高不下，到2007年第三季度时，才有了7.7%的通货膨胀率。这个数字虽然看起来很高，但对大多数俄罗斯人来讲却是“大幅好转”，与以前相比，现在的通货膨胀水平的确下降了许多。俄罗斯股市的市盈率普遍11倍不到，大部分股票又都是目前最有保值价值的原材料股，在美国发生次贷危机时，成了国际投资者避险的天堂。投资世界千变万化，唯一不变的是变化本身。

财富是人们的终极目标，特别是对于财阀来说，他们会想尽一切办法来达到这个目标。国际股市是一个国际性财富的聚集地，只要在这里打下一片天地，可以说就掌握了攫取财富的阀门。境外机构及热钱通过各种途径、各种方式操纵股市以牟取暴利，这是就是他们的目的。而对于中国来说，从古至今从未上过如此险恶诡秘的金融战场。若能以《老子》和《孙子兵法》的智慧，用太极拳的身法手段，借力使力，因势利导，让这些已经入境和即将入境的非法外资戴上镣铐跳舞，为我所用，成为中国改革与发展的资源，则为最佳选择。

国际财阀如何从股市中掠夺财富？因为他们具有高超的运作技术、正确的投资方向、对财富拥有权的野心……

3. 次贷危机与股市震荡

美国次贷风暴，谁是罪人？

美国次贷危机的本质究竟是什么？它是通过什么途径来影响中国股市的？作为投资者又应该如何应对？

2007年，美国次贷危机无疑是全球金融市场最热门的话题，从美国购房者到中国股民，次贷危机成了人们口中最常提到的关键词。随着次贷危机的蔓延，冲击了美国甚至全球的金融市场，引起了全球股市的震荡，当然中国A股市场也受到牵连。在这场全球金融风暴的洗礼下，投资者更加关注次贷危机对国际、国内股票市场的整体影响。那么，作为投资者是否知道：美国次贷危机的本质究竟是什么？它是通过什么途径来影响全球股市的？作为投资者又该如何应对？

美国次贷危机与全球股市震荡

在次贷危机发生之前，美国住房市场高度繁荣，迅速发展。为了繁荣美国房地产市场，很多银行都放宽了房贷对象，甚至很多银行实行了“零”首付，使一些原本买不起房子的“穷人”也住上了房子。这就是形成了我们所说的“次贷市场”。

当房地产市场降温，房价下跌和利率上升时，许多次贷市场借款人无法按期偿还借款，造成很多放贷机构遭遇严重财务困难甚至破产。出现危机必然要采取避险措施，随后美国大多数银行、抵押贷款放贷机构以及其他融资公司纷纷提高放贷标准，整个市场出现了浓重的“惜贷”气氛，市场陡然出现资金流动性不足。这就是“次贷危机”。这一形势首先严重影响了投资者对整个金融市场健康的担忧，也加重了对美国经济增长前景的怀疑，从而导致股市剧烈动荡。

美国次贷危机的阴影很快就笼罩着全球股市。2007年8月16日，纽约股市道·琼斯指数开盘后便一直下挫，最高下跌340点，其后跌幅收窄，收盘下跌了15.69点，跌幅为0.12%，报12845.78点。因美国次贷市场危机等因素的影响，欧洲股市也元气大伤，其中伦敦金融时报指数跌破6000点的关口，2007年8月16日收盘报5858.90点，下跌了250.40点，跌幅为4.10%。这是金融时报指数自从2003年3月以来最大的单日跌幅。2007年8月17日，东京股市日经有225种股票平均价格指数大跌874.81点，收于15273.68点，跌幅为5.42%。

随后，因美国最大抵押贷款机构“全国金融公司”传出已无力在商业票据市场融资的谣言，导致其股票急骤下跌，持续5天下跌，下跌了3.17美元至21.29美元，美林证券公司当天宣布下调其信用评级，降至“卖出”级，建议投资者抛售其股票，并称“投资市场可能会急剧恶化”。此举使“全国金融公司”股价跳水13%，创下自1987年以来最大的单日跌幅。同时，美国高盛公司股价下跌了4.85美元至164.90美元；MFA抵押投资公司股价下跌了39美分至6.01美元。美国股市的动荡又加剧了市场不安的气氛，各界普遍担心次贷危机会波及其他金融领域，由此引发全球股市下滑。

由于全球经济的高速增长持续了数年，因此使得各主要金融市场不同程度地存在着泡沫化和过度投机问题，在这种背景下，美国次贷危机却会打击投资者的心理预期。2007年2月底至3月初，全球股市就已经开始了一轮重大调整，而各方密切关注的就是当时有关过度投机的风险问题。金融市场的震荡使得人们似乎到了谈“次”色变的地步。为了挽救股市和投资者的信心，美国、欧洲、日本等各国央行除纷纷注资“救市”。美国联邦储备委员会向金融系统注入资金60亿美元，将贴现率下调0.5个百分点，即从6.25%降到5.75%。至2007年8月9日，美联储已向金融系统累计注资940亿美元。同时，欧洲中央银行投入了2110亿欧元(2832亿美元)，以提高市场的流动性，帮助克服次贷市场危机造成的影响。欧洲、日本等国家央行也急着与美国次贷业务“划清界限”，以稳定投资者的信心。

美国次贷市场出现信贷危机导致的全球股市跌势，短期内不会逆转。全球最大零售商“沃尔玛”以及全球最大建材零售商“家得宝”也表示，困难的日子来临之后，投资者将看淡股市。由美国住房建筑商协会的相关数据得知，美国房地产市场仍不景气，已降至1991年1月以来的最低水平，其疲软状态仍需要一段时间来恢复。美国财政部长保尔森表示，此次金融市场动荡是在全球经济基本强健、经济状况非常健康的情况下发生的。他说，金融市场的“调整”可能还会继续，一些基金公司或企业可能走向破产。虽然金融市场的动荡会使美国经济增长速度放慢，但不会将美国经济拖入衰退。他相信美国经济和市场是强健的，足以消化金融市场动荡造成的损失。除此之外，美联储下属的圣路易斯联邦储备银行行长普尔称，信贷风波会对市场造成一定的冲击，但是并没有迹象表明次贷风暴正在危害美国经济的主体，因此尚无必要采取紧急的下调利率行动。

一些经济学家分析得出，即便这场风暴不会导致美国乃至全球经济萧条，但股市连续“跳水”有可能继续给投资者带来巨大损失，投资者当然应该加强风险意识。同时，在此次次贷危机中也暴露出美国这个相对成熟的金融市场在监管和控制风险方面仍存在着某些漏洞。

次贷危机不可避免地拖累中国股市

处于2007年的任何一个投资者都可以感受到：中国股市与世界经济之间呈现出前所未有的紧密联系。2007年2月27日，中国上海、深圳股市出现暴跌，跌幅达9%左右，为10年来最大跌幅。抛售浪潮迅速蔓延至亚洲、欧洲和美国的各大股市，人们突然发现，这是中国股市的动荡首次对全球市场形成重大冲击。也就是从这一天开始，更多的中国投资者开始格外关注国际股市的行情，而几乎每一次国际股市的巨大波动，都会引发中国股市的“余震”。在美国次贷危机爆发时，中国股市依然延续着如火如荼的升势，就在人们对这种背离感到或者喜悦或者疑惑的时候，最终，次贷危机还是影响到了中国股市，而且毫不客气地引爆了一波大跌。

次贷危机之所以拖累中国股市主要有以下3种途径：

首先，次贷危机直接影响到那些投资美国次级贷款及其衍生品的国内金融机构，使其蒙受一定损失。据有关资料显示，大型国有控股商业银行在海外的投资比较多，其中就有次贷及相关产品。

其次，次贷危机致使美国以及世界各国股市的大幅下跌，在经济全球化的大背景下，这种下跌不可能不波及中国股市。

2008年，欧美以及亚太股市之所以表现不佳，与美国次贷危机的不断深入有着密切的关系。同时，国际化程度很高的香港股市也连续暴跌，中国石油H股都已跌到了10元以下，那么中国石油A股怎么可能还站在30元之上？海外市场种种不良境况，对境内市场的影响是非常巨大的，人们对此是无法回避的。

再次，美国次级贷款问题暴露以后，广大投资者都开始担心其经济是否会出现衰退，因为，次贷危机与美国经济增长趋缓相关。

出现次贷危机，必然会改变社会资金的流向，金融活力会降低，对于经济增长的支持力度会削弱。同时，次级房贷风波所带来的金融风险，将成为经济运行中一个很大的负面因素。

美国出现经济问题，这对同美国的贸易中有着大量顺差的中国来说，绝对不是什么好事。另外，美元贬值必然会加大人民币升值的压力，同时，美国消费能力的下降也会制约中国的外贸，并且导致贸易摩擦大量出现，最终影响到中国经济的增长。

看来，次贷危机对中国股市的影响不可能终结，影响也不会短时间内消失。因此，对中国股市的预测不能不把次贷危机考虑进去，这是一个很重要的因素。

> 次贷危机只是支付危机，但在本质上却是信用危机。这是因为次级贷款本身就是建立在低信用的基础上。如果用一句话来形容这次次贷危机对股市的冲击，最为形象的就是“当你看见一只蟑螂时，要想到还有上百只蟑螂藏在后面。”如今，股市已经开始进入深夜，没有股市雪崩，哪来日后歌舞升平？相信大潮退去才是遍地金银，投资者需要耐心等待。股市考量的是，你所选择的股票是否具有真正的价值，是否能在下一个黎明到来之时重现辉煌。

美元贬值，次贷危机，谁在掠夺我们的财富？股市震荡，资产缩水，如何保住手中的财富？

次贷危机如同一场地震，短短数月放倒全球股市。

国际股市走向崩溃，A股市场自然难以独善其身，股灾过后才是下一次的股市战争与利益争夺。

4. 人民币升值，与“股市战争”的血缘关系

国际股市在演绎着怎样的血雨腥风？人民币怎样在其血腥之下快速升值？它与股市到底有着什么样的联系？这

其中到底有怎样的牵扯？……

这些原因无不让人感到好奇……

外汇行情与股票价格之间有着十分紧密的联系。一般来讲，如果一国货币升值，股价就会上涨；反之，一国货币贬值，股价就会随之下跌。所以汇率的变动会给股市带来很大影响。但是，在中国，情况却发生了变化，这种规律不能保证。这显然是一种阴谋，是一场实实在在的“股市战争”的结局。在这场战争中，人民币升值起了一定的作用。

人民币升值，A股的国际吸引力不断增强

一、人民币升值首先提高了人民币资产的价格

货币升值的同时也意味着以该货币计价的资产将会引起全球范围内的价格上升，所以人民币升值将增加证券资产对于投资者特别是国际投资者的吸引力，同时在A股、H股、B股等不同市场也有不同表现。

1. 市场的流动性和系统性风险如果不考虑在内的话，对境外始终持有以美元作为成本计价货币的投资者来说，投资于中国证券市场能够分享由于人民币升值所带来的人民币资产溢价，并在短期内股价上涨的过程中获利。所以，人民币升值预期的存在将使境外投资者增加对中国证券市场的投资比例。

2. 人民币升值预期的影响在不同市场就会有不一样的表现。对于境外投资者，相对于B股市场来说，H股市场的资金流动更加方便快捷，投资风险和对上市公司的监管成本也相对较低，预期投资收益的确定性也更大，投资的目的也就更容易实现，并且中国香港市场具有自由、透明的特点。而B股市场在承担中国证券市场国际化使命的同时，其政策的连续性、透明度以及可预见性都要远远低于H股市场。从B股市场本身来看，因市场性质的不同使得投资者结构和资金性质有所差别，沪深两个B股市场的上市股票受到投资者追捧的程度也不同。深圳B股市场由于毗邻香港，计价货币单位与香港市场相同，深港两地资金流动便捷，从而使得境外的投资者更加青睐深市的B股。

3. 国际投资者对于中国不同市场的关注会对彼此产生影响。相对于

涨幅惊人的 H 股市场，A 股市场实际上已经受到了越来越多的国际投资者的关注。27 家外资机构先后取得了 QFII 资格，并且有数家 QFII 追加投资额度，获批投资总额度已达到 40 亿美元的首批试点上限。除此之外，其他一些机构也逐渐将视野投向 A 股市场。与 H 股市场来比较，更加广泛的行业覆盖面和个股选择范围以及中国经济平稳较快增长的良好发展态势，从而导致 A 股市场对国际投资者的吸引力不断增强。

二、人民币升值将对股市的长期走势构成强力支撑

1. 1976 年前后，日元和台币的升值过程清晰地反映了货币升值期间币值与股市的交互涨跌过程。后来，随着经济基本面的好转，货币便开始出现升值的压力，股票与房地产等都有明显的涨升，特别是币值应升而未升之际，很容易吸引全球投机资金涌入，此时是资金密集型的股市与房地产的最好切入点。由于经济增长的速度较快，股市行情呈业绩与资金复合推动型，业绩的成分比以前更多一些。

2. 货币升值的速度过快，资产价格大幅度上扬。当货币开始升值的时候，资金流入的速度便加快，同时，伴随着经济开放程度的加大，股市和房地产进入起飞阶段，涨势加快。1976 年新台币升值，股指开始突破千点大关，此后年年创新高，价量齐扬。此时，股市行情继续呈业绩与资金复合推动型，但资金的推动作用与业绩的推动作用比较，业绩的推动作用似乎更强一些。

3. 当币值的强劲升到了顶峰，国际投机资金开始逐步撤出。币值大幅度提升，挫伤了出口竞争力，经济形势逐渐反转，资金开始外流，物极必反，升值的优势转化为“升值综合症”。此时，股市行情出现单纯的资金推动型行情特征。

4. 肥皂泡破灭，股市与不动产暴跌，货币由升值转为贬值，开始进入较长时间的泡沫调整时期。

目前中国正处于货币升值的第一阶段，但该阶段持续的时间可能会比当前市场预期的时间更长。在人民币预期升值到可能升值这一特定时期的时候，汇率升值的预期对中国股市的支撑力度可能要大于经济增长对股市的支撑力度。人民币进入长期升值预期的状态，将会推动股市进入资金与价值复合推动型状态，不排除可能阶段性地演化为纯粹的资金推动型股市。人民币升值对股指的推动力度要视升值幅度的大小和升值周期的长短而定。从实践来看，在货币升值初期，股市的反应往往比较强烈。假如出

于金融体制改革、扩大就业、国内产业保护等的需要，人民币要进行一定幅度的升值，那么，其升值预期对市场的影响力在年内就会减弱，对股指的支持作用就会下降，股指的运行节奏和特征就将发生变化。

三、汇率变动对股票市场产生的影响

汇率水平的高与低是一个国家宏观经济基本面的反映，股票市场最能敏感地反映出一国经济的发展变化。

1. 汇率的变动可以改善或限制上市公司进出口的基本状况，从而导致上市公司的经营业绩和二级市场公司股价的变化，特别是进出口量大的外贸企业受其影响更大。

2. 汇率的变动对国内经济产生的影响集中体现在物价上，并通过物价、国民收入间接地影响国内股市。本币汇率下跌，刺激出口，限制进口，增加国民收入，物价水平上涨，以诱导盈余资金流入股市；反之亦然。

3. 汇率的变动还可以通过资本流动的方法来影响股票价格。一个国家的货币如果出现大幅度贬值，就意味着投资者在该国的投资预期收益就会相应减少，投资者会对整个金融体系产生怀疑甚至失去信心，很可能会把股市资金抽走，从而导致股价下跌；同时，为了避免本国货币大幅度贬值，该国政府就会提高利率以支撑本币汇率。这样一来，公司经营成本就会上升，利润相应地就会减少，上市公司股票价格就会下跌。

亚洲股市感受人民币升值的东风

一直以来，亚洲股市都是投资市场中的热点之一，特别自 2003 年以来，亚洲股市的平均价格就上涨了一倍以上。在这之后的发展势头也日趋势旺盛，一些投资者在认为亚洲股市的涨势已告结束之际，人民币升值又再次让亚洲股市波动起来。

人民币升值以来，对外国投资者开放的中国 B 股市场上涨了 31%。其他亚洲股市也都有所上扬，泰国、中国香港和韩国的蓝筹股指数这期间上涨了 5% 甚至更多，紧跟在中国之后宣布加息的马来西亚其股市也上涨了。

从国际共同基金到对冲基金，各类投资者都认为，人民币的逐渐走强

将会使亚洲股市更具有吸引力，因为亚洲国家会认为，如果人民币升值，他们也很愿意让自己的货币升值。

这也意味着亚洲其他市场的出口商可以保持相对于中国出口商的竞争力。汇率走强将提高亚洲消费者的购买力、刺激他们的支出，提升当地企业的盈利能力。对国际投资者来说，亚洲货币走强以后，亚洲的股票投资收益换成美元后也将会增加很多。

亚洲股市的长期远景一目了然。虽然许多亚洲国家的经济增长仍依赖对美国的出口，但是中国经济的迅速崛起为这些国家的自然资源和产品提供了新的、强大的需求来源。

中国股市的大涨，使国际、国内投机者利用这次机会发动了一场“股市战争”

中国股市的大涨，让无数利益集团看到了赚钱的机会，这些利益集团包括国际财富集团，也有中国的上市公司。

中国股市与国际上其他国家的股市是有着本质的区别。中国股市是游离在国际股市市场之外的一种特殊怪胎。

从国外比较成熟的股市来看，上市公司利润分配基本上是以派息为主，而派息的多少则是依盈利水平而定。例如，从香港恒生指数的33只成分股来看，公司对股东进行利润分配的主要形式是派息，而且绝大多数公司的派息水平都在每10股派5港元之上。其中，派息最多的是恒生银行，从网上可查阅到的1995－1998年的资料来看，该公司连续4年派息都是最高的，其每年派息都在每10股派30港元之上。汇丰控股每年每10股派息都在20港元之上。对股东如此丰厚的利润分配，如果没有极强的盈利能力，那的确是很难想象的。

中国的股市结构并不像国际上其他成熟的股市那样，中国大陆股市上市公司的利润分配则以送股、配股或直接增发新股为主要形式，而派息不过是象征性的，派息面与派息率均很低，例如，每10股派1元，甚至只有几角钱。这就说明了中国股市是全球股市的一个怪胎。

这种现象在相当长的时间内，不可能有根本的变化。也就是说中国股市不可能在短期内与世界接轨。主要原因有以下两点：

一、上市公司股本偏小，客观上只有通过不断地送配或增发新股，才能“做大”股本规模，尤其配股和增发还能同时提高每股净资产含量。这实质上是国家在扶植上市公司，这种扶植，是以牺牲股民为代价的。这样的结果注定了股民天生被“宰割”。

二、上市公司盈利能力普遍较弱，每股盈利水平不高，若强制性要求所有上市公司的派息都达到最低限，势必影响企业资本积累与投资扩张。因此，送配增发形式的分配方式是目前中国上市公司一举两得的现实选择。这同样是中国股市的怪现象，这种现象与上面的现象一样，都是国家培养了上市公司，喂肥了上市公司。股民只有永远处在弱小、被宰割的状态。

三、依世界各国的先例，股本一般只有普通股与优先股之分，而中国上市公司总股本却异样地分割为国有股、法人股和社会公众股三大块，而且，只有社会公众股才能上市流通，可流通股占总股本的比重仅30%多一点。原本偏小的总股本规模，当其中60%以上又不能上市流通时，至少会引发以下后果：

1. 由于股市的实际股本流通量很小，易于大户操纵控盘。正是由于流通股本太小，易于操纵，因此，经常的现象是，大户“坐庄”，散户“抬庄”，赚者投机，套者投资。所以，中国股市在2008年6月份连续大跌，就是上市公司中的大户进行投机出现的结局。当然，导致这场战争的还有国际投机大户。

2. 国有股与法人股不能上市流通，易于形成内部人控制下的“一股独大”。由于股权的过度集中，监督与决策机制失衡，经常发生的现象是，与上市公司控股股东不正常的关联交易经常发生，强制上市公司为控股母公司担保，私分上市公司财产，抽逃上市公司资金，甚至大肆掏空上市公司，中饱私囊或满足小集体的利益。

3. 在中国同一张股票具有不同的价格，国家一个价格，企业一个价格，外国人一个价格，中国老百姓一个价格，其间相差十几倍，比如中国石油，外资购买价格是1块多人民币，中国百分之一运气好的人抽签价格是16.7元人民币，百分之九十九的老百姓平均购买价格是三四十元，至于那些通过国有企业私有化改革到手的法人股（大小非），干脆就没花钱。也就是说，只要中国石油股票不跌到一元钱，中国的上市公司就不会赔钱，中国上市公司的法人就不会赔钱，外国人就不会赔钱，可是一旦跌到这个价格，中国普通散户股民早就死了几个轮回。这种现象导致了一个结局：散户买股票，上市公司卖股票，上市公司法人卖股票，外国公司抛售股票，于是股市大跌，散户赔钱。

> 人民币升值对于出口型企业和外贸企业是利空，人民币升值标志着以人民币计价的资产全线升值，那么以人民币计价的股票当然应该上涨。人民币升值标志着中国的综合国力增强，这是近年来整个宏观经济加速健康平稳运行的必然结果，股市的涨跌与宏观经济运行息息相关，那么人民币升值作为一个标志将推动股市上涨。

人民币升值提高了中国出口商品的外币价格，降低了外国进口商品的人民币价格，从而改善了中国的贸易条件，提升了中国居民的整体福利。

在国际能源和初级产品价格飙升之际，人民币升值还有助于遏制输入型通货膨胀。

5. 国际资本开道国际股市，疯狂掠夺中国财富

一场没有硝烟的战争，一个顶尖高手玩弄金钱的平台，国际股市到底进行着怎样的疯狂掠夺？中国财富到底有着怎样的吸引力？……

国际资本袭扰股市，如何应对“做空中国股市”？

这里，为你拉开战争的帷幕……

一场战争引起的必然是一场掠夺，权力、地位、财富……就是战争的主题。

国际股市，一个处处彰显诱惑力的场所，在引得众多高手争相云集的同时，也展开了一场又一场的厮杀。中国股市正经历着一个高速发展的时期，将面临一系列的变革和重大转型。

国际资本唱空国际股市，中国财富遭掠夺

股市其本质而言就是不太平的，各种竞争、各种敛财方式一一在此显示。所以经常会出现这样或者那样的状况，出现最多的就是一些中小股民

和国内专家所谈到的国际资本“唱空”、“唱多”中国股市的现象。有人说这种集体“唱空”中国股市其本身就是一场阴谋，意在迫使管理层出台政策打压股市，使股市出现阶段性大跌，从而使其谋取更长期的投资收益。

股市变幻莫测，出现这样或者那样的现象也是其必然现象。但就在国际资本大肆“唱空”股市之时，他们也在不断地申请增加投资额度。所以，国内有关专家对此进行了分析得出，国际资本一方面长期看好中国资本市场的发展，希望能够在中国股市的长期上涨过程中分到一杯羹，另外一方面又对A股过高的估值和隐藏其中的风险感到难以适从。他们既然坚定地看空A股，为什么不减仓或获利了结，却反过来要求管理层进一步增加QFII额度？这种言行不一的矛盾很值得推敲。

国际资本的动作频频，自然令人生疑，其实他们的目的却非常简单：国际资本大鳄打压股市，希望股市向下跌，主要是因为他们在牛市行情中不可能得到预期的利益，并且在高位建仓成本太高。所以他们通过“唱空”来阶段性地打压股市，只不过是为了以更低的成本建仓，获取更大的利益。

另外，国外一些媒体和国际资本势力站出来要求中国政府出来干预股市，既有经济利益因素，也有政治利益因素。在经济利益方面，中国股市点位较高，股市火了，便吸引了全球的资金，并且在国际市场对一些机构利益产生威胁。按正常思维，他们都一直标榜坚持市场经济的，而现在却要求中国政府对股市下重手，用行政力量下狠手打压股市，让人难以理解。可见，他们的目的非常明显。在中国股市，特别在牛市中，最大的风险恰恰来自于政策的不确定、不稳定与不可预测。国际资本正是看准了中国股市的软肋，因而才不惜违背自身的价值观念与市场理念去诱导中国股市的“政策市”卷土重来，就这样开始明目张胆地掠夺中国财富。

无论是国际股市还是国内股市，他们所代表的都是国家利益。国内资本市场维持在一定高位上再让更多的国际资本进入，更符合中国的利益。若是一味地任国际资本予取予求，只会让他们更疯狂地掠夺中国财富。

国际资本入侵，掠夺中国财富

股市是战争转移的平台，无论战争如何演变，其本质归根到底都是为了经济利益。在冷兵器战争结束，暖兵器偃旗息鼓的今天，一场没有硝烟的战争在股市中悄然展开，这场战争就是股市战争。当国内财富由于巨额的贸易顺差等原因导致在其他国家的拥有量远远高于本国拥有其他国家的财富之时，便会直接引发国内的经济衰退，要想摆脱这种困境，只有发起股市战争，避免让自己成为他人掠夺的对象。

由于经济的快速发展，中国财富的累积到了足以让他人眼红的地步。较长时间以来，在西方七国财长和央行行长会上美国开始对人民币升值施压，使得国际过剩资本通过合法、非法的各种渠道大量进入国内市场，由此使中国外汇储备近几年出现了异常的过快增长，仅几年的时间，中国外汇储备就从原来的千亿美元达到了万亿美元以上。面对这样的增长速度，央行不得不发行相应的基础货币去回购这些外汇，使外汇占款高达十多万亿元人民币。虽然人民币的年存款利率已经升为4.14%，但两者的利率水平实际上却已经形成了倒挂。使得市场上对美元和人民币的预期也出现了两个完全相反的方向，随着美元的降息和继续贬值，人民币会相应地升息和加快升值。在这种背景下，大规模的外汇资本开始涌入中国套利。仅一年的时间，进入中国的国际热钱存量就达到了5000亿美元，这等于达到了中国全年财政收入的71%，达到A股流通市值51307亿元的68%，这个数据是可怕的，更是让人匪夷所思。

国际资本的入侵就是财富掠夺的开始，大批量的国际资本进入中国，其炒作的对象无疑是股市和房市。历史上，本币升值过程中外国资本入侵均如此，例如日本、韩国及中国台湾地区。国际资本入侵中国，走的仍然是“外汇资本涌入中国获取人民币升值收益，炒作中国股市、房市获利，撤回资本促使本币升值而再次获益”这三个时间段的掠夺步骤，而这样的掠夺很有可能掏空中国十多年经济快速发展的成果，从而导致中国经济步入经济危机，扭转美国经济衰退的局面，这样的掠夺是非常可怕的。

在上面提到的三个时间段中，国际资本在人民币升值获益这一战争环节中无疑是大获全胜。无论是中国美元储备缩水，还是入侵中国的美国资本享受到了人民币的快速升值，以及以中投公司为代表的中国对外投资巨亏。股市一次又一次创下新低，使得上市公司扩容方案受到股民的唾骂和讨伐。而中国股市只有预备更大的容量，才能化解入侵资本的炒作。只有这样，才能向全世界宣布，中国可以抵御国际资本入侵和炒作。只有中国在这场惊心动魄、悄然无声的金融战争中取得胜利，通货膨胀才能得以平抑，国际资本才能败走中国，从而使得中国股市走出低谷。

在众多高手云集的国际股市，其风云变幻可谓之神速。人们在这块诱人之地大量获取金钱的同时，又有谁知道其背后经历着怎样的风风雨雨？资本的拥有是每个高手进入国际股市的凭据，也是各路商家在国际股市翻云覆雨的手杖，对于那些以玩弄金钱为乐的人士而言，中国财富的累积无疑更具诱惑力。当然，拥有资本的人们，便不可避免地开始了对中国财富的掠夺。

资本，商家玩转股市的依据；财富，股市中的最终所得。用资本创造财富，在股市中是最划算的买卖……

打赢这场惊心动魄的金融之战，让疯狂的掠夺之举成为徒劳！

第三章

牛市？熊市？谁决定

国内股市经历了怎样的低迷？跨越了怎样的障碍？为何在大风大浪中依然故我地稳坐江山？……

牛市、熊市到底由谁决定？是上市公司还是国际巨头？作为股民，应不应为股市的涨跌负哪怕一点点的责任？

> 面对国际股市的起伏不定，国内股市更是动荡不安，多少人在试图力挽狂澜。国外从一开始就已经形成了全流通的市场环境，而国内形成的却是股权分裂型市场，流通股超高溢价发行并单独上市，这种失衡的结构造成流通股上市后股价严重偏高。面对这种现状，面对其他国家的密切关注，想要力挽狂澜，不了解股市为什么牛、为什么熊怎么行？

1. 中国股市的牛市与熊市

“牛”、“熊”之争从来都是股市不变的话题。当大盘跌到惨不忍睹的时候，很难说是牛市；可要说它是“熊市”，它的基本面则是一副“牛样”。不管是“牛”还是“熊”，机会倒是越来越多，能不能把握住才是关键。

所谓“牛市”，是指多头市场，指市场行情普遍看涨，延续时间较长的大升。所谓“熊市”，是指空头市场，指行情普遍看淡，延续时间相对较长的大跌。

牛市？熊市？

2008年6月，随着股市的连续下跌，90%以上的股民已经身陷其中，无法自拔。看多的股民是伤痕累累，看空的股民则是没捞着好处。现在的行情也让股民牛熊难辨。股市到底什么时候变成牛市？

为什么是牛熊市？而不是老虎市或者是狮子市？有一种说法是：因为牛进攻时用牛角往上顶，代表多头市场，代表利多和股价往上走；熊进攻时用熊掌向下扑，代表空头市场，代表利空和股价下跌。

2008年6月至9月，中国的市场行情究竟是牛是熊，我们先看看股民是如何说的。

◎ 辩题一：牛市 VS 熊市

正方：大牛市中的小熊市

A股民：我个人相信牛市还没有结束，我们目前基本面的变化并没有那么大，有一些变化，但没有像市场变化那么显著，我们对经济还是充满信心，在未来的几年里我们的GDP还要翻两番。

市场的暂时调整并不意味着牛市格局改变，美国的三次牛市中都经历过20%左右的调整，日本牛市更经历了40%的短暂回调，所以调整更是新阶段牛市的开始。

做生意还有赔钱的时候呢，没有只涨不跌的股市，更没有只跌不涨的股市，在大环境没有改变的情况下，我坚决不相信牛市就这么结束了。

在市场操作的有关方面，投资者所要规避的是短期内“小非”量较大、涉及再融资问题的一些公司，对其他的质优公司则不必过于担心。

只要未来经济还会增长，股票就会越涨越便宜。

反方：5500点开始已经是熊市

B股民：6000点以下早就熊了，至于2008年6月的2800点左右，更是熊市中的熊市。你看反弹高点在逐渐变低，低点更低，标准的下降通道嘛，个人理解为是行情透支。

从市场形势来分析，中国的股市和经济上的基本面是联系不起来的，

2001－2005 年股票市场熊了四五年，而经济却是飞速发展的，而西方成熟国家却不是这样的，经济发展股票就走牛，反之就走熊，我们国家的股市走得怪怪的。

我们国家在经济方面的基本面是好的，但股票市场却是大跌，我用每年的经济增长率做参考大概算了下，上证指数今年在 4500 点左右就差不多了。至于操作方面，只做参考多看少动，因为从盘面上看，即使是日 K 线向上攻都有很多关口要攻克才行，个人觉得压力很大。

市场最终还是会走牛的，只是不知道会是在什么时候。但有一点可以肯定，就是要市场信心完全恢复，这需要不短的时间。

总而言之一句话：证券市场要完善，显然短期不可能一下会完善，外国成熟市场也是通过几百年的发展才成熟。

◎ 辩题二：见底 VS 半腰

正方代表：见底信号出现

A 股民：如果单从技术面来讲，市场应该有一个反弹。虽然有时股市的成交量没有明显放大，但也没有严重萎缩的迹象，有段时间，金融和房地产已经有企稳的迹象，说明已经跌不动了。

从大的方面来讲，中国的经济状况并没有那么严峻。宏观经济的基本面仍然是向好的方向发展的，物价虽然高企但不会失控。国内经济增长正在恢复常态，货币政策运用空间已经不大。最重要的是，最近的下跌已经让很多股票回到价值投资的区间中去，A 股股价也进入可投资区域。通胀峰值可能已经过去，市场对企业盈利能力的担心情绪将会有所释放。

反方代表：熊市不言底

B 股民：因为市场的信心不足，所以才没有见底，如果现在有反弹，一定会有很多人抛光，不给你大幅反弹的机会。此外，资金供求紧张的关系短期内也没有改变。

沪指在经历了将近半年的下挫及接近 50% 的调整幅度以后，股民的信心已经被极度削弱，自救式的行情难以抵挡恐慌性的抛盘，市场已经越来越寄希望于政策面给予投资者积极的信号。

依据市场的运行模式，如果政策出台利好，股市反转，中小股民看股市大涨入市，结果大小非肯定又会在股市高位减持套现，让大批散户再次被套。如此一两个回合的剧烈涨跌，便没有散户再愿意入市投资，股市就会失去吸引散户的魅力，从而丧失融资功能。

从以上股民的讨论可以看出：2008 年 6 月开始，中国的股市进入争论期。不过，我们可以肯定，中国股市的大跌趋势是不可避免的。不是说中国经济的继续增长会让中国股市继续增长，相反，因为有“股市战争”，只有熊市才能让庄家、国际巨头获得更大的利益，所以，熊市只有更熊，才会有更多的机会。所以，中国股市会因为“股市战争”而继续下跌，甚至会可能出现“跌不见底”的状态。当然，到了一定程度，出现大涨是肯定的，大涨也是利益集团发动股市战争的又一个结果。在大涨中，又有一批利益集团获得了相当可观的利益。这就是股市战争，一场不见血的战争。

所以，牛市、熊市谁说了也不算，只有获得利益的一方才有权力决定股市是牛是熊。

牛市到熊市的三个阶段

一个成熟的牛市所要经历的第一阶段是资金筹集阶段。在这段时间里，针对交易市场的主流情绪各异，从厌恶到一般性的怀疑。市场很疲弱，而且可能持续了很长一段时间。但一些投资者仍然相信市场总会周期性地回暖，即使当时的基本面仍然严峻。一些聪明的集资商开始投资被市场遗忘的交易品种，这些品种暂时处在低价位。而前期一直低迷的成交量也开始放大、堆积，反映着那些有远见的、耐心的投资者正在进入市场。

牛市的第二个阶段是一个标志性的上升阶段。随着股票价格的不断上升，成交量也会逐步地放大。市场逐渐认识到基本面将好转。股票显著上扬，这时进入市场会获得很高的回报。

股民对股市普遍性的狂热和投机标志着牛市第三阶段的到来。市场的情绪指数接近了记录水平。基本面看上去极度乐观，甚至有可能广为流传着关于经济高速增长的“新时期”和永无止境的繁荣的言论。每个人都很乐观并且在买入，所以成交量极大。然而，在第三阶段的后期，正当贪心的买家如他们所愿地满仓，通常是极度地满仓时，成交量开始萎缩了。而且，“聪明资金”已经提醒自己：“没有一棵树能长到天上”，而且所有的好事情都会有一个终点。结果，在早些时间以“批发价”买入股票的那些有见地的投资者停止了继续购买。并且，他们开始进入了“派发”阶段，小批小批地以“零售价”卖出。

选择这种聪明的出售很红火，当那些贪婪而单纯的狂热者们猛烈地将被高估的股票继续推高到一个荒谬的价格时。在这场游戏的尾声，暗示着转熊的技术指标开始在“显然”很牛的表面下撕开裂缝。由于单纯的玩家无理性地购买错误的股票，而与此同时“聪明资金”却清算最好的股票，股市的技术指标产生分歧，股票走势出现分化。

牛市与熊市最大的区别

牛市与熊市最大的不同之处就在于投资者看待问题的角度不同。牛市里，投资者看到的是收益，利润面前风险是次要的，甚至无足轻重，因此牛市能够出现持续上涨的证券品种；熊市里，投资者看到的是风险，风险面前的利润变成充满诱惑的陷阱，抵制诱惑成为保全资产的前提，因此熊市只会出现持续下跌的证券品种。

牛市里，投资者会随着业绩的不断增长拉升股票价格建仓，随着业绩的下滑压低股票价格建仓；熊市里，投资者会随着业绩增长拉升股票价格出货，随着业绩下滑压低股票价格出货。

现在的股票无论是业绩增长还是下降，出货成为主基调，看起来大环境恶化已经成为现实，希望朋友能够看清形式，不要为错误声音所蒙蔽。

市场出现一两个傻瓜很正常，但是市场90%的人都犯错误，就是一种不正常的现象了，只能说明市场出了问题。工行上市没有罪过，工行并不会改变市场的本质，而真正改变市场本质的是上市公司的业绩，上市公司的业绩大幅下滑才是股票价格下跌的根源。

如果铁矿石降价10%，那么钢铁价格还有可能大幅上涨吗？最基本原因就是产能过剩，产能过剩就是价格大幅下跌的根源。

> 一般来说，熊市经历的时间比牛市要短，大约只占牛市的1/3－1/2。不过每个熊市的具体时间都不尽相同，因市场和经济环境的差异会有较大的区别。回顾1993年到1997年这段时间，中国上海、深圳证券交易所经历了股价的大幅涨跌变化，就是一次完整的由牛转熊，再由熊转牛的周期性过程。

市场上升途中，空头势单力薄，牛市论占据上风；而现在多方势单力薄，熊市论再占优势。其实，中国的市场状况很难简单定性为牛市还是熊市，对于投资者而言，应该多看“实市”。

要让身临其境的实战交易者来判断当时究竟是牛市还是熊市，可能谁也说不清楚，只有行情走过来之后才可能恍然大悟。

2. 牛市有多牛

要想知道牛市的性质，就要抛掉以前的熊市思维！

股市不是科学，是艺术！所以不能根据条件推导出来结果，牛市到底有多牛，熊市有多熊，只能根据自己的经验悟出结果。

自中国股改引发的牛市熊市震荡以来，先知先觉的股民、一些机构和部分基金已经赚得盆满钵满，而后知后觉的散户们则还在憧憬着牛市的再现，然而在投资者热情迎接高位放量的大牛市、大熊市的同时，又会有一丝阴影浮上心头：调整何时会到来？所谓的牛市“泡沫”是否已经出现？熊市何时结束？那么，现在乃至以后的大牛市究竟有多牛呢？

中国牛市会有多牛

从2006年7月间至2008年年初，我国的股市用一年半的时间一直在不厌其烦、不遗余力地告诉我们，牛市真的到来了。如果现在你还不相信它是真的，那么你只好回家帮老婆抱孩子下厨去了，那样比待在这里有益得多。但目前的所谓牛市究竟处于这场大牛市行情中的哪个阶段？普通投资者今后的投资方向应该以什么为重点？

历史上曾经在2000多点就是牛市，现在正好相反，3000点都成了熊市。所谓牛市熊市不过是与最近的指数对比得出的。沪综指曾经从998点到2245点，机构把它叫做“结构性牛市”。结构性牛市，就是仅仅靠几个超级大盘指标股拉升指数，而其他的具有行业优势、业绩良好的股票却踟蹰不前，这是真正的牛市吗？美其名曰结构性牛市，其实是一种虚假的牛市。

应该很清楚地看到，国家的政策是希望证券市场健康发展的，国家不希望股市大涨或大跌。所有的人都清楚国家不希望股市一直暴跌，可是所有的股民都忽略了，国家也不希望股市在短时间内暴涨。不暴跌是健康发展，不暴涨也是健康发展。发展是上升，是做大做强，是增强其抗风险的能力，所以我们也不必视扩容为洪水猛兽；健康是稳健，不是忽上忽下像打摆子，那样对政府来讲难以控制难以预测，对国民经济的肌体健康有害无益，所以尽管波动是正常的，但那种大起大落是政府不希望发生的。从媒体很多次的重要评论已经可以看得很清楚，让少数人富起来那不是社会小康，也不是国家的富强，它不符合社会和谐的政治要求；只靠几个大盘指标股奋力拉升的牛市也不是真正的牛市，不符合中央政府的战略意图，尽管它作为这架大牛机器的引擎而不可或缺。所以，无论哪个点都不是股市的最高点，也不是股市的最低点，只要相对平稳，就是健康的股市。

什么是真正的牛市？

有人说，真正的牛市是在某某点以上的大涨，认为这是业绩良好的股票在稳健上升，是产值占国民经济份额较大的行业受到关注，是资源开发和技术创新得到追捧，是淘汰那些靠传统消耗低的标准来维持甚而亏损累累的公司，是没有诚信连连败诉的企业受到鄙视和抛弃。其实有时并不是那么回事，牛市不能用绝对的数字来衡量，也没有什么标准。

真正的牛市可以走多远？真正的熊市又能走多长？

这是一个谁都难以回答的问题，固然没有只涨不跌或只跌不涨的股市，但从 2008 年 6 月开始算起，可以估计这一轮牛市和熊市的震荡至少可维持到 2010 年以后。中国的经济占世界经济的份额越来越大，中国的腾飞越来越让整个世界瞩目，中国的发展也越来越成为世界发展的主导力量，同样中国的股市也许会让整个世界为之震惊。中国人很多时候都把事情做到极限，中国股市也不例外，如果牛，一定牛得让人震惊，如果熊，也会让人感到什么才是真正的熊。所以，每个股民入股市时必须考虑这些因素。

牛市牛在哪里？

在这里我们以 2006 年年末的最后一个交易为例，在 2006 年年末最后一个交易中，上证指数一路飙升，相继突破 2400 点、2500 点、2600 点，在 2006 年 12 月底，上证指数最终定格在 2675 点。2006 年股市强劲增长，

“牛市”的称号也非徒有虚名。有人乐观地认为，中国股市将一诀“熊市”，进入良性循环的发展阶段。也认2006年为股市的强劲积累了巨大的泡沫。

由此，人们心中不免会产生几个问题：2006年人们的投资方向到底在哪里？是哪些人在股市中翻江倒海？2006年的牛市，股民的收益如何？与2006年相比，2007年人们的投资方向会有哪些变化？作为一直被认为是股市中“弱势群体”的个人投资者在此轮股市上升运动中是如何表现的？

进入2008年，股市经过大牛后，终于又回到了3000点以下，然而它还会重新涨到5000点以上吗？

所有的人都认为股市从2400点暴涨到5000点以上是合理的，而股市从5000点以上暴跌到3000点以下却被无数人认为是不合理的。为什么？这其中更多的是无数股民的发财心理。所以，我们认为，股市暴跌到2000点以下也是合理的。尽管这个观点不会被很多人所接受。

股市基金风云变幻，波涛汹涌，机会与风险同时存在，把“风险社会”的景象体现得淋漓尽致。但在波涛之中不乏勇敢的“弄潮儿”。下面我们用数据来展示2006－2009年股市中的股民的基本特征。

1. 股市基金散户“年轻态”

投资股市与基金的个人投资者年龄大多都集中在16－35岁之间，平均年龄分别是31岁（股市）和30岁（基金）。投资股市与基金不仅是一项智力游戏，更是一场风险游戏。市场需要这样一批活跃分子，他们年轻，是他们给市场带来了生机。

2. 高学历对战高风险

投资股票基金不仅需要资金的支持，同时也需要专业知识的积累，冒险精神和好的心理素质皆非常必要。这些特质都与教育程度有千丝万缕的联系。数据显示，90%以上的个人投资者是大专及以上学历。投资股市与基金，面对风险的态度与应急能力显得十分重要，审时度势才能真正成为浪尖上的出色弄潮高手。

信息完整全面的市场只存在于经济学家的理想状态中。而在现实体的市场中，信息是左右人们重要决策的重要因素，在信息发达的当今更是如此。机会与风险并存是市场的主旋律。不同的投资领域存在不同的机会与风险。如何把握机会、控制风险，始终是个人投资者所需要面临的问题。

对于多数股民来说2006－2009年的股市将是一场盛宴，个人投资者将在这场盛宴的博弈过程中目睹蛋糕逐渐做大，会有更多一览疯涨的巅峰体验。然而，个人投资者在对股市与基金保持乐观态度与较强信心之时，还要保持冷静的头脑和良好的心理状态。我们不仅需要大蛋糕，还需要蛋糕的保质期更长。盼望着一个可以真正良性运行的中国投资市场的诞生。希望中国的市场能够牛的时间更长而熊的时间更短！

> 牛市要分很多步走，牛市也有春夏秋冬，有些不耐寒的品种也要被冻死。要等到把在头波里赚钱的大部分人的利润都消耗得差不多之后，大盘才能再度向上，这是毫无疑问的，没有条件讲的。要说调整，不管是下跌的调整还是平盘震荡的调整，只要记住一点，牛市不言顶！同样，熊市也不言底！

牛市确实“牛”劲十足，但投资者应该谨记：没有只跌不涨的市场，也没有只涨不跌的牛市！熊市不熊到样子，也是不会变成牛市的。

3. 牛市、熊市正确应对

潮涨总有潮落时，股市中的争夺每时每刻都在上演，如何在牛市熊市中抓住机会赚钱，在股市战争中依然坚持的人都希望知晓……

股市不仅是无数股民完成创富梦想的地方，也是做小生意的老百姓尽情磨炼的地方。当股票市场中的某个行业板块占比偏高之时，股市的繁荣与萧条就必然与这个行业的盛衰直接相关。在股市大牛的背景下，股市中的一条产业链渐成雏形，与其他产业链不一样，这条产业链与股民的生活息息相关，受益者也多是老百姓。要在牛市、熊市的浪潮中稳定航行，就要有稳妥的应对方法。

股票市场是经济的“晴雨表”，它伴随着经济的周期波动提前进入牛市或熊市，这是一种常规的周期波动。随着非同寻常的大牛市之后，通常都有产业革命或经济结构的变革。在这种革命性的变革或结构性调整之后，往往有破坏性的大熊市以股灾的形式出现。虽然人们无法避免股灾的发生，也无法预测股灾的来临，但是我们应学会经营风险、管理风险，并力争在风险扩散时将自己的损失降低到可控的程度，以轻松地应对疯狂的牛市和低迷的熊市。

股市决定着一个国家国民经济的发展状况。尽管股市有涨有跌，但长期来看，它不会与经济发展的方向背道而驰，但是也不一定有直接的联系。其他国家经济的发展与股市涨跌的关系有时也会表明，一个国家的经济向前发展，其股市也呈向上走势。因此，只要中国经济能持续发展，就有理由判断中国股市会随着国民经济的发展而发展。但是，这只是就总体而言。

如何应对牛市

◎ 正确判断牛市来临

每个股民都希望牛市一直存在，但事实却不尽然。大牛市第一主升段的到来，标志着股市正式步入大为牛市，质变正式形成。其本质就是有第二批资金大规模地入场，这时入市完全不需要担心遭受熊市折磨，即使最谨慎的也可以据此入市捕捉大牛市。2007 年的股市曾经经历过这样的阶段。但是，当所有的人都认为牛市来了的时候，熊市一定到了。所以，我们可以肯定地说：大多数人的观点与股市的表现是相反的。这点没有多少人会真正地理解并应用它。

1. 牛市的到来总是悄无声息的，只有耐心等待具有升幅大、时间短、普涨、个别股票升幅特别大的特点的筑底性大反弹行情的出现，配合前期熊市最后一跌的平静期，股民就可以由此判断：大牛市即将到来，并可以决定入市。

2. 在细心观察之下就会发现牛市的到来也是有标志的。只要等待具有高价、大盘绩优股全面急升特点的大牛市第一主升段到来，即使最谨慎者也可以据此入市。

3. 如果仅凭熊市最后一跌后的平静期到来就入市，专家认为依据不足，风险太大，不宜使用。

◎ 牛市投资原则

股市投资要有原则，牛市与熊市虽不同却同样要有原则。牛市中人们应该像在熊市中一样保持理性，坚持对企业的合理价值进行评估，坚持自己的投资标准。牛市中股票价格的短期波动幅度较大，20% –30% 的幅度都非常正常，而这种波动并非企业的价值出现问题，大多是市场投机所为；我们应该抓住市场短期给予的良好机遇加大投资力度，不能因为短期的波动而放弃优秀的企业。牛市的投资相对比较简单：合理价位买入优秀企业，并长期持有，只要企业的价值没有被极度透支就不要轻易卖出；在牛市中优秀的企业的一般会有 10 倍以上的回报，要敢赚钱，一旦持有优秀的企业，一定要坚持到牛市结束；不盲目更换投资品种；牛市中的陷阱比较多，各种赚钱的诱惑都会出现，坚持以企业价值为导向的投资能够有效回避更多的风险。投资股票和做人一样要自始至终有自己的标准和原则。

如何应对熊市

牛市在走下坡路的时候总会有熊市的出现，由于股市的整个趋势都是向下动作，所以在熊市中操作的难度要比在牛市大得多。而总体的操作策略就是“长空短多”。多数时间空仓，持金为主是上策，一旦波段机会来临就做短多。波段操作期望值不要高，一个波段能有 8% –15% 的获利就应满足，最好能及时见好就收。这是熊市里潜在的操作原则。

◎ 判断熊市的到来

无论是牛市还是熊市，它们的到来都会有迹象。一般而言，可以从两方面判断熊市：

1. 从技术层面来讲，判断熊市的第一个标准就是套牢筹码。牛市里获利筹码的机会非常多，而且应锁定不走；而熊市里面应该是套牢筹码越来越多，它们也应锁定不走。虽然说都是不走，但是一个是套牢，一个是锁定。若股市中套牢的筹码量还不够，整个市场的套牢比例是 50% 左右，人们就可以判断出熊市还没有来。

2. 除了套牢筹码外还有另一个标准，那就是在熊市股价出现下跌的时候，一般一个底会比另一个底更低，而不是像牛市一样一个底比一个底更高。虽然经过调整，股市中仍是一个底比一个底更低的现象，但调整的时间已经让股市有所平衡，所以调整密度大一点，空间长一点，也仅限于一个中期调整的范围，还没有到熊市。虽然可能已经接近熊市的边缘，但熊市却并未到来。

◎ 应对未来遭遇的熊市

牛市的路无论多长，也不可避免会出现熊市。掌握了方法就可以免去被套牢的风险，应对未来要遭遇的熊市：

1. 资产配置

资产配置就是通常人们所说的仓位控制，这是对付熊市的第一要务。在狂风暴雨面前手握较多现金是很愉快的事情，但在牛市后半期，必须遵循逐步减仓原则，比如上5000点仓位减到85%，上6000点减到60%，上8000点就减到40%……这样就可以减轻崩盘时判断失误造成的损失或对牛市感情过深以至于难以割舍带来的危害。而现在的股民正好反其道而行，所以才出现更多股民在2008年的熊市中损失惨重。在断崖式下跌然后又迅速拉回时，持有一定的现金可以把握非理性下跌带来的补仓机会。熊市中当然更要控制好仓位，新兴市场没有巴菲特的存在。与市场同归于尽是不可取的。必要时应该增加债券的持有量，把握好股市的投资机会。

2. 选股

这是应对熊市的第二要点。做波段时选股很重要。在熊市时有的股票安然无恙，它们的最大共同点就是高成长。这个时候应用价值型策略可以减轻损失，但很难带来收益。

在熊市中，在抛弃牛市中被暴炒的个股时，要有坚决不能，一碰就会死的警觉，同时也要约束自己对于20元以上高价股票也尽量少碰。无数股民受中石油和中石化之害，就是因为没有遵守这个原则。

根据以往的规律，熊市里多被青睐的往往是低价股，价位在5－15元间的个股机会最大。因此在选股时目标要盯在中低价股身上。选股时一定要有所注意，因为它与你是赚是赔有直接关系。

3. 选时

这就是股民经常说的波段操作，把握好交易机会。在熊市里获取价差收益其实是最难的，但也是最具挑战性的。对于小资金持有者主要的选时策略依然是做自己熟悉的几只股票频繁套利，发挥船小好调头的优势，用自己的舢板与大船打游击战、歼灭战。对于不熟悉的股票千万要抑制自己抢反弹的冲动。

◎ 应对末期熊市四招

1. 不要越跌越买

在熊市中被深套是最常见的现象，那么那些被套牢的股民在股市中应当怎么办呢？对于被套牢的股民来说，斩仓割肉说出来难，做起来更是难上加难。如何在熊市中摆脱被套的现状，值得我们研究，越跌越补的结果只会把有限的资金束缚在那些没有希望解套的股票上。因此如果有增量资金，不如开始新的投资。

2. 提升投资知识

股票投资的对象不同，相对的投资者对风险的承受能力和收益的偏好也有所不同。要在股市增加自己的胜算，不断学习投资知识，与时俱进是关键。股市的发展使得以后的投资会越来越专业化，市场也会越来越向成长性的股票靠拢，没有专业的理财知识，就很难在股市中赚钱。许多股民都是追随别人的脚步到股市博弈的，多是抱着投机的心理，而只看到了股市表面的升降。其实，仅仅看到这些是不够的，关键是要会分析，应当以专业的眼光从股市的盈利角度、发展前景和利润增长等角度进行全面分析，在买股票的同时学会投资。

3. 心态调整，从股民变基民

股市的投资时刻存在风险，若是时刻担心会在股市中赔钱，可以买一些货币或债券基金，激进一点的则可以买一些股票基金。而对于那些心态调整不好以及专业知识不够的投资者来说，委托理财是最好的生财之道。

4. 关注基金股

进入股市决定投资而胆子又大的人们，如果想在股市中一试身手，不妨先拿出5%的积蓄投到股市，锻炼手感，并从中积累经验。股市中投机性的力量在减弱，明智的投资者多是在利用基金这样的价值型力量。若是对股市投资不放心，则可以转而关注基金股。

股市里鲜见风平浪静的时候。物极必反，牛市和熊市就是在这种原理下产生的。每一个身在股市中的人大都是为赚钱而来，而牛市就是最佳的赚钱时机，在他们看来熊市只会赔钱，但“有赚就有赔，有赔必有赚”，没有一直赚钱的牛市，也没有一直赔钱的熊市，只要找到应对之方，你完全可以在其中如鱼得水。

牛市与熊市的转换是股市发展的必然结果，拥有应对它们的方法，你才能在激烈的股市战争中明哲保身！

4. 股市动荡中的牛市

牛市、熊市——万物兴衰，轮回交替，股市也在动荡之中上演着它的轮回史……

股市的波动时刻存在，不仅受许多外来消息的影响，牵涉的因素也是方方面面。这无疑给各路证券精英坐庄股市提供了机会。股市本就是风水轮流转的场所，今天你坐庄，明天他坐庄，但无论是谁坐庄，只要坐上庄主之位就牛。但股市毕竟是不平静的，一波波的牛市必定会引起股市的大面积动荡，如何在牛市中更安全地赚钱是每个股民都极其关注的话题。

基金转换，在动荡的牛市中赚钱

随着社会经济的日益提高，人们赚钱手段的日益高明，基金投资，专家理财的优势已是众所周知。但是遇上罕见的大动荡，这些“专家”也多是无能为力。不少基金在股市大盘强势调整的情况下，净值便开始出现下跌的状况，同时也有很多基民急着赎回。但实际上，赎回基金并不是最佳的办法。基金转换不仅可以让资金在高风险的股票型基金与低风险的债券型基金或货币基金之间来去自如，还可以让你在动荡不安的牛市中大赚特赚，花最少的成本，获得最大的收益，赚取最多的钱财。

◎ 转换可避险增值

股市是赚钱的投资场所，它的不稳定性是潜在的，改变理财方式，是规避风险的最佳方法。基金转换，就是指投资者利用基金公司的转换服务，将股票型基金适时转换为货币型基金，从而保住自己前期收益的理财方法。而实际上，由于转换成本相对较低，投资者还可以跟随股市的大势走向，在不同的基金品种间进行多次转换，以提高收益。

基金转换之所以容易被人们接受，它的诱人之处就在于转换费用相对比较低，一些证券公司的转换手续费高的才 0.5%，低的也仅有 0.2%，一些基金公司甚至不收转换费。基金转换还具有交易快捷的优势。若以股票型基金为例，按照“先赎回再申购”的方式一般至少需要 5－7 天，若按基金转换的方式则可以在当天完成，大大节省了交易时间。

例如：王先生曾买了一只基金，资金从10万膨胀到了30万，如果按照传统的“赎回再申购”，他所需支付的手续费是3%左右，也就是9000元。如果进行基金转换，根据基金公司规定，一年内的前两次基金转换免费。通过基金转换的方式，他不仅可以达到回避风险的目的，还可以省下现在赎回与将来申购的9000元费用。如果投资者不看好后市的发展，则可以完全把基金转入“保险箱”，等行情好的时候再换回来。而投资者也可在交易时间内，带上身份证、基金账户卡和银行卡到相关网点办理该业务。在动荡的牛市中，赎回是人们最常见的回避风险的选择，但与之相比，基金转换要更实惠。

◎ 要认清转换基金的时机

基金转换虽然可以降低风险，但也要有所注意，基金毕竟是长期投资的一种手段，不可因为基金转换费率低而随意转换，在具备一定条件时再进行基金转换会达到好的投资效果。那么什么时机才是转换基金的最佳时间呢？

1. 如果投资者的股票型基金的获利已经达到自己的预期，并希望通过调整投资组合进一步获利，就可考虑把手上的股票型基金转换为其他股票型基金。

2. 如果投资者感到风险的存在，想将正在获利的股票型基金进行了结，在还没有资金使用需求的情况下，与其将钱存在银行，不如将手上的股票型基金转换为固定收益工具，如债券型基金或货币市场基金，这样不仅可以持续赚取固定的收益，还可以更为灵活地运用资金。

3. 如果投资者本身所持有的股票型基金已经跌至亏损点，与其认赔赎回，还不如转换成其他具有潜力的股票型基金，或者将其转换成表现较为稳健的平衡型基金，让投资组合布局更均衡，从而提高整体获利的可能。

4. 当股市的发展周期处于高峰或面临下滑风险时，投资者应逢高获利了结持有的股票型基金，并将其逐步转成固定收益的债券型基金或货币市场基金。若投资者的风险承受能力变低，也可适时将基金进行转换。

以上几点所说的都是从股票型基金转换成货币型基金的时机，但若股票市场从空头转为多头，投资者应将停留于债券型基金或货币市场基金的资金及时转换到即将复苏的股票型基金里，在股市动荡中的牛市里，抓住股价上涨机会，赚取更多利润。

牛熊相长，股市动荡中得出的教训

股市产生动荡的原因有很多，牛市与熊市总是在股市的动荡中此起彼伏。对于股民来说，在股市动荡的牛市中被套牢是最让人无奈的，专家总结出了 6 条教训供人们借鉴：

◎ 投资要适度

股市的发展如火如荼，投资者也多被边缘市场的行情冲昏了头脑。这里所说的边缘市场就是专家所说的新兴市场的股票及债券、商品、黄金股票、高收益的垃圾债券以及房地产投资信托等。在投资组合中，少量涉猎边缘市场虽然没有什么坏处，但所持头寸一定要少。这些板块的表现都十分不稳定，正如人们在股市所看到的那种低品质债券、新兴市场基金以及黄金股票全部遭受沉重打击。如果你准备将投资组合中 5% 以上的头寸投向边缘市场中的任何一个板块，必须要经过深思熟虑才行。

◎ 给自己把脉

既然上面已经说了不应该在边缘市场投入过多，那么股民应该将现金投往何处又成为众人关注的话题。专家认为每个投资者都应该持有美国股票、高质量的美国债券以及其他发达国家的股票，这三种核心投资应该占你投资组合的 70% 至 80%，或许更高。如何将自己的资金平衡分配给以上三种核心投资，主要取决于你的风险承受力以及你希望获得多高的回报。只要设计合理，就没有什么不好的投资组合，但最大的问题就是投资者往往不能坚持到底。而股民若想持有这些股票，就要精确设定美国股票、外国股票、高质量债券以及每种“边缘市场”投资在你的投资组合中各占的比例。但在设定这些目标的百分比时，一定要认清当市场产生大幅波动时，哪种投资搭配是你能够继续坚持的。

当然，在股市处于较为平稳的状态时，考虑自己的风险偏好也是聪明的做法。但风险承受能力却是随时变化的。当股价一路上涨时，投资者要做到勇往直前并不难，但同时这也是你认清自己有多大的风险承受能力以及你应把多大比例的长期投资分配给股市的最佳时机。

◎ 不可以偏概全

这一点在股市动荡中是最忌讳的。尽管股市长时间里都处于一路上扬的状态，但股市的估值看上去仍然相当合理。如股市中通常谈论的都是标准普尔500股票指数的情况，而这一指数并不能反映新兴市场股市以及美国小型股等的估值情况。事实上，美国蓝筹股在全球股市中可能是定价最为合理的股票，但标准普尔500指数毕竟仍低于其历史高点，而小型股、新兴市场股票、房地产投资信托以及各种“边缘市场”在过去的多年中都积累了令人瞠目的涨幅。股市动荡中并不是每一只股票都会产生波动，若是以偏概全，只会让你错过最佳的赚钱时机。

◎ 别过分自信

股市永远没有停歇的时候，投资就是一项充满不确定性的事业。但许多投资者都存在或轻或重的盲目自信症，并定期发作，在这种情况下他们往往会做出最疯狂的投资决策。在过去的几年中经常会出现这种状况。2000年，投资者都相信投资股票，特别是投资科技股就好比买了一张通向财富之门的单程车票。虽然最终都被随后的华尔街风云突变打了个落花流水，但许多投资者的确在几年后又走向了另一个极端：他们绝对地认为股市上没有赢家。到了2005年，投资者又开始坚信投资房地产绝对正确，直到几年后许多炒房者仍在被迫吞下当年的苦果。2007年，又有无数人相信股市进入牛市，赚钱的机会到来，结果又有无数人被套住。2008年所有的人都在熊市中挣扎时，牛市何时出现，恐怕读者读完本书会有一个新的判断，不过，不相信大多数人的想法，你就能判断出股市的基本思路。

股民不能过分自信，盲目自信会有恶果。投资者需要考虑风险和回报，同时也要对自己的预见能力的自信度打个折扣。

> 股市的每一次动荡都会让人们感觉生活在水深火热中，虽然在牛市与熊市的转变过程中，许多人都掌握了理财的窍门，但面对动荡的不安心理依然存在。股市是疯狂的，战争随时都有可能会爆发，股市的每一次动荡都会成为战争的导火线，要在动荡中站稳脚，争取战争的胜利，掌握动荡中的理财方法，了解动荡中的诸多误区，你就能决定牛市熊市的出现。

股市动荡是引发战争的根本，它根植于牛市熊市之间，让真心人不安，让有心人向往！了解股市动荡的原理，你才能在牛熊市中游刃有余！

5. 股市救市，究竟是救什么

“救市主”，一个在股市的危急关头出现的名字，是救人还是救市？拯救的思维模式如何成型？只有身在股市你才会知晓……

“救市”是一个容易让人误解的说法，救市的“救”字是什么含义？别小看这一个字，其本质十万字都不一定能概全。救市不是不让投资者赔钱，而是投资者运用自己的思维模式凭一己之力防止市场风险最大化。但应救主力还是要救中小散户？主力被救了，是否中小散户就被救了？此类问题总是浮在人们心头。“救法”是什么含义？本意救主力却救了中小散户，还是本意救中小散户，却帮了主力出逃而使中小散户被大户所套等等。股市暴跌固然令人失望，但更令人失望的是在暴跌之时需要救市却没人救，无奈与绝望相继出现，这样的股市何以提振？

市场从不缺钱，唯一缺的就是信心，缺的就是随机应变的思维。没有独特的思维，资金再多也无济于事。然而，有一种反对救市、而且很有代表性的说法是：“市场好的时候搞市场，市场不好请政府干预，到头来政府背上市场包袱，这是不好的，所以要有市场思维。”乍一听，让人感觉很糊涂，但仔细推敲，这种说话根本站不住脚。牛市与熊市的出现是股市发展必然出现的，牛市十足时，加税率、查违规、窗口指导，管理层不断干预指数，“有形之手”一次又一次强化了人们对政策市场的预期。现在，市场不好了，却反过来要求“市场之手”来调节，让习惯“政策思维”的投资者突然改用“市场思维”，这显然不合理。要做“救市主”，就要有大手笔与大气魄，只有具备真正实力的高手才能拥有名副其实的称呼。

救市就是救人心

股市每次的大起大落都牵动着无数人的心，大起或许无人担心，但大落却让人愁容满面。对于已经“大落”的股市，救市是必然的，但必须以绝对看好的思维方式去救，即使救不了“势”，“救市”也是救人心，并且在危机中加快启动利好于“势”的制度建设，这是救市者不容推卸也推卸不掉的责任。

股市的反弹是无法预期的，经常会在没有任何救市措施和救市态度的背景下，便持续几天的反弹，从3271点到3656点超过10%的反弹幅度不能说不强劲；同样，在没有任何利空政策的前提下，突然的暴跌也是司空见惯。

可以说，股市的反弹现象是市场的一种自救行为，当然也是一个反反复复的定位过程。或许在没有政策出手的情形下，市场自身铸就的“底部区域”才是最坚实的。而行政干预——无论是突提印花税进行降温，还是宣布重启基金发行，这些都可以理解为“救市”的举措，都仅仅是在短期内改变了市场形态，行政干预“干预”的只是股民们过于乐观或悲观的情绪，而市场本身依然会按其自身规律涨到极致或跌到极端。

即便如此，大多数的股民依然坚决主张救市。因为本就具有鲜明“政策市”特征的股市，是定义不清什么叫“救市”的。比如限制恶意再融资，依法对大小非减持给出细化的规定，从而使市场有明朗预期；再比如基金发行纯粹市场化，只要基金公司愿意发并发得出去就依法核准；甚至把世界上最高的印花税税率降下来，哪怕是跟多数地区一样不征收印花税……这些极大“利好”于股市的措施，都是转型中的中国股市走向市场化、规范化和国际化的必由之举，是制度建设和制度完善的综合体现。

股市中的救市从真正意义上来说，就是类似于1998年港元阻击战时中央政府和港府联手组织资金托市，是美国应对次贷危机的减税、降息、注资行为。而中国股市放开新股发行审批，以及时机成熟时征收资本利得税，也都不能算是打压股市的举措，这些都是迟早要完成的制度建设。

股市中救市的出现是必然的，救的大多是股民在股价大跌时的危机，救市即为救人心，面对股市的风风雨雨，面对牛市、熊市的举棋不定，救市的出现必定会带来各种各样的转机。

救市，救的是羊也是狼

身在股市中的人大都知道救市的本质就是救“羊”，然而救“羊”的本质必然是种草，可是绝大多数的股民可能并没有意识到股市的特有逻辑：种草是为了救羊；救羊也就救了狼……于是股市救市实属非一般逻辑意义上理解的救市。

无论是国际股市还是国内股市都有这么一条救市铁律：减利息则意味着救股市，因为如果可以减小上市公司的包袱，或者可以凸显股民的红利收入，那么不必呐喊便可自发救市，可见，利息率和红利率的对应操作是投资市场的救市基础，然而中国式股市并没有红利基准，那么自然也就不具备救市的基准，那么也不是广义上的投资市场；其次，股民迫切地希望免印花税以此救市，实际免印花税只体现总市场利益的公平性，但是中小散户要是将此理解成救市，那么反而会被杀戮于抢盘。于是救市就成了中国式股市特有的难题：一面是没有红利市场的救市基础；一面又要顾及到落难的中小散户；另一面就是救市利益背后的狼群效应。

无论是救股市中的羊还是狼都要讲究一定的思维方式，救羊的思维就是涨，救狼的思维就是给它筹码。羊认为大涨即为救市，狼认为对方大割肉即为救市——这是股市永恒的内涵。

虽然身在股市，但大多数的股民都不会理解这样的内涵，那么只有用典型好股和典型买卖来举例：假如管理层对所有股民“宣布”救中石油，从16.7向上大力救股，结果其一是所有持中石油股票的股民不卖出了，那么涨停，那么请问这是救市性的救市吗？其二，在“宣布”救中石油并大涨后，如果出现大成交，那么显然买进方是因为大救才买入，那么请问，难道卖出方在知道大救后还会如此大手笔卖出吗？其三，救到什么程度才算进入买卖平衡区间？第四，抢盘利益被救出以后，难道就可以牺牲接棒人的利益了吗？需要去追求后手利益吗？第五，假如单救中石油，那么1500多只股票怎样理解救市利益呢？又怎样理解先后买卖利益呢？怎样理解利好成交中的各方利益呢？第六，这世界谁不知道救市利益卖出后当天会以千亿成交呢？第七，人为救市实质上就是造假，到最后是否还会带给中小散户更多灾难呢？所谓救市的利益一定是扩大主力的利益，那么中小散户的未来必然是更大的灾难！

总而言之，股市中的救市多种多样，但却有一条铁律：真正大恐慌必出大行情。大恐慌就是救市的本质，在股市中制造大恐是为了股民的利益，股市兴衰直接与股民的利益挂钩，在股市历史上所有制造出大恐慌的投资者大都出于辉煌的行情。管理层为什么不出救市政策？因为救市政策实际上在无形中救了昏睡的多头，导致多头抢盘，而多头越活跃，那么主力杀多头的力度将越大，出坏行情的时间反而会延长，要炒股就要懂得主力利益道理，也要具有中小散户的逆向思维。

> **每个人在遇到危难而无法实施自救时都会向他人求救，股市也一样，在形势极其严峻的时候，救市是必然的。但如何救？救什么？无一不是让人们困惑的主题。救市如救人，要救散户于股市水火，要救主力出困境，就要有好的方法、高明的策略。**

6. 没有永远的牛市，也没有永远的熊市

股市中的战争一触即发，牛市与熊市的更迭只在一瞬之间，其背后到底经历着怎样的大风大浪？它们的寿命到底有多长？谁在将其玩弄于股掌之间？相互对立的两面究竟有没有永远？

……这些无一不是人们关注的对象！

股市专家经常会说这样一句话：没有永恒的牛市，也没有永远的熊市。市场风水轮流转是亘古不变的道理。有潮落总有潮涨，参股券商行情“惊涛骇浪”气势磅礴，傲视群雄，凡与券商有关的题材股均呈现出鸡犬升天的走势。但由于参股券商的上市公司一直以来仅有100多家，参股券商个股可谓是鱼龙混杂，良莠不齐。因此，券商概念股经过一段取其精华、去其糟粕的理性沉淀，经过去伪存真的重新洗牌过程，该板块又卷土重来。目前，火暴行情依然延续，券商板块业绩的支撑依然会贯穿全年，仍是价值增长的黑马多现区，仍然有等待发掘的金子深埋其中，后市仍可继续关注。

股市的变幻让人捉摸不定，投资生涯中也多会出现诸多无奈。在熊市中个人投资者几乎毫无抵抗力，再精准的K线分析，再高明的指标定位，再透彻的基本面都显得十分苍白。当政策、机构将市场导向下降通道的时候，个人投资者的任何挽狂澜于既倒的企图都更像是螳臂挡车。散户们会发现他们只有两种选择：持仓煎熬等待机构改变心意，又或者清仓出局，彻底做个旁观者。简单来说，就是必须在为亏损买单和更大亏损中二选一。然而，在股市中，牛市一定会赚，熊市一定会亏完全是个错误的理

论。因为牛市与熊市是股市发展变化下的产物，没有绝对永远的牛市，当然也没永远的熊市。

牛市乎？熊市焉？

股市永远是一个波涛汹涌、暗礁遍布的领域。而中国的股市在发展中更如一个逐渐加剧能量的漩涡，吞没了一个又一个股民的发财之梦。中国股市几经浮沉，在如今的熊市状态下，将何去何从？

股市中股民的大量涌入多是在改革开放以后，在人们的经济条件开始稳定后而形成规模。改革开放初期中国的股市和当时的房地产一样，牛气冲天，成为人们争相投资的领域。而后由于货币贬值、国家实行紧缩政策等不利因素的影响，中国股市开始走向下坡，到 90 年代后期几乎是乏人问津。狂热的投资过后，多数人在股市面前倒下来，赢家少之又少。股市开始时的辉煌到被国人狠狠抛下，期间经历了将近 10 年的时间。

随着国民经济的迅猛提升，2004 年内大批股民开始怀揣着资金和希望重返股市，兴起一轮又一轮的炒股热浪。中国的股市迎来了它的“第二春”，在沉寂多年后又重新热闹起来了。一路飙红、牛气冲天的中国股市就好比中国的经济发展，想停都停不下来！很多人懊恼自己没有坚持下来，白白让赚钱机会就从眼前溜走。于是，怀着各式各样的目的，股民们开始蠢蠢欲动。

谁不想从股市狠捞一把？2007 年大批人开始向股市进军。牛市的持续似乎让更多的人尝到了甜头，反过来又促进了更多的人加入股市。我国出现了数不胜数的股民，随之而来也出现了具有中国特色的股票交易现象。“风险投资”在人们涌入股市的时候开始炒得火热，这就是人们常说的“风投”。而在股市中如果个人没有目的性，而只是随着大流进行炒股则叫“疯投”。中国的股民中有相当一部分即属于“疯投”者，原因在于他们投资股市的动机和心理准备往往被扭曲。往往在牛市股价疯长时期，大批人高价买进，希望能赶上末班车，但往往事与愿违，很多人后脚还没有迈进股市，前脚就已经深陷股市的泥淖。他们只知道炒股收益很高，却不了解高回报背后的高风险。另外，这些人对股市了解的欠缺更加剧了其折本的几率。由于临场经验严重不足、对于股市的预期存在滞后性，在股市中多随大流，一旦受到市场炒作或煽动的影响，便疯狂购进或抛售，导致股价虚高和股市混乱局面得不到有效遏制，从而逐渐影响到国家经济结构的稳定以及本国经济的长远健康发展。

股市中出现的一种“非让人管着才安心”的现状多是由于国家的诸多管制而产生的。由于中国现金的法律体系仍需进一步完善，而国人对于法治的适应性不强，所以要进行社会治理，只有依赖行政权力。股市亦是如此，中国的股市尚未成熟，市场协调机制无力对股市进行有效的制约，反而行政权力能够对中国的股市起到立竿见影的影响，所以行政权力对股市的干预自然是顺势之举，而在这一点上中国政府的做法可以说相当到位，宏观调控往往在股市即将崩盘之际发挥了不可替代的作用。可以说，中国实行积极的宏观调控政策及其所带来的强权政治对股市的影响十分巨大。

每天都会有成千上万的人关注股市，稍有什么风吹草动，就会有相关投资建议专家站出来进行评析和解读。这些“权威”对中国股市有着举足轻重的影响，他们的言论对于中国股市的走向起着指导作用，投资者的盲目在很大程度上便是被这群人引向未知的市场。何以形成中国迷信“权威”的现象？何以“权威”能够对股市有着如此的“洞察”？当中涉及到的利益分配与争夺值得我们深思。当然，赢家还是那些背后操纵权威的人和极少数理智的投资者。

没有一个人不希望牛市时刻存在，但却事与愿违，因为牛市与熊市是相对立的，两种现象都不会永恒。身在股市要有随机应变的思维方式，不被牛市诱惑，不放弃熊市，敢于向正规的思维模式挑战，那么你也能决定股市的发展。

天下没有永远的牛市和熊市

牛市与熊市的出现是必然的，正像潮落总有潮涨时。为了维护中国股市“只涨不跌”的“稳定与发展”，有关有“权威”的股评家日前极力主张：坚决反对股市下跌，应该尽快增加新基金的发行数量，以保证中国股市的“稳定”与“发展”。

众所周知，中国股市之所以被称之为“快牛”、“猛牛”、“疯牛”，其根本原因当然是源于A股流通市值规模狭小，股市严重供不应求；而另一个重要因素则是源于以基金为代表的机构投资者的猖獗投机与过度轮炒，正是由于基金机构投资者的过度投机，大大加速了股市泡沫的形成，并加重了牛市终结的风险。因为快牛必然“短命”，暴涨过头后必然暴跌过头。

天下没有永远的牛市，每一次牛市的没落之日便是熊市的雄起之时。换句话说就是每当疯牛又创出一个崭新的历史新高时，也就意味着牛市自我终结的风险进一步加大，而在牛市兴起之末便总会有牛市泡沫的出现，其最终化解方法一般有两种：一是熊市暴动（革命式），即通过牛熊更迭、大幅振荡，于每一轮熊市谷底将泡沫强制化解，当然，这种选择是较为痛苦的一种方式，但它是快牛、猛牛或疯牛型股市必然的选择；二是促使上市公司利润增长快于股价上涨，从而自动消解泡沫（渐进式），这种选择只有在慢牛运作的市场模式下才有可能实现，因为只有慢牛，才可能保证大多数上市企业的利润增长速度快于股价的上涨速度，从而永远保证市场平均市盈率处于适度水平，而这种方式多适合于发达而成熟的股市。

中国股市在膨胀过度的情况下出现牛市泡沫时，只能通过“熊市暴动”来强制性化解，除此之外可以说是别无他法。“快牛慢熊”模式仍将是这一轮大牛市的最终选择！庄家与散户不分业绩好坏的反复“轮炒”已走到尽头！在股市的牛市泡沫里任何将希望寄予通过增发基金来消解股市泡沫的想法都是不切实际的。不仅因为基金是本轮牛市进入疯狂的始作俑者，更因为它自身携带着的巨大的投资风险，比如，基金“短平快”坐庄的投资风格过于急功近利，投机因素过于浓烈；基金投资市场封闭而单一，不能有效分散地域投资风险；所有基金集中投资股票，投资品种单一，风险过于集中；基民大多由不识风险的储户临时性担当，实际上，它们并非真正意义上的长期投资者，这种短视性投机的基民大多为“短线客”，一旦牛市结束，基民将作“鸟兽散”，集中爆发的基金赎回风险可能十分巨大。

从以上的内容中可以得知，在泡沫尚未化解的情况下，增加发行新基金，必然会进一步加大泡沫，继续恶化股市。牛市与熊市的更替出现，是股市起伏不定的结果，而这种起伏不定是永恒的，而牛市与熊市则不是永恒的。

在股市的大风大浪中，牛市与熊市一直在股市中此起彼伏，虽然历经风风雨雨，但股市中依然是人头攒动，牛市与熊市更迭的速度也日益加快，却没有绝对的平行空间。牛市与熊市是股市中的两种现象，股市是永远的股市，而股市中的现象却没有永远，没有永远的牛市，当然也不会有永远的熊市。

股市中投资的运用，取决于头脑，取决于思维。

拥有精明的头脑，拥有非一般的思维，不盲目追“牛”，不放弃笨“熊”，你就是股市中真正的王者。

第四章

大股东与股民，看不清的冤家

企业上市是为了弄到股民的钱，股民买股票是为了赚其他股民的钱，到底是企业与股民之间的战争，还是股民与股民之间的战争？

企业上市有多少是为了圈钱？公司高管为什么上市后瞬间成了更富有的富豪？富豪的钱到底是股民的钱还是自己的劳动所得？企业是有钱时上市还是缺钱时上市？上市公司与股民之间到底是怎样的一种“血腥”战争？……

1. 企业为什么上市？是圈钱还是发展？

企业上市是一种融资手段，股票市场结构本身决定了上市公司在股票市场群体中处于强势群体的角色，这就为上市公司的过度“圈钱”行为提供了有利条件。

时下，公司上市已经成为许多公司老板特别青睐的话题，人们往往羡慕许多上市公司股东通过上市成功实现了财富的迅速增长，一夜之间成为亿万富翁。

我国的上市公司相当一部分都是从国有企业改制而来，软预算约束在没有得到彻底改进的情况下，“圈钱”行为也就难免，而且关键是在我国传统的官本位及地方政府保护主义的影响下，企业原有的“投资饥渴症”意识并没有因为增加几个社会股东而削弱。

企业上市的原因

随着全球流通时代的到来，“传化”、“雅戈尔”、“新湖”等许多企业在踏入资本市场后，经过短短的几年时间，创造了远比企业创立以来累积所得多几倍的财富。他们体会到了资本市场十足的魅力。资本市场的吸引力是巨大的，也正因为如此而引来了许多企业和中介机构的狂热追捧。然而，在当前市场中，更多企业面对着中介机构的“纠缠”。甚至无法理解这一份执著，也不清楚企业为什么要上市，更不知道上市到底意味着什么。

企业为什么要上市呢？其原因主要有以下几个方面：

1. 在企业发展道路中，特别是处在发展中的成长型企业需要有稳定的资金支持，企业上市可以扩大融资渠道，获得企业发展所需的资金；

2. 由于全球流通时代的到来和资本市场的兴起，企业的发展模式将发生重大改变，企业需要借助资本市场的平台，建立新的资本运作模式，以达到促进企业持续快速发展的目的；

3. 企业进入资本市场以后可以充分体现企业的价值和企业家的价值，使团队人员的付出和回报成正比；

4. 同时，资本市场可以优化社会资源配置，促进优秀企业的发展，加速企业的优胜劣汰。

企业上市的目的就是为了融资，它通过资本市场的多年发展进行融资的做法也已经被大众所广泛认识，通过发行或增发股票，企业可以募集大量社会资金加快企业发展。这是资本市场的重要功能之一，也是许多企业上市的重要目的。除此之外，资本市场的许多功能都尚未被大多数企业所认识。

由于财富神话在社会中不断地出现，资本市场才真正开始被越来越多的人所认知。“以钱赚钱”、“并购扩张”的做法开始不断改变企业的发展模式，“产业＋资本”的新商业模式改变了传统“用锄头精耕细作”的发展方式，取而代之的是“机械化精细生产”的快速发展。企业所需要做的就是尽快学会“如何用挖掘机赚钱”。

一个企业进入资本市场以后，它会通过股票的价格，以市场的方式反映企业价值，这是在现有阶段能反应企业价值的理想方式。而企业价值的更科学揭示，也是对企业家和核心人员付出的更充分的肯定。管理团队作为企业的股东，在股票的不断升值中也可以获得应有的回报。此外，通过股票与团队利益挂钩，还可以将企业需要和个人需要和谐统一，在促进企业发展的同时也促进个人的发展。

资本市场是每一家成功企业的舞台，只有通过市场的考验、被市场认可的企业才是真正优秀的企业。机会总是留给有准备的人，市场总是更加眷顾强者，弱者会在更透明、更规范的竞争中被淘汰，这就是企业生存的规则。在资本市场中走出的每一小步，将会成为企业迈向成功的一大步。

任何一个事物都有它自己的规则。当然，股票市场也有着严格的规则，特别是海外股票市场。对上市公司的监管向上市者提出要求：上市公司必须合法使用股市融得资本，诚实披露公司财务报表，接受监管机构的严格监管。

上市公司“圈钱”不停，股市灾难不止

针对如何防止上市公司恶性“圈钱”的问题，很多投资者提出了要对上市公司的再融资进行限制，并且认为如果管理层制定并出台这样的政策，有利于市场的健康与稳定。

虽然融资者解决资金需求的渠道有很多种，如银行借款或债权融资等，但股票融资的非偿还性及低成本性使它具有了无比巨大的优越性，融资者首选的方案自然就会是股票融资；当然，融资者通过股票融资时必须要将自己企业的发展前景设计得相当好，这样才能吸引投资者心甘情愿地将自己口袋里的钞票拿出来。

由于利益对投资者的促动，虽然可以通过不同方式了解融资者的真实面貌，但由于信息不对称及精力、知识等条件限制永远不可能对融资者情况全部摸清。从这个立场上看，股票市场结构本身就决定了融资者群体即上市公司与投资者群体之间的不平等关系。换句话说，融资者群体在股票市场中是处于优越地位的强势群体，而投资者群体无疑是弱势群体。用美

国社会学家科尔曼的话来说，就是融资者结构群体与投资者结构群体是两个不同层次的“结构分布”。众所周知，证券市场上一个普遍存在的难以根治的顽症就是上市公司的作假造假，被发现的多为再融资失败者，而未被发现或未引起市场公愤的可能就太多了。

由于我国股票市场的不成熟，我国股民对股票市场的认识也不像西方股民对市场那么理性，投资者介入市场基本以短差运作为主，他们并不十分关心上市公司每年的现金分红，这也给上市公司只讲索取、不讲回报的过度“圈钱”行为营造了较好的市场氛围。

新上市公司的融资规模应该是有限制的，一般新发行的股票不能超过发行后股票成本的25%，而发行市盈率也有一个大致的范围，因此在进行融资的过程中，一般来说规模还是可控的。而再融资的问题要复杂一些，应该说过去也是有规模限制的。例如上市公司一般只能按30%的比例配股，这就是配股这种形式进行的再融资，数量也不可能太大。但是后来流行的增发情况就不一样了，它基本上没有与企业规模相对应的比例，所以不少上市公司动辄就是增发10亿股。而且增发价一般都是参照二级市场的价格，最多也就打个9.5折。因此，实际上就很难控制增发的规模了。

增发的典型实例有引起市场广泛争议的中国XX保险公司，他们包括增发在内的再融资规模将达到1500亿元左右，这不但超过了迄今为止世界各国在资本市场上一次性融资的最高纪录，而且也远比中国XX保险公司本身的资本规模要大得多。如果实施的话，相当于一夜之间公司的规模就扩大了好几倍。不管这种做法对于企业来说是否真的具有很大的必要性，但是仅仅就这种扩张速度来说，就无法让投资者放心。一个企业是否有可能以几何级数的速度发展？如果是靠自己的积累实现的，那么倒也令人尊敬。但是靠向股东伸手，那么就无法得到理解与认同了。例如，在中国XX保险公司公布增发方案以后，它们的股价就持续大幅下跌，这也说明了很多问题，而它的这一举动对整个市场的拖累，也是有目共睹的事实。

“圈钱”行为本身对于上市公司来说并不是坏事。问题是“圈钱”后不干正事，或者说“圈钱”后将资金存入银行吃利息或用来搞所谓的“资本运作”，即上市公司没有把圈得资金投入到实质经济中。这一做法无论发生在首发上市公司还是再次融资的上市公司都可以称为过度“圈钱”行为。

对于企业而言，上市可以筹集到发展所需要的资金；可以提高公司的知名度；便于企业的流转及价值的增长。过度“圈钱”行为实际上是旧体制下国有企业“投资饥渴症”行为的延续。国内良好的二级市场背景也为上市公司过度“圈钱”奠定了较好的市场氛围。如果没有良好的二级市场作为背景，上市公司“圈钱”也是不可能的。

短期运作行为对我国上市公司是司空见惯的，它们大多“一年盈、二年贫、三年亏”，原因自然很多，但也确与一些企业借国有企业改制为借口而从市场上大捞一把的情形有关。

2. 企业上市后为什么就有了资金?

为了“圈钱”，企业选择上市，当上市公司上市可以获得低成本甚至是无成本的资金时，那么只要允许，企业涌向股市也就自然了。

中国股市的狂热发展无时无刻不在引人关注。股民踊跃入市，企业积极上市，新股不断发行，中国神华、中国石油等重量级“选手”纷纷回归 A 股。于是，所有创业者的心弦都被股市融资拨动着，上市公司经营的快速发展，利润的大幅增长，有目共睹。

企业上市——财富之门开启

资金是企业发展的源头，也是经济的血液，企业的发展需要资金。但资金从何而来?

◎ 公司上市以后，他们卖自己公司发行的股票，投资者买股票，投资者买了股票的钱就是公司融到的资金，即公司用股票换钱。

◎ 一般情况下，公司上市时都要通过证券公司来进行操作。有包销和代销，包销即证券公司先跟要融资的公司敲定价格，由证券公司付给融资公司资金，然后证券公司再到二板市场推销股票，当然证券公司是要赚一笔的，如果不赚的话他们也不会这么做。如果没有买完，证券公司自己购买剩下的股票。代销是指证券公司向融资公司收取一定的费用，帮融资公司卖股票，如果卖不掉，证券公司可把股票退回，不用自己掏腰包。

◎ 交易所只是一个市场，它只提供交易的平台，属于非盈利性组织。但是公司上市是需要经过交易所来监督的，他本身却不参加交易，所以他不会管那么多。

资金是企业发展的依据，没有雄厚资本的企业是很难在股市立足的。就现在的股市来说，国内中小企业流动资金的90%来自银行贷款，固定资产的更新改造资金也几乎全部来自金融机构的贷款。在股票市场上，融资者和投资者这两个群体的“结构分布”本身就存在不平等关系，赋予给上市公司的优越地位，为其能够在市场上过度“圈钱”提供了方便。

如今，我国股市相关制度还不健全，这也为上市公司过度“圈钱”留下了空子。我国股票市场制度及规则本身的问题只能逐步发现来加以解决。有不少的市场人士认为我国股票市场上的一系列问题在于制度不全或者监管不严，譬如《公司法》、《证券法》等法律法规中部分内容虽然早已经跟不上形势的发展，但修改速度太缓慢。这些说法不无道理，然而从社会历史角度看目前我国股票市场法律法规这种现状也不应大惊小怪。虽然现在西方发达股票市场制度和规则看起来是比较健全的，但是他们也是经过多年的努力才完善起来的。

值得人们关注的是，由于发展我国股票市场的一个重要动因是为了国有企业改制，所以制度与规则偏向融资者也是顺理成章的。一些企业集团通过下属公司上市圈钱将上市公司作为“提款机”，这种做法最令市场深恶痛绝。一些上市公司“圈钱”后大变脸，更能揭示这里的奥秘。某市的一家上市公司在1993年上市后，在1997年之前虽然给投资者也洒过一些香水，但在1998年借国企解困3年攻坚战以纺织业为突破口，不知如何搞到了增发的额度，增发后便出现亏损。原因却很简单，因为增发所募集的巨额资金被其大股东挪走而不知去向。

上市公司扎堆圈钱，吞食股市资金

从投资者的角度来看，一方面被上市公司圈走上千亿元；另一方面居然无法获知投资资金的用途，更遑论基本的融资项目盈利分析和评估了。

如此模糊的融资信息加上天价融资的规模，市场判定其是“恶意圈钱”也就不足为奇了。

一些上市公司股东之间存在矛盾，对于公司各种行为的看法也存在冲突。因此，再融资行为的危害极大，不仅将成为吞食资金的黑洞，而且也会因为股本的扩容使得每股收益并不随净利润的增长而同步增长，从而降低其估值预期，这也会对中小投资者的利益造成伤害。

相关股市专家指出，金融股的“融资门”也间接地提醒股民，股权分置改革并非包治百病的灵丹妙药，并不能化解大小股东的矛盾和高管与股东的利益冲突，法治环境的建设依然任重道远，保护中小股东利益不是仅有愿望就可以的，必须有相应的保障措施，再融资的管理条例必须尽快出台。

目前，相对来说，美国的证券市场交易比我国合理得多，上市公司在挂牌交易 18 年后，才有资格进行再融资，甚至“只有投资者持有该公司股票的投资回报大于其投入的资金，才有资格进行再融资”。而我国却没有这么严格，再融资规定过于宽松，这一点是众人皆知的。

对上市企业的圈钱行为进行遏制的唯一办法就是制度。监管部门当务之急就是要对“恶性圈钱”行为立即叫停。长久之计是，对上市公司再融资在制度层面上做更详细的规定，除了对融资比例的限制外，还应当对再融资的具体用途、时间间隔等方面进行限制。此外，设置的条件还必须苛刻，比如上一次融资的使用效率，高管在再融资中的责任，尤其是投资低于同期银行利息要负重要责任。

这样，通过一定的规章制度来规范上市公司再融资行为，在充分考虑上市公司融资需求的同时，最大限度地保护投资者的利益，才能达到融资者和投资者“双赢”的效果。而对投资者来说，也大可不必对上市公司的再融资计划“谈虎色变”，也要看看再融资项目对公司发展的实际意义。

我国现在正处在加速实现现代化和社会化的全面转型时期，企业要做大、做强既是管理层的要求，也是上市公司梦寐以求的，因此上市公司对资金需求也特别大。很多的上市公司首发圈钱后使募集资金闲置多年，并没有投入实质经济项目中，这一做法应当引起管理层的高度重视，因为这是导致我国股票市场效率低下的一个重要原因，也是对宝贵资源的浪费。

上市公司的圈钱行为一直以来都是中国股市的一个恶习，而股市则成了“一大块瘦肉”，股民成了上市企业的“提款机”。

3. 国内股市与国际股市的距离

国际股市与国内股市是两个完全不同的战争场地，战争规模虽然不尽相同，却同样经历着残酷的厮杀与角逐。差距使得它们产生了距离，但他们之间的距离到底有多远？一公分？还是一千米？……

虽然我国股市与国际还有一段距离，但近几年国内股市的崛起速度显然已经突破了股权分置改革时的预期，国内股市是否存在市场泡沫已成为了国内经济学界的一大争议。那么，国内股市与国际股市究竟存在多大的差距呢？

我国股市与国际股市的差距

◎ 上市公司的规模

一份研究报告表明：1998 年，中国工业 500 强的总资产平均值为 7.11 亿美元，销售收入平均值为 3.98 亿美元，分别仅相当于当年世界 500 强平均规模的 0.88% 和 1.74%。1998 年中国工业 100 强的总资产平均值折算成美元为 19.48 亿美元，销售收入平均值为 10.89 亿美元，分别仅相当于当年世界 500 强平均规模的 2.44% 和 4.75%。1999 年，我国的国有商业银行也第一次全部迈进世界的 500 强行列，我国四大全资国有商业银行的庞大规模是政府过去用巨额财政资金和垄断经营政策做大的。所以，我们的国有银行虽可以堪称世界级大银行，但尚缺乏跨国大银行的内在素质，当然也就不能算做名副其实的世界 500 强。

可以很容易想象得出，从上述企业中产生的上市公司，其规模也必然会是偏小的。

◎ 上市公司的股本结构

从世界各国的实例来看，股本一般只有两种类型，即普通股与优先股，而我国上市公司总股本却异样地分割为国有股、法人股和社会公众股三大块，而且，只有社会公众股才能上市流通，可流通股占总股本的比重仅30%多一点。本来总股本规模就不大，当其中的60%以上又不能上市流通时，至少会引发以下后果：

1. 由于股市的实际股本流通量相对来说比较狭小，容易让大户操纵控盘，从而导致投资不足或投机过剩的结果，最终导致股价失真。

2. 由于上市公司总股本整体不能上市流通，特别是处于控股地位的国有股和法人股不能上市流通，一方面，它不仅造成了上市公司与上市股本的不对称，而且还导致了流通股与非流通股的不平等待遇以及市场并购的难度加大；另一方面，它不利于国有资产的存量活化与结构调整，易于造成国有资产的沉淀与流失。

3. 国有股与法人股不能同时上市流通，容易造成内部人控制下的“一股独大”。

上市公司这种特殊的股权结构也形成了历史遗留问题。实际上，国家股东和法人股东要想转让股权，在法律许可的范围内，经证券主管部门批准，与合格的机构投资者签订转让协议，可以一次性完成大宗股权的转让。近年来，越来越多的国有股和法人股的这种转让主要是通过兼并收购、买壳、借壳等资产重组行为而展开的。

◎ 上市公司盈利能力的弱与强

上市公司盈利能力的强与弱，是企业内在素质和外在规模的综合体现。反映上市公司盈利水平的主要指标，有每股收益和每股净资产等。每股收益侧重于反映企业当前经营业绩的好坏；而每股净资产则着重反映企业经营的现实资本及其未来创造利润并能抵御风险的能力。它们各自的侧重点不同。

纵观国际股市，只要属于经济发达的国家和地区，其股市发展史差不多与资本主义市场经济的历史一样，长达一二百年，因此，这些国家和地区的上市公司一般都有着较高的国际竞争力和盈利水平。以美国为例，1999年，在世界500强中，美国独占185家，我国大陆地区则只占5家。正因如此，美国股市有着大批业绩优良的上市公司，如J. P摩根，1999年每股收益竟高达11.16美元。美国还有很多类似这样的公司，如通用汽车、通用电气、可口可乐、IBM、英特尔、微软、戴尔等。

针对我国股市存在的泡沫问题，很多经济学家提出应当加快资本市场深化改革，加快股指期货的推出，甚至提出加大IPO市场供给，加快海外上市公司回归A股市场等等。这些方式从资本市场的局部供求关系来看可能是正确的，但从宏观层面来看，是错误的。

> 在未来的发展中，国家应当将经济调控的重点立足于实体经济层面，不宜一味地去对一个不够成熟的充满风险的资本市场扩容，而是要从治本的角度出发，适度兼顾资本市场的治标。在全球经济面临风险调整的时期，这一点尤为重要。

俗话说：差之毫厘，失之千里。股市中一毫米的差距，就会导致风云变幻，就可以让国内股市与国际股市相差万里，个中玄机无不让人迷惑、惊疑，甚至震惊……

4. 股民，企业圈钱的牺牲品还是胜利者

牛市来了，股民也多了，企业老总们也都亮出了屠刀。一盘算趁机减持；二盘算借机增发。散民们用袋子向股市拎钱，老总们用车子往家拉钱。

哪个企业需要发展，需要再融资？哪些企业在滥竽充数，恶意圈钱，监管部门清楚吗？股民到底是收获颇丰的胜利者，还是企业圈钱的鱼肉和牺牲品？

股民若是牺牲品，那么股市的利益集团是谁

在竞争激烈的市场中，弱肉强食是市场竞争的自然法则，这种状况在中国证券市场变得相当的惨烈，主要原因就在于参与者之间的信息不对称。股民与机构之间、机构与政府之间都存在着信息不对称。而信息的不对称往往被利益集团所利用，以欺骗的手法来获取利益最大化。那么，中国股票市场的利益集团究竟是谁呢？

◎ 一部分上市公司有时就是第一个利益集团，而且很可能是最大的利

益集团，有时他们就是中国股市的“掠食者”。在一次次高价发行的背后，他们将机构和股民的资金尽情圈入囊中，而不用考虑对投资者的回报。这种掠夺式的圈钱行为已经到了肆无忌惮的地步。为了上市和再融资，一些上市公司与会计师和律师勾结，共同制造虚假利润、披露虚假信息。然而，对于这些违规行为，法律的处罚却明显不够严厉。这部分上市公司之所以敢明目张胆“圈钱”，是因为管理层的利益是捆绑在一起的。因为中国股市设立的目的就是为国有企业改革服务，而大部分上市公司都是国有企业。

◎ 在中国股市中异常活跃的一部分游资和黑庄是第二个利益集团。他们之所以如此猖狂，就是因为在他们的背后，有个别的腐败政府官员暗中支持，更有上市公司的极力配合。他们与各种利益集团都有密切联系，在资金调度上能够呼风唤雨。游资和黑庄只要发现有利可图，就能够与任何其他的利益集团合作，共同攫取弱小股民的财富。

◎ 再次，一部分大小不一的机构投资者是股市的第三个利益集团。机构投资者是在管理层的大力倡导下发展并壮大的，在管理层眼里，机构投资者是稳定股市的一股重要力量。然而，两个“没想到”却使这些机构投资者成为中国股市非常重要的利益集团，并成为要挟管理层的主要力量。首先，管理层没有想到机构投资者同时也是利益的追求者，管理层在要求他们支撑股市的时候，也得想办法满足他们对利益的需求。其次，上市公司的圈钱运动已经使中国股市变成了一个竭泽而渔的市场，因此注定机构投资者进场的时候，要与其他的利益集团共同抢食弱小股民的财富。这样，中国股市利益集团之间的争斗就进一步加剧了。作为利益集团的一分子，大小不一的机构投资者对管理层的决策有着极大的影响力，因为他们是在管理层的鼓励下进入这个市场的，管理层有“责任”保护他们的积极性。

◎ 除此以外，一部分券商是第四个利益集团。券商在中国股市中是一个很特殊的利益集团。他们一方面具有与其他利益集团共同的特性，那就是对财富的掠夺，另一方面又是管理层一些政策偏差的牺牲品。有时，券商为了获取财富和利益，可以和上市公司勾结，进行内幕交易；而包销制度却又将他们从股民手中掠夺的财富拱手让给了上市公司，从而导致券商自身的亏损。

除了上面所提到的几个利益集团以外，在中国股市中还存在着许多依附于利益集团的小圈子。例如，某些专家学者和政府官员就是利益集团的代言人，也是利益集团欺骗股民的帮凶。

虽然一个市场存在多个不同的利益集团是很正常的现象，弱肉强食也无可厚非。但是，君子爱财，取之有道。国家政策应该在平衡利益集团的利益时，兼顾弱小股民的利益，因为他们是这个市场的基础参与者，是维系整个市场正常运转的基本元素。

特别是在股市由“熊”转“牛”的时候，国家政策会着眼于中国证券市场的制度建设，加快发行体制的改革，加快市场交易行为的规范，促进信息披露制度的健全，加快对股权分置的解决。只有合理的国家政策才能避免不同利益集团对弱小股民的倾轧，使中国股市健康发展。

股市揭露：七成股民为什么喝不进牛市“牛奶”

从 2006 年开始到 2007 年底，中国股市无疑是大牛市。2008 年开始，中国股市又进入了熊市，2009 年呢？也许是熊也可能是牛。是牛是熊，其实答案很简单，就是会进入动荡中的牛熊交替。

2007 年 10 月 1 日以后，股市不但没有借到东风，反而受到抑制通货膨胀各项政策的牵连，以及国际股市整体下滑倾向的影响，出现连续的阴雨天。两年多过去了，股市中大晴天的天数要远远多于阴雨天。但让人意外的是，竟然有七成的股民亏了钱。原因究竟何在？

1. 我国股市的熊脸变得太快，兼职股民反应不及。对于兼职炒股的股民，往往在股市快速变阴的时候无法及时逃离，导致出现股票价值被“腰斩”等惨剧。

2. 股民的心态不成熟，导致无法落袋为安。现实调查中就会发现，股市行情好的时候，大部分股民便兴高采烈，一边吃着盒饭一边看着账户里股票市值的攀升，然后在这种大好行情的激励下，不但没有把已经获得利润抽出来，反而投入更多的资金，企图谋求更大的利润。结果股市高潮的时候不想出来，股市低潮的时候又不舍得离开，一旦股市行情惨变，财富数字终化为黄粱一梦。

3. 长时间的普涨，导致一些股民忽略了对股票发行企业质量的关注。纯粹的炒作，使得多数股民成为机构的牺牲品。其实，买股票买的是企业的声望和荣誉。然而，大牛市导致股票涨多跌少，使得企业品质似乎在选股判断中失去了作用。

4. 对于新股民来说，他们大都缺乏“熊市生存经验”。一些股民受到邻居朋友财富效应的吸引，下海就碰到了大牛市，而且这种牛市持续周期比较长。他们如果遭遇股市熊脸，往往会不知所措，贻误时机。

5. 我国的股市治理不力，赌性远远高于投资性。一些劣质企业混迹股市，活一天是一天。一些企业以炒股为乐事，哄抬行情。而一些企业巨头却以圈钱为乐事，根本不考虑对整体金融市场的影响和长期回报。

6. 股民自身缺乏独立思考的能力，过于相信上市公司和内地媒体的颂歌式宣传。关于这种思想，恐怕中石油的股民有血的教训，竟然有人花47元购买这家在内地证券市场发行了40亿股、成功圈走1600亿元的超级公司的股票。

> 自古以来，股市就好比赌场，这种说法不完全科学，但对于缺乏投资知识和企业知识的股民来说，股市就是一个赌场。为什么七成股民喝不到牛市的“牛奶”？股民的回答是，曾经喝到过，可是不舍得咽下，落“胃”为安，结果，牛奶总有变味变馊甚至消失的一天。中国股市由于需要时间来提升治理水平，这种“过山车”式的行情走势还会继续，牛的时候很牛，熊的时候很熊。

不少人把企业发行新股、配股、增发等都看做“圈钱”行为，认为上市公司只会从小股东手里骗钱，吃亏的永远是小投资者。

企业充分利用法律的漏洞、利用监管者和投资者的无知与无奈进行博弈。因为信息的不对称，导致这种角斗的胜利者永远属于利益集团，千万名股民只能是陪衬和牺牲品。

5. 上市公司的黑幕到底有多黑

如今，越来越多的上市公司背后的“黑幕”悄然浮出水面，然而，不为人知的黑幕依然沉睡在海洋的最深处。

上市公司的黑幕到底有多黑？

盘点黑幕、了解黑幕，从而走出黑幕的操控范围。

2007年，一个让一部分股民狂喜的一年，同时也是一部分股民狂悲的一年。在这一年，中国股市进入牛市，而依然有不少股民亏损惨重。中国的牛市，到底是怎么了？谁夺走了股民应有的“面包”？也许是国际炒作资金，也许是黑庄，也许是现行并不完善的制度，但无论如何最终都会落到个股——上市公司身上。于是，股民们开始疑惑，上市公司到底有多少黑幕，其黑幕到底有多黑？让我们来揭示这冰山一角，或许你能从中获得启示，来年的股市，可以少触点礁。

盘点上市公司黑幕，披露黑幕实质

◎“杭萧钢构”——疯狂牛市中的最大黑幕

“杭萧事件”源自于一个“安哥拉项目”，上市公司内部人士悄悄传递消息，知道底牌的主力借机炒作，不明就里的中小投资者盲目跟风追涨，在这一起怪异的内幕交易案中，原本无声无息的杭萧钢构，在2007年的大牛市中上演了本年度最大黑幕，其股价从最初的4.24元涨至28.30元。更为怪异的是，已经去世的刘阿芳，其身份证也被用于杭萧钢构炒作。

“杭萧事件”该如何定性？中国证监会经调查认定杭萧信息披露违规，于是众多的股民起诉杭萧。可以说，“杭萧事件”将2007牛市的疯狂演绎到淋漓尽致。但是，硬币也有两面，随后，证监会所发布的《证券市场操纵行为认定办法》，与杭萧的教训不无关系。从某种意义上讲，这些“老鼠屎”的存在不也完全是坏事。

◎“ST宝硕”——连环担保后的体制病根

“ST宝硕”出现了令人震惊的资不抵债！2006年，证监会要求所有的上市公司处理大股东的清占问题，没想到这一查，东盛科技、ST宝硕、沧化、S宣工等数家上市公司的连环担保浮出水面，处于互保核心铁三角的前3家公司违规担保共约39亿元。

昔日的盈利大户会走到今天这一步，背后更多的是体制上的原因。管理队伍观念的落后，历史遗留的沉重包袱，使得这个企业在当年银行处理烂账的年代背上了越来越多的债务，而当神话破灭，优秀企业一下子面临破产清算，天堂与地狱只有一步之遥。

◎“ST金泰”——资本市场的群体性狂躁

一家长期亏损的上市公司，一个低调隐世的富豪，一个神秘的“最牛散户”，带着少数散户，手握着一纸存在着“重大不确定性”、甚至是子虚乌有的意向性定向增发公告，推动着这只名为ST金泰的股票成为中国股市的“涨停王”。然而，随着42个涨停后，接踵而来的便是7个跌停板，从涨停到跌停之间的转换仅仅只隔了8分钟的时间。拨出了萝卜必然会带出泥，“刘芳系”个股们也陆续浮出水面。

在金泰这个舞台上，由最牛散户、跟风散户共同主演的这一幕戏剧中，广大的投资者不得不佩服《亚洲周刊》在“2007年风云人物”评选者中的眼光：2007年一亿多中国股民当之无愧成为“风云人物”；更不得不反思2007年国内资本市场的非理性繁荣和群体性狂躁。

通过年报看上市公司中隐藏的黑幕

◎ 违规担保，越查越多

随着监管力度的增强，被查出违规担保的上市公司越来越多。2005年的年报显示，ST中科以42亿元的违规担保位居榜首；ST托普以17亿元位居第二。除此之外，华能国际违规担保17亿元；上海广电违规担保6.1亿元；长源电力违规担保3.6亿元等。

有关人士称，很多上市公司将担保当成融资的主要手段。一般而言，绩差公司都会存在着一定程度的资金短缺，照这样的情况来看，以向其他上市公司提供信用担保为交换条件，获得其他上市公司的信用担保，进而取得银行的信用担保贷款，就成了一种较为可行的融资方案。

◎ 高分红成了圈钱陷阱

2003年年报的分配方案最显著的特征就是，分红比以往要多，而在2004年年报中，分红的上市公司更多，但投资者似乎并没有表现出足够的热情。这是因为在这高分红背后的“阴谋”投资者早已“领教”过了。

其实，高分红的目的就是为了满足上市公司再融资的需求。

然而，倘若上市公司的业绩一般，又想“圈钱”，就可能引发“恶性分红”。上市公司在没有能力分红的前提下就有可能坚持派现，然后实施再融资，用部分圈来的钱来弥补原来分红时留下的缺口，属于拆东墙补西墙型的。这实际上就相当于将融资所得的现金作为红利分配，形成一种变相的融资分红。目前，“恶性分红”是导致一些上市公司本年利润远不及分红的主要原因。

◎ 券商黑洞触目惊心

据初步统计得知，至2004年，有67家上市公司涉足委托代理理财，上市公司及子公司先后委托理财金额累计61亿元，平均每家公司有9000

万元进行理财，这个数目足以让人瞠目结舌。受问题券商的影响，上市公司的业绩也受到了极大的冲击。

◎ 坏账吞噬四成利润

随着公关人员调查的深入进行，上市公司坏账呈高位攀升之势。据统计，仅 2004 年一年时间，上市公司共计提坏账准备 737 亿元，比 2003 年的 661 亿元上升 11%。其中，中国石化以 7.16 亿元、中国联通以 3.93 亿元、四川长虹以 2.61 亿元名列前三甲。至 2005 年 4 月 28 日，上市公司总利润不过 1817 亿元，也就是说，坏账占总利润的比例高达 40%。

◎ 大股东占款大幅度飙升

一直以来，很多大股东占款是个顽疾，虽然监管部门采取各种解决措施，可依然有抬头的迹象。据统计，2004 年控股股东占主要通过应收款项目款总额达 216 亿元，比 2003 年的 94 亿元飙升了 130%。其中，神马集团以 7.9 亿元名列前茅。一般情况下，大股东占用上市公司资金通常反映在"应收账款"、"其他应收款"等会计科目中。由于大股东占款严重地破坏了公司正常运转的资金链，于是很多上市公司不得不向银行借款，相应增加了利息支出；并且通过坏账抹掉了公司对关联方的债权责任，也直接影响到公司的利润。

> 黑幕到底有多黑，作为一个平民大众，我们可能永远也不会知道，但我们可以从中得出一个最基本的结论，那就是：黑幕的出现必然会导致股市的造假，到最后，为假账买单的只会是广大的投资者。其实一桩又一桩的黑幕都不是偶然事件，虽然管理层三令五申，然而在庄严的法律法规面前，为什么那么多的违法违规者仍可以肆无忌惮地行动呢？这是一个值得人们深思的问题……作为一个普通的股民，必须为自己设一个防火墙，以防黑幕的后遗症烧到自己。

上市公司的质量是股市的基石！然而随着上市公司黑幕的一一揭露，对股市来说，这不仅是一个毁灭性的打击，同时还会伴随着它出现一连串的股市造假现象。

想要在一个充满陷阱的股市中掘到真金，就要了解黑幕，走出黑幕的包围圈。所谓"不入虎穴焉得虎子"就是这个道理。

6. 上市公司黑幕背后的操作手段

随着上市公司黑幕的一幕幕上演，其背后究竟有着怎样的操作手段？又有多少双黑手将上市公司玩弄于股掌之间？

如今，很多上市公司的黑幕层出不穷，在一串串的黑幕背后，究竟有多少双黑手在操纵？黑手们耍出各式各样的手段，其背后又有着怎样的不可告人的秘密？

通常情况下，当某个企业上市后，一些不懂行情的股民就会一拥而上地购买其股票，在这里要告诉广大的股民朋友：一部分上市公司的股票前景不一定就好，多数情况下企业上市都是有一定的目的性，然而最终的结果总会向股民朋友不愿意看到的那个方向发展。那是因为有些上市公司的背后往往有着一双双的黑手在操纵，他们运用各式各样的手段将股民的钱圈到手后就溜之大吉。那么，这部分上市公司黑幕背后的操作手段究竟有哪些呢？

揭秘黑幕背后的五大操作手段

◎ 虚构交易事实

每当到了年中、年末该公布会计报表的时候，一些寅吃卯粮的上市公司就会坐立不安，不得不施展浑身解数，纷纷显示出其粉饰报表的本领，会计作假手段可谓多种多样。2001 年在所查处的上市公司中，这种违法事件占 40% 左右。虚构交易事实中尤以增加销售收入、其他收益、虚增资产最甚。最经常使用的作假手段包括虚构销售对象、填制虚假发票和出库单以及混淆会计账目等。

如：于 2001 年受到处罚的黎明股份，就是在 1999 年通过“一条龙”造假手段，虚构购销合同，虚构货物入库单、出库单，虚构保管账、成本核算等，主营业务利润总额虚增了 1.5 亿元左右，利润总额虚报 8679 万元。

◎ 会计核算

因为会计应计制和收付制的不同，会计准则和会计制度具有一定的灵活性，在同一交易和事项的会计处理上可能有多种可供选择的会计处理方法。因此，对于那些急于粉饰报表的上市公司而言，会计方法的选择绝对是一条良策。在2001年，因为会计处理受到查处的上市企业有深中浩、北满特钢、福建福连、渤海集团、张家界等。通常情况下，会计核算不合规范的手段包括：任意变更或者不恰当使用会计政策和会计估计等。

1. 不恰当的股权投资核算

相关案例：张家界公司于1998年8月以2160万元巨资从香港某公司名下购得张家界地区相关公路的权益。按合同要求，该权益包括资本金和投资利息补偿，且当年应收回591万元投资回收款。可张家界公司却将这笔款全部计入其他业务利润，在扣除63万元的摊销费用后，差额共计528万元全部虚增了利润。

2. 不恰当的借款费用核算方法

相关案例：金路公司在1997年年报中，凭借多计资本化利息、少转财务费用等手段、虚增利润3415.17万元，与此同时，原四川德阳会计师事务所也难卸其责，因为它为金路公司1997年年报出具了无保留意见的审计报告。于2001年，中国证监会根据有关证券法规，对金路公司处以警告，并罚款100万元巨资，对相关责任人处以警告并分别罚款；对原四川德阳会计师事务所处以没收20万元，并罚20万元，对签字注册会计师分别做出罚款并暂停证券从业资格1年的行政处罚。

◎ 掩饰交易或事实

通常情况下，掩饰交易或事实的作假手段主要使用于重大事项（大股东抽血、诉讼等）隐瞒或不及时披露。在2001年接受处罚的上市公司中，不披露重大事项的上市公司有很多家，占总数的15%左右。

1. 大股东抽血

如：对于某些大股东，一些上市公司确实是做到了“滴水之恩涌泉相报”。2001年因未及时披露大股东和关联方占用资金而受到谴责和处罚的上市公司主要有：猴王集团、三九医药、南华西、粤宏远、美尔雅、ST九州、民丰农化等。

通常情况下，大股东占用上市公司资金，往往名目众多，而且金额巨大，动辄上亿。

2001年2月，上市公司猴王股份的第一大股东猴王集团被迫宣告破产。经中国证监会调查得知，在短短的几年时间内，猴王集团已亏欠上市公司8.9亿元，猴王股份还曾为集团提供担保金额2.44亿元，两项合计达到11.3亿元，而猴王股份的总资产才9.34亿元，这意味着猴王股份早已被大股东掏空，资不抵债，从而被扣上了ST帽子。

2. 诉讼事项

如：2001年因诉讼事项披露不及时而受到处罚的上市公司有：ST冰熊、渤海集团等。

◎ 虚拟资产挂账

虚拟资产挂账主要是指某些上市公司对于那些不再对企业有利用价值的项目不及时予以注销，例如对已经没有生产能力的固定资产、3年以上的应收账款、已经超过受益期限的待摊费用、递延资产、待处理财产损失等项目经年累月地挂账，以达到虚增资产的目的。

如：红光实业在其上市的申报材料中，隐瞒了其固定资产不能维持正常生产的事实，此案件一度被称为中国证券诈骗第一案。其关键生产设备彩玻池炉实际上已经提完折旧，自1996年下半年就开始出现废品率上升的端倪，但是红光实业却一直隐瞒不报。此事件披露后，为红光公司做审计的蜀都会计师事务所也被禁止。

◎ 盈利预测水分多

盈利预测数是投资者决定是否投资的重要依据，因此，高估的盈利预测数会对投资者造成误导，损害投资者的利益。中国证监会规定：首次公开发行股票的上市公司应在招股说明书、上市公告书中宣布盈利预测消息，预测时间从发行开始不少于1年，并对负偏差过大的上市公司制定了相应的处罚规则。其中，上市公司夸大盈利预测的方法主要有以下3种：

1. 运用不恰当测试基础，过分乐观估计盈利前景

运用这种方法夸大盈利最典型的上市公司有东方锅炉以及2001年被处罚的麦科特等。

东方锅炉为了达到其股票上市的目的，联合相关人员作假，将注册时间和成为试点企业的时间提前，甚至还捏造出股东大会决议和分红方案。除此之外，为显示良好的盈利状况，公司不惜冒违反国家有关财务制度和会计制度的危险，对1992年至1994年的利润进行调整，编造虚假财务报表，虚报利润1500万元，并在上市公告中作了虚假报告。

麦科特于2001年被查处，有人称整个麦科特都是虚构的，麦科特通过伪造进口设备融资租赁合同，虚报固定资产总额达9074万港元；通过伪造材料和产品购销合同、虚开进出口发票、伪造海关印章等手段，虚报收入总额达30118万港元，虚构成本20798万港元，虚构利润9320万港

元，其中1997年虚报利润4164万港元，1998年虚报利润3825万港元，1999年虚报利润1331万港元。与此同时，与麦科特虚假上市一案有关的相关中介机构也受到处罚。

2. 虚构未来交易

一些企业在上市前编制盈利预测报表时，对销售量等项目的预测往往需要以所签订的合同为依据。一张虚假的销售合同却往往能发挥出化腐朽为神奇的力量，等企业上市后，再可以种种理由将其取消。

3. 选用不当的预测方法

通常情况下，在进行盈利预测时需要很多主观判断，例如销售量、销售价格、成本费用等。普通股民很难通过盈利预测报表来判断预测方法是否恰当。所以，一些上市公司就可以为所欲为地选择预测方法，以达到虚增盈利的目的。

层出不穷的上市黑幕可谓是一浪高过一浪，花样百出的操作手段让人不得不对其佩服得“五体投地”。作为一个普通股民，只有了解了黑幕背后的操作手段，才能在“掘金”的过程中多一份警惕，从而为自己多加一层保护伞。至于那些黑手们，俗话说：“多行不义必自毙”，他们当然要为自己所做出的不良事件而付出惨痛的代价。

眼花缭乱的作假手段，触目惊心的黑幕本质……

了解手段，洞悉本质，打赢与上市公司之间的这场永不停息的股海之战！

7. 多少企业在上市中创造富豪

为什么企业一上市，就造就出数名亿万富豪？

为何企业上市成为打造富翁的平台？IPO背后究竟有着怎样的“造富”神话？

如今，越来越多的企业经过发行上市在一夜之间资产大幅度增值，同时，拥有股份的企业高管及员工也在企业上市的过程中身价倍增，上市企业俨然已成为富豪的诞生地。作为一个投资者，也许你会问：有多少企业在上市中创造了富豪？你能否有幸把握这种造富运动并参与进去，从而获得成为超级富豪的机会？

员工持股分享公司上市大餐

2007年7月19日，随着宁波银行成功登陆A股市场，首批国内身价逾亿的城市商业银行高管也终于浮出水面。其中，持股最多的为董事长陆华裕，持有700万股，副董事长、行长俞凤英、监事长张辉以及副行长洪立峰也都各持有600万股，除此之外，三名行长助理持股也超过500万股，一夜之间他们的身价都过了亿。

作为我国股市银行板块的新生力量，南京银行和宁波银行分别登陆沪深证券交易所。首批城商行的上市给我国市场带来了诸多的话题，其中最为吸引眼球的当是宁波银行的上市在一夜之间成就了7位亿万富豪。

其实，类似宁波银行公司高管这样的暴富神话并不仅仅是个案，在国内企业加速IPO的背后，正在上演着制造富豪的神话，一场声势更为浩大的造富运动已经拉开了序幕。

据相关资料显示，包括宁波银行董事长、行长、监事长在内的前十大股东手中共持有该行逾4732万股。其中，该行第一自然人股东陆华裕，身价高达1.5亿元，另外6名高管身价也均超过一亿元。除此之外，约有近3000名宁波银行员工持股共计3.97亿股，也分享到80多亿元的“大餐”。

随后，随着中国平安登陆A股，新“造富运动”已经达到了阶段性“巅峰”，共有1.89万名平安员工持股，总市值已达到360余亿元，平均每人身价约增191万元，而中国平安近10位高层人士身价更是增加了1亿元以上，其中董事长马明哲身价增值2亿元。

其实，“股市造富”效应在此之前就已显现。2000年，搜狐在美国纳斯达克挂牌上市后，其股票曾一度跌至谷底，身为董事局主席的张朝阳几乎将自己个人所有积蓄全部用于购入搜狐股票，然后将这些股票的期权奖励给部下员工。2002年，随着搜狐股价大幅上扬，许多员工因此成为了百万富翁。

2003年12月9日，携程旅游网在纳斯达克上市的第一天，股价就如火箭般冲高至88.56%，以当时融资7000万美元计算，高管套现近2520

万美元，也就是说超过两亿元人民币落入5位高管的囊中。此外，因此而成为福布斯与胡润富豪榜关注对象的还有公司的CEO梁建章和CFO沈南鹏，两人分别被胡润定下了一亿到两亿元人民币的身价。

2003年12月17日，慧聪网在香港创业板成功上市，以28.8%的股份筹资1.25亿港元。公司创始人郭凡生原本持有公司11.29%的股权，他将自己所持股权的一半以上分给了员工，使他们成为公司的股东。慧聪网上市后，126位持股员工中通过股票分红的方式成为百万富翁。

2005年8月5日，百度在美国纳斯达克成功上市，涨幅353.85%。以上市第一天的收盘价计算，百度市值已近40亿美元。公司CEO李彦宏持股22.9%，身价超过9亿美元。同时，百度5.5%的股权为普通员工所持有，上市成功后，至少有200名员工会成为百万富翁。

中小板，富豪“集中营”

从有关证券交易所提供的数据显示，除上市公司的高管之外，能一夜之间成为亿万富豪的还有支持中小企业在深交所中小企业板上市发展的创业型投资企业，他们也在闷声发大财，中小板已逐渐成为超级富豪的“集中营”。

在上市公司所披露的前十大流通股股东中，中小企业板的上市公司前十流通股东排名居前。从所持市值的前十名来看，中小企业板就达到了4席，分别为：苏宁电器前十大流通股东陈金凤、思源电气前十大流通股东杨小强和李锋以及七喜控股前十大流通股东关玉婵。

据相关资料显示，2004年年末沪深股市中共有472家上市公司的2520名高管持有本公司股份，其中，共计160位高管合计持股市值超过1000万元，而市值超过1亿元的有48位。到了2006年，沪深股市的上市公司中，持股市值排名前50位的自然人已经拥有了近400亿元的身价，而其中约半数的人其市值已逾5亿元，这50人持股的其市值也几乎全部超过了2亿元。

这50人中，苏宁电器董事长张近东因拥有苏宁电器约2.1亿的股权，异军突起，荣膺内地“股市首富”的称号，其持股总市值接近115亿元。也就是说，在2006年1年内，张近东本人的持股市值便增长了约70亿元。与此同时，与张近东一同跻身前50强的还有他的4名团队伙伴，他们分别是陈金凤、蒋勇、金明和赵蓓。在2006年的股市富豪榜中，除位居首位的张近东之外，金发科技的袁志敏和宋子明以及同州电子的袁明等也都拥有10亿元以上的股票市值。

因为深圳的中小企业板是率先完成股改的，所以成为亿万富豪的俱乐部，“夫妻档”、“兄弟店”司空见惯。

十大富豪上市公司造

2007年，中国内地福布斯富豪榜的前400人中，新上榜人数占到37.5%，而前40名中有9人都是首次入选，其中包括首富杨惠妍。此次上榜富豪与往年有所不同的是，这些荣登榜单的新富多是“股市制造”，共有31人是因为所在公司新近上市而进入富豪榜单，其上市地点包括纽约证交所、新加坡证交所、中国香港联交所以及纳斯达克等交易所。

浏览2007年中国内地富豪榜前100名富豪的名单，不难发现，上榜的富豪们旗下几乎都拥有上市公司或资产，前十名更是无一例外。首富杨惠妍凭借2007年4月碧桂园在香港的成功上市而身价暴涨，更是以160亿美元（1211.5亿元人民币）的资产而一跃成为富豪榜的龙头。除此之外，排名第14位的杨贰珠，排名第37位的苏汝波、区学铭和张耀垣，也均是因为碧桂园的上市而身价暴涨。

据有关人员统计，排名前100名的富豪中，第6位的彭小峰由于2007年5月4日赛维LDK太阳能在美国成功上市；排在第18位的孔健岷其旗下的合景泰富于2007年7月成功上市；排名第32位的恒鼎实业2007年9月在香港上市；排名第41位的陈义红夫妇的中国动向在2007年10月上市；排名第53位的郭梓文家族的奥园置业在2007年10月上市，以上富豪均为一夜暴富。

> 从某种意义上说，几乎所有中国富豪的财富都是通过国内或国外的资本市场获得的。这也就是说，公司上市是通向富豪榜的“天路”，是让任何一个“穷光蛋”一夜暴富的“天路”。资本市场的魔力让中国富豪的整体财富大幅度上扬。

企业上市，财富之门随之开启。

如果说资本市场就是“天堂”，那么上市则是通往天堂之路。

第五章

股市，哪些人的提款机

人民币升值让谁提走了巨额财富？次贷危机为什么能让中国买单？股市大跌，巨额的财富流向了哪里？为什么99%的散户赔钱？

> 股市有时就是国际财阀的提款机，有时就是企业老总的小金库，有时就是在不停地掏股民的口袋，有时就是富豪玩的一个游戏……

1. 企业大股东股市赚钱也疯狂

一个令企业股东争相前往的交易场所，一个令大股东玩弄手碗的金钱场所，一个让企业大腕展现其独特思维的逻辑场所，他们在股市中如何赚钱？如何疯狂？

追随大股东的脚步，你也能成为股市的真正王者！

古往今来，引发战争的因素有很多，战争过后会有更强大的国家来统治发生战争的地方。股市，现代企业股东竞争下的必然产物，它的产生也必然导致各路商家的竞争日趋激烈化，而它的发展无疑是得助于各大企业的股东。股东是股市的命脉，而股市却是股东享受金钱的天堂。在股市中，一部分企业的大股东们可以无所顾忌地挥霍，也可以疯狂地敛财，他们拥有自己独特的赚钱手段，更掌握着股市发展的最新动向。虽然股市中的庄家有很多，但企业的大股东却是不可忽视的一大群体。群龙聚首谈笑风生的背后是刀剑相向，只有真正玩转股票的人才能是股市的最终王者，这是股市的潜规则，也是一部分企业大股东们疯狂敛财所必持的原则。

上市公司投资股市，大股东坐庄

由于股市浪潮的空前火爆，越来越多人们将其目光驻足到了这里。在与其主业赚钱速度相比，各家公司发现在股市赚钱更容易，所以越来越多的上市公司有的拿出自有资金，有的更是不惜借款投资于股市，火爆的股市为他们融资带来更大的方便，而且不用付利息。上市后就可轻轻松松地获得大量的利润，在财务报表上，每股的收益率也是大幅攀升。

现在许多企业机构以及相关的评论家都以市盈率来评价公司股票的价值，并借此来给股民一个合理的解释。一些上市公司投资股市赚来的钱可以在二级市场上得到20倍以上的市盈率，按这种方法计算的话，很多股票的每股收益率仅一年的时间就达到了100%以上，若一直是这种现状的话，那么之后较长时间内的股票的收益率也会大大上升。

由于股市的绝对开放性与自主性，其发展的空间是极其广阔的，所以现在许多家上市公司都着力投资于股市，赚大量的钱，然后又可以在二级市场上获得20倍以上的溢价，大股东也就可以乘机抛出自己的股份，并从中捞取丰厚的利润，所以说，上市公司大批量投资于股市就等于是在帮大股东坐庄。

大股东通过上市公司的投资抛出股份时也是要讲究方法的。大股东要抛出股票最简单的方法就是：买入大量的基金，或者成立一支私募基金或者收购一家私募基金，让自己的每股价格获得十几或几十倍的提升，只要能从股票里赚钱，可以不必管企业的主业有多差，只要你在投资中赚的钱比主业亏的多，你就会成为一只“优绩股”，并可以获得20倍以上的高溢价，这样一个大赚特赚的机会谁会错过呢。

股市的竞争是残酷的，但赚钱的机会却是平等的。对于现在的有钱人，特别是拥有公司的人来说，选择上市就等于选择赚钱的场所。而那些企业的大股东多是在上市后找到一家基金合作，从投资中赚大量的钱，在获得高溢价后抛出自己的股票，赚取实实在在的钱，然后再上市，再投资，再抛出，这样的循环方法的好坏完全掌握在那些庄家大股东的手里。

聪明大股东玩转股市

股市是机会投资的场所，股民买股票，其实就是投资上市公司，希望上市公司通过企业优秀的经营，为其带来红利收入。希望上市公司通过优秀的经营，提升公司的价值，令公司股价上涨，让其获得差价收益。那么，股民的这种愿望，能否在现在股市中实现呢？

股市的控制权一直在有形无形中发生着变化，而就现如今的股市而言，很多上市公司多是由非流通股股东控制的，而股民要实现获利的愿望，主要取决于非流通股股东怎么做，然而，因为非流通股股东所持股份不能流通，股价的上涨，不能为其带来收益；同样，股价下跌，也不会令其利益受损，所以，非流通股股东并不在意股价的涨跌。同样，非流通股股东也不会在意公司的分红，因为非流通股股东对上市公司有着绝对的控制权，利润不分配作滚存处理，就好比肉烂在他自己的锅里，何时“享用”这块肉，也完全由他自己决定。除非他相当缺钱，否则，完全可以不分配。况且，就算缺钱了，还可以把手伸进上市公司拿，大不了将来“以股抵债”。因此，于非流通股股东对于分红的期望，远不如流通股股东迫切。

许多股民会存在疑问，非流通股股东有诸多的不在意，那它的目标是什么？其实很简单，非流通股股东的股份只是在二级市场不能流通，但并不是不能转让，而转让又往往参照净资产定价。因此，上市公司净资产的最大化就是非流通股股东的重要目标。为了提高上市公司净资产，他们必须埋头苦干、努力经营，通过提升公司业绩来提高净资产值。即使每年获利 10%，其净资产也只不过提升了 10%。在股权分置的情况下，非流通股股东另有致富的渠道——扩股，将手伸向更多的流通股股东。

非流通股股东资产在短短的数年之内财富的暴涨，主要依赖于其牟取暴利的手段，但却加重了流通股股东的负担，更增加了股票的供给，直接令股价下跌，对于流通股股东有百害而无一利。不难看出，非流通股股东和流通股股东在利益上存在的巨大分歧，令股民投资获利的希望十分渺茫。

由于非流通股股东不在意分红的多少，所以严重削弱了股市的投资功能。基金价值投资的大旗刚刚举起，便得到招商银行的极力压制。处在如此的市场，价值投资怎么可以令人俯首称臣？而非流通股股东对流通股股东利益的侵害，又让股市的投机功能岌岌可危。市场陷入熊市，股价疯狂下跌，投资者被迫离场，又进一步加剧了股价下跌的恶性循环。还心存幻想留在股市中的投资者，也只能在非流通股股东密布在市场中的一张张圈钱大网中早已遍体鳞伤，只能左闪右避，打打游击而已。如果非流通股股东进入股市，他们随时可把股票抛售，这能不引起股市下跌吗？事实上，很多非流通股正通过各种渠道进入正常的股市。

大股东的减持行为需判断

由于全流通的渐行渐近，股市的部分投资者开始担心大股东一旦减持会给股价带来压力。全流通后，大股东主要分为产业类和财务类两类。相比较而言，产业类股东大幅减持的概率较低。比如10年前的房子可能只有1000元1平方米，10年后涨到5000元1平方米，上涨5倍，但自住客并不会将此作为卖房理由。同样道理，产业类大股东除非企业并购或倒闭，否则不会轻易把企业控制权转手他人，减持幅度有限。而财务类大股东通常不经营产业，他们主要从股票分红或投资套利取得收益，所以财务类大股东是今后全流通市场上减持股票的大户，目前在境内是一些法人股投资者，在海外则主要是一些大型投资银行，海外大投行减持原因和手段也各有差异。

◎ 因估值变化而选择减持

股市中处处有机会却也处处有风险，如果判断不准确就很有可能血本无归。在股市中减持时要判断准确，尤其在估值发生变化时再行选择。比如H股彩虹电子挂牌之后摩根大通和摩根士丹利就重仓持有该股，摩根士丹利和摩根大通最高持股比例分别达到彩虹电子H股股本的32.3%和8.33%。平均持股成本都在1.40港元之上。由于彩管行业盈利下降导致整个股价继续下跌，彩虹电子的股价已跌至0.3港元左右。彩虹电子目前的股价较其招股价下跌逾75%之多。彩虹电子挂牌后的不佳表现令这两家外资基金不得不迅速割肉斩仓。类似股票估值发生变化后的大股东减持行为，投资者比较容易判断。

◎ 借利好减持套现

减持是大股东在股市中最常见的行为，但如何把握时机并不是一般人都能掌握的。通过制造利好套现就是很好的方法。如摩根士丹利持股永乐的“禁售期”将至时，摩根士丹利先蛊惑市场，曾两度增持永乐股票。待永乐与大中合并的购并利好宣布后，大摩却开始一连串的减持行动，在两个月内分 6 次减持约 3563 万股永乐股份，令其持股量降至约 15.3%，股价也随之狂跌。借利好减持套现比较容易迷惑投资者。因此投资者需要警惕一些禁售期将至而又频出利好的个股中暗藏的风险。

股市是企业股东聚集敛财的场所，股市要发展就要有所依持，而各大企业的争相上市就等于为股市注入了新的血液。股市是一个企业展示其雄厚资本的平台，也是每一家上市企业开拓其发展领域的场所，更是企业大股东享受金钱的天地。企业大股东是决定股市发展新动向的主导者，在股市中他们可谓是要风得风，要雨得雨，如果你也想在股市中翻云覆雨，他们的头脑及方法就是你最好的导师。

企业大股东，一个掌握股市命脉的关键群体，他们具有非凡的敛财手段，疯狂想法和沉着冷静的头脑。

2. 富豪提款，股市赚钱有高招

炒股是极具诱惑力的赚钱方式，让多少人实现了自己的财富梦。但真正的富豪却并不是通过买股票赚钱，那他们在股市到底是怎样的翻云覆雨？这里，为你揭晓答案！

一夕之间风云莫测，有的人位居富豪之列，有的人却是一贫如洗。这就是股市，这就是现实。富豪是股市的一支强力支柱，少了富豪这一群体，股市的平衡就会出现一方塌陷，从而影响股市的正常运作。股市并不是一个太平的世界，在这里各方高人演绎着自己的故事。富豪一直是人们眼中的天之骄子，但富豪不是天生的，他们的诞生大多都是在股市。股市是人们发家的平台，也是竞争的设局点，各路买家在这里大量购买自己中意的股票。股市是个诱人的场所，更是富豪展现自己财富实力的展览馆，用财富竞争财富，股市中的战争是不可避免的。富豪投资股市并不是像普通股民一样那么难，他们有一定的控股背景，想在股市赚钱容易多了。他们更知道很多上市公司更多的内幕信息，他们知道股市何时会涨何时会跌，自然他们知道如何在股市中赚钱。

大富豪股市淘金术

俗话说："钱不是万能的，但没有钱却是万万不能的。"虽然许多人都在唱空股市，但已经赚了钱的人却是不相信的，因为在他们看来，虽然人人都在唱空股市，却是每个人都在赚钱。但是，几百年来的股市历史也在告诉人们，股市上绝大多数散户不会赚钱，但有少数人却赚了大钱。大牛市中，富豪就成了金钱的最终收入者。然而，却并不见得是富豪都能赚钱，都懂得股市中的淘金术，如果你不是富豪中的佼佼者，不具有能够赚取钱财的潜力，离开股市是必然的。作为股市中的普通股民也需要知道一些富豪是如何驾驭股市的。

在股市中能够领先他人获取财富的人主要有以下几种：

◎ 赚钱高手中"人之人"的操作方式

这种人多半习惯并能准确地根据国家宏观政策研判大势。他们不仅拥有很宽广的知识面，更需要比较高深的宏观知识。中国神人又被称为"中国巴菲特"的富豪，从1400元做到目前的3亿资产。他在2002年判断出股市的低迷期到来，便果断地退出股市，避免了股市的暴跌，而在3年后他又认为股市要回升，便全仓买入。从而狠狠地赚了一笔。这种操作需要很高的知识，也需要很好的耐性，更需要极大的魅力，并不是所有人能做到的。

在股市中经常会听到这样一句话："看大势者赚大钱"。真正在股市中赚大钱的人，有一个共同点：大势看得准。因此，若要做好个人理财投资，首先要成为一个关注国际、国内宏观形势，并熟悉国际国内宏观形势的人，这样才能真正理好财。就目前来看，对世界通胀形势的判断很重要。当今世界中，通胀的威胁和压力很大。但只要在人民币升值的大背景下，中国的资产才能更值钱，股市的走势自然比较明确。

要把握股市的发展大势，在纵观股市的形势时，投资者必须把握准国际形势的趋势，善于思考。比如说投资国内股市时，投资者就应该考虑国际股市的变化是否会影响到国内股市，具体影响到哪些板块。有些敏感的投资者已经具有这种连续性思维的习惯。另外，还要把握好国内投资的热点板块，而对国内宏观形势的判断自己的投资决策有直接的联系。看国内形势把握投资热点，必须要看国内的宏观政策导向。要在股市做好投资就要有准确的判断力，多关注国内的发展重点，你才能成为人中之人。

◎ 行业分析顶尖专家的操作方式

这种人多是中观论调的人。在股市中不懂得各行业的分析，就等于是盲人摸象，这样的盲目只会让自己输得更惨，而投资者大多都不会出现这样的失误。妇孺皆知，大多数行业是有生命周期的，如前几年钢铁、汽车、能源都曾经有过长期的低迷，而现在都明显地复苏了。做中观就是准确地把握行业的生命周期，在行业刚刚苏醒的时候开始进入，在行业衰退的初期选择退出。

然而，这样的选择判断难度很大，因为一个人要想在短时间内掌握一个行业的发展趋势几乎是不可能的事，最起码需要几年甚至十几年的时间。古语有云："三百六十行，行行出状元！"何况现在的经济发展，行业细分，行业何止千万？所以，一个人要想很好地把握行业的发展趋势是非常艰难的问题。一个人的力量无法做到的事情，团队的力量可以做到，基金公司和管理咨询公司可以做到这一点。因为这些公司有各行各业的分析师，每个分析师只负责研究一两个行业，所以能够相对准确地把握一些行业的周期规律。

◎ 资产增值 7000 倍的"神人"

这种人多是做微观的。换句话说就是选择企业，分享企业的成长。这种人相对于前两种而言较多，如美国的巴菲特、彼得·林奇等。这些人主要选择一些稳健或者高成长企业的股票长期持有，如巴菲特持有可口可乐和吉列已经几十年了，从来没有卖过，这些股票在几十年的时间里给他带来的收益已经以百倍甚至千倍计算。不过，这种现象只有在国外才能有。因为中国股市中目前为止做到百年的企业很少，而只做几年、几十年就在世界上消失的企业却很多。再说，中国的股市主要不是以分红来让股票持有者获得利益的。在中国长期持有股票并不一定能给股票持有者带来实际的利益。

然而，这些在股市中创造财富神话的"神人"们却有一个共同的现象，但凡是通过证券交易获得巨额财富的人，如巴菲特、索罗斯、罗杰斯等，基本上都是上了年纪的人，至少也是中年人。这正说明了复合增长在证券交易中的重要性，随着资本总值的增加，赚到的钱会越来越多，而

“国产股神”林园最喜欢说的就是“追求复合增长”。事实上采取此种方式进行投资的人安全性和稳定性系数都相当高，他们随着年纪的增加，经历的各种牛市熊市循环也越多，全都能够安然度过，此后就再也没有什么力量能使他们摔倒了。在这种“神人”中最值得一提的就是在中国著名的万科神的缔造者刘元生，他自万科发行股票当日就买入股票，并在随后加了几次仓，并一直持有到现在。在16年的时间里，仅万科股票的资产已经从400万元增长到现在的接近30亿元，增值7000倍。这样的大手笔，在股市不赢都不行。

◎ 满仓参与股改的幸运儿的投资方式

这种人多是人们眼中的幸运儿，而他们大多是借了中国历史上股权分置的东风。曾有一篇相关报道引起无数人的关注，报道中提到两个人，一位是炒股10年的老股民，2001年成功退出股市，在北京买了房子，股改之前苦心钻研，倾其所有满仓ST幸福，资金快速翻了11倍；而另外一位虽然不是老手但很有投资方略，借款200万元，聘请职业操盘手，两年资产快速增值到接近4000多万元，他的获利中，两次得益于股改，最著名的当属东北证券这一笔投资了。

◎ 江恩的若干“徒弟徒孙”

虽然这类人也可归之于“神人”之列，但却并没有“神人”的超大手笔。他们有的是运用自己独特的技术指标分析，有的是靠时间窗等的数理分析，甚至还有周易等测算方法。其实最神的当以江恩先生为最，据说他在25个交易日内进行了286次买卖，其中264次获利，22次亏损，获利率高达92.3%。而资本则增值了10倍。若按照这个速度来计算，只要给他100元钱，不出一年的时间里他也会把全世界的钱搬到他们家了。但他却除了这次操作以外再也没有炒股票，并且除了留下一些操作性不大的宏观理论外，没有其他任何有价值的东西，而今后也没有人能从老江的理论中发大财。这些方法在有心人士看来，更多的是一种概率，可操作性不强。

◎ 历史造就永远不可以克隆

股市的神秘就在于它的变幻莫测，永远不会重复已经发生过的事情，它时刻给人以刺激、新鲜之感。比如杨百万，与其说他是位成功的股民，还不如说他是个象征着中国股市能顷刻间让人从“初中生变为教授”、“从普通工人变为百万富翁”的符号。身在股市中的富豪们之所以在风云变幻中面不改色，关键就在于比别人多想了一步，给自己留下后路，敢于大胆做出判断与决策，也惟有这样，才能在股市中造就自己的辉煌。

总而言之，股市中风云莫测，什么样的高手都有，以上所说的几种人，并未涵盖了所有类型。而事实上，要想在股市中挣钱，就要跟着富豪们脚步，了解企业的运作情况，根据企业和宏观经济的走势来运作，只有这样，才能使自己立于不败之地。

除了企业股东之外，富豪就是股市的另一大群体，其实力与大股东们旗鼓相当，而其玩转股市的手法却不尽相同。许多人都不明白为什么在股市会诞生一批又一批的富豪，更不明白为什么在股市里富豪更富而自己却恰恰相反。股市是金钱的陷阱，只有拥有大智慧大魅力的人才能在其中游刃有余，而富豪在其累积财富的过程就已经经历了这些，所以他们才能在股市中随心所欲地玩转金钱。

富豪群体，股市的金钱支柱，忽视他们，你就等于在股市少了最有力的指向标！

3. 股市，高手的小金库

高手云集，必将掀起一场腥风血雨。在股市战争中，谁有高招，谁就是最终的胜利者！

把股市变成自己的小金库，你也可以！

对于渴望金钱与地位的人们来说，股市是他们最佳的赚钱场所。各路商家纷纷亮相，并争相亮出自己的“杀手锏”，在股市里大展身手。对这些高手而言，股市只是他们赚钱的渠道，只是他们游戏的场所，只是他们让思维吸收活力的地方，诸多绝招的出手也只是为了在股市中开拓自己存钱的领域，让股市成为自己的小金库，予取予求而已。股市是个绝对残酷的场所，要在变幻莫测的股市中保持绝对的绅士姿态，才是股市真正的赚钱高手，而把股市变为自己的小金库也不在话下。

股市高手赚钱“秘籍”

股市竞争激烈是每个人都知道的，如何更好地控制股市，如何让股市中的金钱为自己所用，是每一个股民向往的事，但却早已是股市高手的囊中之物。“想赚钱，就要敢于追高买股票。”高手们能“颠覆”股市的传统思维模式，从而把股市变为自己的小金库。

其实，就股市的发展形势而言，股票价格高和价格低都自有其道理。在牛市的影响下，机构把某只股票大幅升高，必定有其不为人知的原因。选择走势活跃、价格高的股票，赢面可能更大。同样，市场中一些价格低的股票背后也有原因。股市虽然时刻处于动荡状态，但高手们却有随机应变的手段，他们有什么独特的“秘籍”是每个股民都极为关注的话题。

◎ 面对牛市也得冷静

股市中每个股民都渴望牛市的出现，虽然牛市的出现是不容置疑的，但资深者提醒股民，面对牛市不能“兴奋过头”，冷静思考是很有必要的。大盘短期走势疲惫后的几周内都会有股指调整的需要。IPO 开闸、股改锁定股票逐步出笼，对资金造成压力的影响因素不容忽视。

◎ 不要奢望最低点买入，不要妄想最高价卖出

许多人认为在股市买入最低价而卖出最高价就可以稳赚一笔，有关专家认为，有这个想法的人决不会成为一个高手。只有庄家才知道股价可能涨跌到何种程度，但庄家也不能完全控制走势。如果一直抱有最低买入最高卖出的想法，那你永远也不可能成为一个高手，也不可能会在股市开辟自己的天地。

◎ 学会空仓

高手大都懂得并善于利用资金进行追涨杀跌的短线操作，有时候会获得很高的收益。而对于那些非职业股民来说，很难每天看盘，也很难每天能追踪上热点。所以，在股票操作中，不仅要买上升趋势中的股票，还要学会空仓，当感觉市场上的股票很难操作，热点难以把握，绝大多数股票出现大幅下跌，涨幅榜上的股票涨幅很小，而跌幅榜上股票跌幅很大时，这就需要考虑空仓了。这种做法很适合非职业股民。

看高手如何在跌市中翻身

许多股民都害怕跌市的来临，因为跌市中的赚钱机会少。其实不然，只不过有很多条件限制应该遵守。一般能在大跌市中赚到钱的人，在股民朋友们眼中就是绝顶高手。下面为人们介绍一些高手在跌市中赚钱的

方法。

◎ 严格遵守操作原则

1. 在大盘跌市来临的初期，股民要注意实行绝对的空仓。但什么是大跌市初期，估计人们也有不少疑问。其实就是大盘下跌幅度超2%并且放出的阴量大于前期，那么在这时，空仓是最好的选择。在这里讲的只是一种情况，其实在下降趋势中，下跌幅度只要达1.5%就应空仓，而在大盘长期上升趋势中，可以相应放宽条件。

2. 在个股大跌初期，股民不应入场进行操作。就是5日、10日和21日均线齐齐向下时的初期，这些股全不列入考虑对象。

只有坚持大跌市中应该坚持的原则，才能在跌市中拥有翻身的机会，否则在这样的跌市条件中入市，最终的结果必定是亏。

◎ 面对苛刻的入市条件

1. 股市的大盘在连续放量下跌后，总会有一天大幅缩量，对高手而言就可以操作了，但也仅仅是有条件操作罢了，并不是什么股票都可以做的，个股也要符合条件才行。

2. 股市个股的连续大跌，必然会经历从放量下跌到无量下跌的过程，如果在某一天的下降过程中，在收市时猛地向下打压，产生了异动，那么这样的个股第二天就有了操作的条件了。但是注意这种情况不能用在高控盘的目标个股之中。

◎ 实战操作应慎重

1. 在股市的实际操作中，在符合大盘背景条件下，如果发现尾市猛向下打压个股，高手通常会放进自选股中，在第二天开盘时，将其作为关注重点。

2. 如果目标个股第二天在股市平开拉高或者跳空拉高，就应该抢在第一时间介入第一笔资金，因为这些股往往都是拉高建仓的股票。如果大盘背景平静配合，那么股民可以在个股拉升到一定幅度时的回调后再拉升时，打入第二笔资金。还有另一种情况就是，主力猛拉至涨停板，就可以在涨停前打入第二笔资金，因为这样的主力都是有很强实力的，赚钱就是必然的了！

3. 与拉高相反，如果目标个股第二天出现开盘后继续向下的趋势，就只能静待观察，不必介入。而介入的理由多是因为其主力是在大跌后找一个低位建仓，这样的建仓成本才会低，而在建仓前很多主力都会制造一种异动，而股民也可以捉住他们建仓时的异动。

高手传授炒股技巧

◎ 关于止赢和止损的问题

止赢和止损在股市中是相对立的，不懂得设立止赢和止损点只会让自己在股市中输的更快，所以它们的设置对非职业股民来说是相当重要的。止损的设立大多股民都知道，设定一个固定的亏损率，到达位置严格执行。但是止赢却不是人人都会。怎样设立止赢点呢？举个简单的例子，如果你顺应热点 10 元买入一只股票，涨到 11 元，你设立止赢点为 10.4 元，一般庄稼短暂的洗盘不会把你洗出去，如果 11 元跌回 10.4 元，你立刻止赢，虽然挣得很少，但是减少了盲动。股价到 12 元后，你的止赢点提升到 11 元，股价到了 14 元，止赢点设置到 12.8 元等等，这样即使庄稼洗盘和出货，你都能从容获利出局。

◎ 量能的搭配问题

股市中什么样的人都有，道听途说只会让你远离股市。有些股评人士总把价升量增放在嘴边，而有炒股经验的人则认为无量创新高的股票也应该格外关注，而创新高异常放量的个股反而应该小心。做短线回档越跌越有量的股票应该是做反弹的好机会，当然不包括跌到板的股票和顶部放量下跌的股票。所以，连续上涨而没什么量的，安全系数较大，而不断放量的股票则应该时刻警惕。

◎ 善用联想

这里说的联想，其实就是在股市中根据市场的某个反映展开联想，获得短线收益。一般主流龙头股往往被游资迅速拉至涨停，短线高手往往都追不上，这时候，联想往往能给你意外惊喜。例如：上午联通停牌，联通国脉一开盘就以 5% 的涨幅上涨，然后迅速涨停，这时候就应运用联想，这个市场谁还和联通关系比较密切呢？积少成多，就是这个道理。联想不仅适合短线，中长线也可以选择同板块进行联动投资。

◎ 暴跌是重大的机会

暴跌在股市一般包括大盘暴跌和个股暴跌。暴跌往往在股市中出现的几率较大，而它的出现多是重大利空或者偶然事件引发的，在大盘相对高点时出现的暴跌要谨慎对待，但是对于主跌浪或者阴跌很久后出现暴跌的股票就应该多注意，因为很多牛股的机会就是跌出来的。

◎ 保住胜利果实

相关专家表示，要保住胜利的果实，除了要设立止赢和止损点外，对于大势的准确把握和适时空仓观望也同样很重要。在熊市保住胜利果实的办法，就是要始终跟踪几只股票，根据市场情况不断的尝试虚拟买卖，不妄想历史最低价时买入，升势确立再入场实盘操作。

> 股市一直是各路商家、各类企业展现自身风采及魅力的场所，也是众多高手一比高下的平台。身在股市的股民们每一个都想成为高手中的高手，把股市变成自己的银行、金库，为自己的钱财找个可以增长的地方。但却并不是每一个都能实现自己的愿望。因为，股市的利润与风险是成正比的，没有一定的魄力及手段根本不能在股市站稳，而那些能在股市中安全占有一席之地的人，才是真正的高手。

股市的对决，金钱的争夺，高手各展雄风，谁胜谁负？过招之后方知分晓！高手云集上演一出没有硝烟的战争！

拥有高招，把股市变成金库可谓是手到擒来！

4. 股市，庄家的提款机

在“黑庄”的操纵下产生了大富翁，大富豪，大企业家，他们在股市翻手为云，覆手为雨，玩弄涨跌得心应手。股市成了这些冒险家的天堂、乐园。股市成了他们自己的提款机，也成了散户们失望的场所。

在中国股市刚刚起步时，由于经验不足，规模又小，所以一些少量的资金就可以在证券市场上呼风唤雨兴风作浪。正是他们创造了股市的赚钱效应，吸引了广大投资者参与其中。我国的股票市场就是在这种混乱的状态下发展壮大的，许多占山为王的庄家也就是这种时候不断地成长壮大。他们在一只又一只的股票上不断地吸筹、拉高、出货，然后再吸筹、再拉高、再出货，如此不断地循环，堆积的金山越来越高，财富越来越多，以致让股市成为其个人的提款机。

“蝴蝶效应”疯狂圈钱，让散户欲哭无泪

对于股票市场的振荡有人称其为“蝴蝶效应”。所谓“蝴蝶效应”，就是说，当一只蝴蝶在某地扇动翅膀，所产生的效应就会在另一个地方显现，就会导致另外一个地方引出一场龙卷风。但实际上并没有发生这样的事情，之所以没有发生，那是由于众多蝴蝶所扇动翅膀的方向不同、频率各异，产生的空气振动早就相互抵消了。但是，如果在股市的上空有少数的巨型“大鸟”，他们按照同一个方向，以同样的频率“扇动翅膀”的话，股市就不会安宁了，而那些小小的“蝴蝶”们就要开始倒霉了。一般而言，我们把庄家比作那些少数的“大鸟”，把散户比作那些小小的“蝴蝶”。

我国的股市在风云激荡中汇集了亿万资产，吸引了五湖四海的杰出人才，在这些人中，有政界的名家，有艺术界的明星，有企业界的精英，有学术界的泰山北斗。但是，在这个冒险家聚集的乐园里，威风八面的非庄家莫属。那么，他们又是何方神圣？他们不显山，不露水，来无踪，去无影，股市到处传颂着他们的传奇故事，但却没有多少人能一睹他们的风采。他们一挥手就是千金，买进卖出，在他们的操纵下，股价的 K 线图一会儿变红，一会儿变绿，股价一会儿涨停，一会儿又跌停；他们能让股价几个月甚至几年都不涨不跌，横盘整理，牛皮走势；他们也可让一只股票突然腾空而起，连封涨停；他们可以造出各种各样的技术图形来，让人们苦心思索都猜不透庄家的用心；他们腰缠万贯，行踪飘忽，精明狡猾，呼风唤雨，说来就来，说走就走，来无迹象，去无踪影，想让散户赚钱就让你赚，不想让你赚他就连打跌停，让你逃命都不成。在这个无边的股海中，有很多散户却浮陷其中不能自拔。

庄家们不仅制造题材，还制造一些炒作的借口，以此激发市场人气，他们的题材就是事先设计好的一个陷阱，一个诱导散户跟风的骗局，一朵绚丽迷人的美丽的罂粟花，而许多不明就里的散户则纷纷坠入其中。

投身股海的朋友都知道 1999 年的 5・19 行情，因受美国纳斯达克网络股飙升的刺激，国内的某些庄家在网络股中纷纷建仓，但由于当时的经济环境，股价未能大幅上升，到这年年底，我国证券市场回暖，于是这些庄家们蠢蠢欲动，终于在 2000 年年初的网络股热中掀起了一波颇有声势

的大行情。各路庄家纷纷启动，报纸电视台上有关网络的文章粉墨登场，网络股纷纷上扬。神话开始了，庄家们在股票市场上展开了一出拉升股价的竞赛活动。其中，亿安科技连拉十几个涨停，股价超过了百元，创造中国股市历史上空前的高价股，市场发疯了。每天股市开市后，总有多家股票一开始已经就涨停了，赚了钱的股民们喜形于色，笑口常开。没过几天，很多股票的价格已经翻了一番。

随后，紧接着就是生物制药、纳米概念，你方唱罢我登场，股市每天都有新动向，新消息。可是，没多长时间，这些被炒高了的股票大都选择了高台跳水动作，齐刷刷地直往下掉，那些高处接手的散户们欲哭无泪。2008 年又一次演绎了这个神奇的故事，相信所有的股民都经历了这个阶段。历史会重演的，不久，一个类似的故事又将开始，只是没有几个人能判断出什么时候开始。我们初步判断可能会在 2010 年的某个时候发生。

庄家与上市公司狼狈为奸，资金共享

在我国的股市中经常会出现庄家与上市公司沆瀣一气，狼狈为奸，互相配合的现象。有的上市公司甚至自己就参与坐庄。庄家要低位吸货，上市公司就频频出利空消息，不是公司涉及诉讼，就是公司业绩有所下滑。从而使散户割掉手中的筹码给庄家，待庄家吸好货要拉高出货时，利多消息又满天飞，如公司重组进程加快，诉讼案件得以了结，对公司影响并不大，公司业绩良好，公司计划高比例送股和利用公积金转增股本等等，引诱散户买进。等散户接了庄家的筹码后，庄家便逃之夭夭。还有一些庄家帮上市公司理财，于是乎他们便和上市公司结成了一个利益共同体，荣辱与共，休戚相关，不达目的誓不罢休。

通常情况下，在某些庄家眼中，上市公司的经营业绩并不能说明什么，只要庄家看上了，再亏损的垃圾股都能炒得飞上天。因此，散户们总结了一句话叫做，股不在好，有庄则灵。于是，人们都开始分析哪只股票庄家入驻了，都来买入，挤上这顶轿子，让庄家给他抬轿子，但是这样的好事散户并不是轻易能得到的。

一般来说，庄家不仅资金雄厚，装备精良，耳目众多，而且还能未卜先知，早做准备，他们对国家的经济发展有独到的见解，对基本面的研究更是领先一步，许多大行情就是他们首先发动的，而散户只能跟风。

目前，庄家坐庄最常用的方法就是利用中国股市没有做空机制的缺陷，对某些个股长期打击压制，使它的股价远离市场均价，形成单边下跌走势。现在的庄家信息渠道畅通，经上市公司到交易所查持股清单很容易。当他们发现有小机构和大户在某股上持股数量很多时，就不惜暂时损失，封盘不让涨，并往下砸盘，以致在半年、一年的大牛市中，让持股者坐冷板凳，萌生换股的念头。此时，一部分庄家们就与上市公司勾结，发利空消息骗取筹码。

上市公司所散发的利空消息花样百出，如业绩亏损、诉讼事件、财务状况恶化、经营环境变坏、原材料涨价、自然灾害、资产重组告吹，送股取消以及高价配股、打官司败诉等等。这类利空消息往往有真有伪，特别是业绩亏损、经营环境恶化方面容易形成庄家与上市公司联手造假的行为，如隐瞒利润、虚报亏损或者是夸大经营环境的恶化事实与程度等。如此同时，庄家再辅之以大量砸盘、制造几个跌停板，迫使散户割肉交出筹码。散户经不起主力的折磨，不甘心长期坐冷板凳，结果换掉了手中的筹码，这些筹码被庄家在低位用很便宜的价格就买走了。待庄家收集到一定的筹码后，他们就会以迅雷不及掩耳之势，将股价迅速地拉起，甚至于连拉涨停，使踏空者追悔莫及，低位割肉者垂首感叹。

当筹码都汇集在庄家手中，股价被拉高之后，也就是庄家出局的前夕，大量的利好消息往往会像重磅炸弹似的闪亮登场，随之而来的便是铺天盖地的宣传攻势：原本的诉讼得以妥善解决、重组成功、进军高科技、业绩大幅度上升、送股方案经股东大会批准实施，而且是10送10等等。总之，各式各样的利多消息满天飞，报纸电视台上股评人士不断露面，都来给庄家抬轿子。这类庄股传奇就是重大题材，往往会对投资者形成极为强大的视觉冲击力，并使相当多数的人足以相信其仍然存在巨大的上扬空间和成长潜力，从而终于在已经高企的市场价位上买入。当那此低位卖出者此时回补，踏空者高位买进之时，也就是庄家出货之时。而此时，庄家会让股价在这里高位横盘，反反复复出货，极力引诱散户高位追涨。等庄家的筹码都被散户在高位接了之后，股价就开始一路下跌不回头。

庄家之所以可以在股市中不停地拿钱，就是因为内幕交易。内幕交易首先得有内幕信息，内幕信息就是还没有在媒体上公开刊登的一般散户还不知道的消息。内幕信息是股市掘金的钥匙，谁掌握了内幕信息就等于掌握了某种利益，就可以获利，避免损失，因此，在我国股市上，内幕消息是人们争相取得的重要资源。内幕信息掌握得多、掌握得快的人就占优势。而另外一些掌握得慢、滞后的人则处于劣势。一般而言，内幕信息都是来源于上市公司，上市公司与庄家秘密联合，双方结成一个利益共同体，庄家就可以获得一般投资者得不到的内幕消息。

通常情况下，庄家要想做一只股票，他都要找个上市公司来当合作者，因为上市公司有许多还没有公开的信息。而上市公司手里有内幕信息，不便自己去当庄家，但他还想通过股市赚钱，所以他也愿意找个庄家来当合作者。上市公司与庄家为了共同的利益走到一起，不谋而合，臭味相投，亲密接触，情报共享，资金共享。

除此之外，庄家的优势还在于他们有专业的咨询机构，对宏观形势和国家政策洞若观火，对国外股市也熟记于心。同时，庄家在技术分析、操盘手法上也占有优势，他们的操盘手很了解散户的心理，他们利用技术图形引诱散户上当受骗，常常是出其不意，攻其不备，将散户的钱都装进了自己的口袋。

有人说股市是虚无缥缈巧取豪夺的金钱竞猜游戏场，有人说现代股市是高智商、高技术的博弈平台，也有人说股市上演着鲜活生动的金钱交易与争夺的戏剧。如果把股市看成是戏台，那么，庄家就是它所上演的戏剧的编剧、导演和领衔主演。这里既有庄家煞费苦心的创作，又有庄家精妙绝伦的导演，还有庄家动人心弦的精湛表演，庄家为什么下这么大功夫，因为演完这场戏，所有的酬劳都是他一个人的。

庄家是股市中的最高获利者，将股市的钱都装进自己的口袋，对他们来说股市就像一个自动取款机，他们不需要密码就可以轻松地将别人的钱揣入自己的腰包。

5. 地产商圈地，醉翁之意在股市

“房地股”联动，储地越多，从股市圈钱就越多，形成“股地拉扯”的风险循环，最终买单的还是股民。

2007 年以来上市的房地产公司通过增发、配股等方式，已合计融资超过 1000 亿元。随着国家土地和房地产金融调控政策的不断调整，房地产企业不断进行融资渠道创新，资本规模急剧扩张，土地购置面积也越来越大。也就是说，地产公司正是利用融资的方式，获得巨资后在全国各大城市开始疯狂的“跑马圈地”。

自沪、深股市成立以来，还没有哪个行业像房地产这样在如此短的时间内获得如此多的资金。而随着地产股股价高涨、地产商上市融资节奏加快，房地产市场的系统性风险正在一步步地逼向股市。一幅房、地股联动图日趋完善：“土地储备”愈多，从股市圈钱就愈多；低成本融资愈多，买地冲动与手笔就更大。结果，地价越拍越高，土地囤积越来越多，房地产股一发不可收拾。地价推高房价，堆积楼市泡沫，而地产开发商们则会通过股权的公众化将原本应该由地产企业承担的房地风险转嫁给中小散户。

房企涌起“圈地潮”，醉翁之意在股市

如今，越来越多的地产巨头正在全国上演堪称狂热的“圈地运动”。

2006年雅居乐在河源斥资7.3亿元夺得136万平方米大地块，并进入海南开发1.5万亩的旅游地产项目。雅居乐开发大项目的惯用策略进一步得到强化，土地储备也已增至1700万平方米。

2007年7月12日，万科地产在广东东莞一带竞得一地，单位楼面地价超1.5万元，不仅刷新了广东全省的“地王”记录，更高出当地现售商品房均价1倍，首次开创出了“面粉贵过面包”的先河。

2007年8月24日，南京苏宁房地产开发有限公司以44.04亿元拍得上海南京路东端地块，楼面单价高达6.69万元/平方米，一举成为国内单价最贵的“地王”。而在此前一个月，北辰实业联合北京城开以92亿元的天价一举取得长沙新河三角洲地块，创下了国内单宗土地拍卖总价的最高纪录。

富力地产近年来在广州、北京、天津、西安、重庆等一线城市已有23个项目，上市后其土地储备飙升至1000万平方米以上。除在广州大量购入珠江新城商用地块之外，便将其注意力转向二线城市，预计会开拓到成都、湖南和武汉等省会城市。在广州，富力地产也有意保留了大量的商用物业用于圈地项目上。

恒大地产集团以前一直是以通过协议出让方式拿地为主，目前也已进入全国10余个城市，土地储备超过千万平方米。随着资金的不断充裕，

开始进入了土地出让市场，恒大2007年低调进入武汉土地出让市场，以8.29亿元成为位于武汉市九峰山森林附近的“地王”，这一大手笔令恒大在武汉的地产行业声名鹊起。

房地产上市公司中期业绩报告中膨胀的“土地储备”量，更是凸显了目前囤地风之盛。中报显示，截止2007年7月31日，保利的土地储备增加到1007万平方米，万科则超过2000万平方米。与此同时，另一地产巨头碧桂园的土地储备更是惊人，高达4500万平方米，成为全国土地储备最多的地产公司。

如果按照目前地产企业年开发量计算，在不新购土地的情况下，一些地产企业的储备用地足够连续开发两三年，多的可达四五年，甚至储备用地能够供开发六七年的地产企业也不足为奇。

业内有关人称，“这一轮圈地热与以往有很大不同，它是与当前的牛市互为呼应的，在土地储备成为拉抬地产股价格最主要卖点以及‘要上市先拿地’的背景下，购地不再只是单纯的为企业未来发展作储备，更多的是为推高股价或筹备上市而圈占。”

与“跑马圈地”相对应，上市房地产企业频繁地增发，从证券市场超大规模圈钱进行融资。2007年8月22日，金地集团声称，公司除发行12亿元的公司债券进行融资外，还将通过公开增发募集180亿元左右的资金。而在此前一个多月，金地集团刚刚定向增发1.73亿元A股，募得近45亿元。

2007年8月29日，万科宣告其增发31715万A股，募资100亿元，创下我国股市增发史上单次募资最高纪录。

一直以来，包括万科、保利、富力等地产行业领头羊在内的众多房企，或公布增发，或决定回归A股，重磅消息接踵而至。正常情况下，国家会时不时地实行宏观调控，土地政策与楼盘按揭新政接二连三抛出，从而导致多数房企正常的融资渠道被切断或变得紧张，因而谋求资本市场投资者的支持也就顺理成章。在对资本求之若渴的同时，巨头们拿地的步伐骤然加快。2007年以来，包括深圳金地这样稍有实力的房企都快马加鞭地出动，奔波在成都、武汉、重庆、西安、苏州、昆山、合肥、沈阳、惠州等城市。开发商在众多土地拍卖会上志在必得使得各大城市的“地王”记录频频刷新，速度之快，无可比拟。每平方米拿地楼面价达上万，甚至逾2万的天价。但这并不足为奇，下一刻可能还会有新的“地王”隆重登台亮相。

地产开发商们用这样的天价拿地，在一般人看来好像有点失去理智了。合乎逻辑的解释是，“羊毛出在羊身上”，高价拿地自然要创造超级楼盘或地标建筑，这样的营销不仅能给房企带来品牌声誉，而且还将带动区域房价的整体涨势，最终当然还是由消费者来买单。

近年来随着我国银行信贷的逐步紧缩，开发商们的资金普遍紧张。但在大牛市当中，房地产企业创新了融资渠道。与银行贷款审查严格、成本高相比较而言，从股市融资成本价格低廉、不用还本、不用付息，风险被分散转嫁到地产股投资者身上，大地产商们对此当然欣然接受。于是，在房地产宏观调控严管的“信贷”和“土地”两道围墙外，地产巨头们就能比较轻松地融资圈地。而一旦拿到足够的融资资本后，这一链条的创富神话便继续演绎。一幕股市、土地、楼市携手高价共舞的连环图画仿佛已浮现到了我们眼前！

这是一条地产商们为获利而设定的链条。房价上涨——地产股升值——地产商疯狂圈地——房企预期收益值大幅增加——投资者高度关注、争购——房企大规模上市或大手笔增发。在这个链条中，蕴含着巨大的房地产价格风险和股票价格风险。相对于银行，股市的投资者就更为分散，再加上现在监督机制存在的漏洞，投资者对房地产业的资金运用等情况的监管更弱，制约力更小，房地产业通过圈地、囤地推高房价的底气将更足，因为其所有风险都转嫁给了比银行更为弱小和分散的广大投资者身上。所以，在目前房价和股价都处于上峰的时候，投资者一定要时刻警剔风险，从而做到理性投资。

> 在这一轮前所未有的全民冲动中，众多地产大鳄在资本市场实现了百亿甚至上千亿元的资产增值。浩浩荡荡的土地圈地则增加了市场的高预期，进而获得更多的股东权益或套现机会。日后，倘若房价仍保持稳步上涨的趋势，地产巨头和投资者可谓皆大欢喜；但若地产股神话破灭，股价突然崩盘，大腕们则早已率先撤离，烂摊子便留给股民承担。

地产商拿股民的钱去圈地，进而从中获得更多的股东权益或套现机会，谋取更多的利益。很显然，如今股市已成为地产商的钱袋子。

第六章

股评专家，他们在为谁呐喊

股评专家整天在电视上、网络上呐喊，他们在干什么？他们代表了谁的利益？他们在为谁争取？有多少专家是骗子？又有多少专家是“托”？

没有专家就没有更多的黑幕；没有专家就没有无数人上当；没有专家的股市，就不会那么热闹；没有专家的股市，就没有大起大落……

1. 股评专家的话能信吗?

在股市中不要相信任何人，一定要相信你自己。守着这句话，才能小有所成！

在股票市场中，推荐的股票涨了，那是一部分股评专家与机构联手竖起一面大旗，目的在于迷惑投资者的眼睛；推荐的股票不涨，那是水准不高、职业素质低下；推荐的股票跌了，那是为庄家做托坑害中小投资者利益；推荐的股票先涨后跌，是为庄家吹风抬轿引人入套；推荐的股票先跌后涨，是为庄家打压收集筹码。如此一来，这样的股评专家的话还能信吗？

其实这还不是关键的，关键的是：这些股评专家为什么都是荐股？

股评专家能信吗？

据某一调查表明，有些股评专家不仅业务水平低、没有责任心，甚至还缺少最起码的职业道德。根据他们的股评入市，投资者或赔或套，可谓是苦不堪言。投资者对这些所谓的股评专家怨声载道，对他们的意见，主要在以下几个方面：

有些人挂着股评专家的美名，业务水平却很低，市场判断也经常发生方向性错误。一位股民气愤地说，他买过一位股评家推荐过的两只股票，第一年是“北京化二”，第二年便改成“吴忠仪表”了，结果买后都被深度套牢。

还有一些股评专家不愿意负责任，或似是而非，或模棱两可，或避实就虚，使投资者感到无所适从。投资者反映，一些股评家的主要精力不是放在点好个股、把握大势上，而总是想方设法使自己立于不败之地。点个股，少时三五只，多时八九只，只要说准一只，便有了日后自我夸耀的资本。

最可恶的是一些股评专家与庄家联手，散布谣言，指鹿为马。对这样的股评专家的这些作为，投资者也许拿不出真凭实据，但他们坚信这种严重侵害投资者利益，扰乱市场正常秩序的违规行为是真实存在的。据一位投资者反映说，他先前看好一只同时具有西部概念和高科技概念的股票，且持有了相当长一段时间，虽然股价不涨但信心不减。可没过多久就有股评指出，该上市公司主业不清，盈利能力值得怀疑，当日，股价大幅震荡，该投资者的信心被动摇了，急忙套现离场，但不料该股从此摆脱盘整局面，半个月时间从 12 元攀升至 18 元。事后不久这位投资者就从朋友那里得知是上股评的当了。

有些股评专家信口雌黄，部分原因是利益的驱动。这些“股评家”为投资咨询机构服务，而这些机构则要求从业人员为了本公司的利益而不惜颠倒是非、混淆黑白，散布虚假信息，迷惑股民，借此牟取暴利。本来在比较规范的市场经济环境中，为了谋利而违反职业道德、不讲信誉的机构是无法存活下去的，但在中国，因股市的极不规范，导致整个投资咨询行业“黑箱操作”事件频多，而这在业界早已成了一个公开的秘密。

随着时代的进步，网络已经普及到各行各业，只要在网上的搜索引擎敲进股评家三个字，你便会发现，如果搜索出来的信息有一万条，就会有九千条充满了攻击和谩骂的词汇。

理性认识股评专家

几乎每个股评专家都会宣称自己是绝对的“稳健操手”，只要股民能够采纳自己的建议，便可让股民“稳健获利”。

假如股评专家的观点是错误的，那自然就不用多说什么。但问题是，如果这样，不就与他们自己宣称口号相违背么？这些专家坐而论道为什么还有市场？难道股民都是瞎子？抑或想不劳而获这才盲从专家？不管盲从的原因是什么，但值得一提的是，当股评专家黔驴技穷时，就会与三流演员所耍的花招一样，只能靠哗众取宠以及绵延不断的绯闻来提高人气。

假如一部分股评专家自己的观点是正确的，那么他们自己是否炒股？如果自己炒股，不是“稳健获利”吗？自己向里面大量投入资金不早就大发了，还需要在这儿唾沫飞溅、口干舌燥指点股市行情？如果自己不炒，为什么不把机会让渡给自己的亲朋好友？莫非这些专家真是世外高人，只讲奉献？就算这点成立，那么炒到最后股市肯定将不复存在。众所周知，公司一旦上市，股票价格在一定程度上将与公司实力、盈利能力不成正相关，这样在一定时期内，股市上各方博弈是一个零和游戏——我的获利便是你的损失，反之亦然。既然如此，如果专家出手，那最后就剩专家自己在炒，从左手炒到右手；如果股民听从专家而出手，那最后也是这批股民自己跟自己炒。因为，这样的股市充其量只不过是一个输家出局的博弈而已。

从长远的角度来分析，上市公司也在不断地发展壮大，实力在不断增强，反映在股份上其将上扬。但是，正如上面分析的那样，这部分盈利即便开始属于不听从专家的股民，但经过几番博弈，到后来也要流入到专家或听从专家的股民手中。最后，只能用这样一句话来评价一部分股市专家：假如他们的观点是错误的，那么专家和听从专家意见的股民的诸多表现是匪夷所思的；假如他们的观点是正确的，那么股市终将归于寂静，此时的股评专家又何以作为？

缺乏理性的投资无异于是在赌博，这是一个再简单不过的基本常识，却往往会被某些股评专家用作鼓动股民大胆投机、疯狂炒作的一个借口。之所以会有那么多人盲目地相信一部分股评专家，首先，便是自己没有理性地对股市做出正确的预期；其次，便是有些股评专家由于受到利益的驱使而发布违心的“股评”，让大多数股民跑慢点，同时让与自己利益息息相关者跑快点。

> 其实炒股最需要的是相信自己，需要自己对股市做出一个正确的判断。相信自己已成为股市成功人士。任何一位负责任的股市大鳄都会清楚地告诉你这一点。但相信自己并不等于盲目自信，否则就成了夜郎自大。正确的判断来源于熟悉证券基本知识，这是掌握个股运行基本规律的基础。掌握了个股的基本运行规律，才能立于不败之地。一句话，相信自己远胜过听信别人。

在这个庄股横行的时代，庄股思维也泛滥成灾，但是人们似乎不明白市场上并不存在一种可以绝对战胜庄家的技巧。

那些所谓的秘籍不过是一种自欺欺人的把戏，因为它如果真的存在，市场上就不可能存在庄家。

2. 股评专家，到底代表了哪些人的利益

散户是什么？散户就是一群羊。主力是什么？主力就是羊群中的狼。股评专家是什么？股评专家就是为狼服务的狐狸。

股市有风险，入市须谨慎，这是每个人都明白的一个再简单不过的道理。可是一般的股民在看到哪只股票涨得好时，风险意识就跟着变得淡薄了，所有的道理也都被抛之脑后。可中国的股市并不像国外市场那么稳定，多少股民辛勤劳动的血汗钱就断送在股市中。最可恨的就是一部分所谓的股评人士，他们为了几个不光彩的铜板，就充当为庄家和机构欺骗股民的打手和急先锋。

股评专家在为谁呐喊

当今的股市行情，大多数都是狼在轰着羊群跑，狐狸则为其造谣惑众、呐喊助威。狼总是披着羊皮，狐狸总是假扮成羊的朋友。他们带动或鼓动着羊群不断地来回奔跑，并在羊群的奔跑中悄然掠食。

曾经的牛市盛宴，一些披着羊皮的狼们在市场上大喊："冲啊，前面还有好多好多的青草呢！"狐狸们则添油加醋地说："真的，真的，我看到了！"于是羊群被引着往前冲，仅用了两年多时间，股市从998点窜到6124点，翻了6倍多，当然也同样在这些人的鼓动下，股市一下从6000多点降到2000点以下，还可能会继续降，也可能继续升。无论升降，这些股评专家都做了不少贡献。赚钱效应使得不断有新羊群加入队伍，奔跑中的羊群越来越大，轰轰烈烈地向前飞奔，尘土飞扬，蔚为壮观。这个时候有多少只羊是清醒的？不，不用清醒，因为美丽的诱饵就在前面，跟着跑就是了。不要问太多为什么，冲啊，所有羊都在贪婪中咩咩地叫着往前冲。

突然有一天，一直向前跑的狼与狐狸商量说："咱们换个新的跑法，再掉头往回跑吧！"狐狸说好，于是狐狸们冲着羊群大喊："不好了，不好了，狼来了！"还没等狐狸说完，披着羊皮的狼们就掉头了，整个羊群也跟着忽啦啦掉转头，没命地往回跑——股市仅用了不到1年的时间，从6124点跌向了2000点以下。在羊群惊恐的回奔中，连被披着羊皮的狼们回头吃掉的，加上同伴间互相践踏致死的不计其数，鲜血淋漓，惨不忍睹。此时又有多少只羊能从中清醒过来？不，不用清醒，因为风传的危险就在后面，跟着逃就是了。不要问太多为什么，赶快逃吧，于是所有的羊便在恐惧中咩咩地叫着往回逃。

任何一只羊都是盲目的随众奔跑，没有一个想过停下来做些考察和观望。当贪婪的时候问一下自己：前面真的会有广阔的草地等着我们吗？草到底有多绿呢？当恐惧的时候问一下自己：后面真的有狼在追我们吗？危险程度有多大呢？可叹啊，没有自己思想的羊群不会想到这些，多年以来，一批又一批的羊群在狼和狐狸的诱惑与恐吓中，被奴役着来回地奔跑。他们受不了"青草"的诱惑，所以在一次又一次地恐吓与来回奔跑中不断地被猎杀、被掠食。

可怜的羊群！赶快清醒吧！不要再去相信那些骗人的技术图形、大单小单、买盘卖盘和所谓机构、散户的资金进出，狼在想吃你的时候，它常会披上羊的外衣。别再去相信那些所谓专家的预测，这个世界上没有人真的能够预测未来，何况大部分的预测都是狐狸的谎言。寻找一片真正属于你的、真正的草地，把它作为你的家，四季轮回、或有风吹雨打，你需要耐得住夏的狂热、冬的冷寂，然后便可采摘秋的收获、春的发芽。

专家，股市祸乱的根源

股市中的熊市出现的时候，一部分所谓的经济学家、经济分析师、股评家，一个个的家，都躲起来靠写几篇文章混口饭吃。一旦到了牛市的时候，当很多新股民都成了股评家的时候，他们为了找到属于自己的舞台，就分成了两派，一派代表了多头阵营，一派代表了空头阵营。

一些所谓的股市代表人物，整日里在各大媒体上宣传、发表自己的观点，总想借助媒介把自己的观点灌输给股民。有所谓的首席分析师在大盘1000多点的时候，开始喊股市有泡沫，大盘越是涨，他越喊，惟恐没有人听见他那响亮的叫喊声，而且还美其名曰，是为了股民好。他们每天就知道把海外学的那套东西搬出来唬人，生怕有人不认得他，总想着为自己立碑著说。每天都盼着大盘大跌，以印证自己的看法。

对于越来越盛行的资本市场，一部分股市专家要做到的是如何给市场正本清源，还投资者一个客观的分析空间。而不是每天在交易时间内就由多空主力来决斗。最不应该的是，专家言论里不应充满浓厚的个人感情色彩。任何一个首席分析师，总爱夸大问题的严重性，有那种遭人唾弃的报复心里，心里极度阴暗，在他的世界里都是灰色的，没有感觉到他阳光的一面。尽管他总是说自己是好心。但是好心的有点“过头”了。

> 当一只股票涨到高位的时候，为了配合庄家出货，股评专家们就开始对这只股票进行美化宣传和评论，说得天花乱坠。这种别有用心的股评是一把杀人不见血的刀，多少股民受骗上当蜂拥购买，所谓专家推荐的股票，推荐当天由庄家配合，大部分被推荐的股票有一定涨幅，可是部分做发财梦的股民过几天来看股票，已深套其中，反应快的斩仓出局，还存有一点血本，反应慢的就变成了长期亏损投资，血本无归！

股评专家们，请你们从中国众多股民朋友的利益出发，放下自己内心的私欲，还股民一片蔚蓝的天空，共同建设美好的牛市吧！

3. 是股评专家还是股市骗子

股市专家们随着自己种种预言接二连三不攻自破，随着股市在慢牛和熊市的临界点上的苦苦挣扎。

他们大肆兜售的炒股理论发酵出了强烈的反讽效果，他们煽风点火的作风让他们身上多了些马戏丑角的色彩，他们是否被收买过、是否和某些机构、某些人是“一伙的”？

2006年和2007年，是中国股市由长时间的熊市转为牛市的黄金时段，股票、基金的行情日日大涨，在许多股民、基民日进斗金情形的刺激下，在所谓的一部分股评专家的呐喊下，中国人群情振奋，天上掉馅饼的美丽神话被士气高昂的庞大股民、基民队伍演绎得惟妙惟肖、活灵活现，兜里有钱的人便倾其所有投到股市去淘金，兜里没钱的，除了望洋兴叹以外，许多人不甘放过这脱贫致富的良机，不惜贷款借账让债台高筑，赌徒般投身股市。2008年，这些股评专家仍然在到处呼喊，为熊市大叫，为将来的牛市吹风。

“股评专家”变身“股市托儿”

虽然中国股市由呱呱坠地到跌跌撞撞蹒跚着一路走来已经有一段时间了，但总有一些人从来没有认真地关注过股市，更不要说拿辛辛苦苦挣来的血汗钱黑灯瞎火地往里砸了。这些人基本上都是出于以下原因：一方面是因为自己的不自信，觉得自己不是波谲云诡的股市中熊火中取栗的一块料，另一方面是在1996年股市遭遇重创时，很多人耳闻目睹了太多的由炒股而引发的人间悲剧，慑于前车之鉴带来的心理威吓，便狠命掐灭了心中蠢蠢欲动的在股市搏一把的欲望的火苗。

有一个股民就是这样的人，基本上不介入股市。自己不炒股，不等于别人不热衷炒股，特别是在2007年上半年，所到之处，人们不谈论股市便显得不正常，就算是一个前一天还不知股票为何物的人，第二天时便满口的股票术语，这一点儿也不会令人惊讶。也许正是受这种气氛的感染，他开始留心观察股市的变化情况，很快，关乎股市的许多端倪、玄机使他茅塞顿开，特别让他深以为念的是，他从中领教了不少以股评专家自居的人受人驱使指鹿为马、信口雌黄误导广大股民的险恶用心。

全国人民的炒股热情让大陆两家股票交易所交易量翻倍上涨，股指一路飘红，2007年的沪市综指从2006年12月29日收盘的2675点涨到2007年12月28日收盘时的5261点，全年共上涨96.66%，其中2007年10月19日创了年内最高点、在世界股票交易历史上增速之快也属绝无仅有的6124点。2007年度沪深两市总市值为327140亿元，两市的流通市值达66053亿元。截至2007年12月27日，沪深两市账户总数达到13870多万户。数据的显示是客观的，股市业绩的反应也是客观的，那就是中国股市牛气逼人，但稍具经济学常识的明眼人一眼就会看出大牛市背后隐藏的危机，虚高化、泡沫化正在对中国股市的健康发展构成严重威胁，机构、大户操纵股市，散户、小股民将落入居心不良者设置的陷阱不能自拔，股市泡沫被戳破的日子，就是中国股市遭受重创、大伤元气的日子。可惜，绝大多数被炒股炒昏了头脑的股民不去这样想，那些夸夸其谈的股评专家不去这样说。股市疯狂，是因为有疯狂的群体在支撑着。

股市中点石成金的谎言被延续到2008年年初，国际金融市场的剧烈动荡，从天而降的雪灾，股市的外强中干，为控制通货膨胀国家从紧的货币政策的出台，从生产领域到流通领域种种利空消息的不胫而走，种种偶然中隐含必然的因素让一些别有用心的“股评专家”们领头编造的美丽谎言原形毕露，让广大股民深感痛苦的日子开始了，大陆股指的急速下挫、成交量的大幅萎缩其幅度和2007年的大幅攀升同样为世界金融史所罕见。有这样一句歌词：“吃了我的要吐出来，拿了我的要还回来。”

对于广大的股民来说，吐出来的不仅是在炒股中获得的一点可怜的利润，还有对中国建立资本市场的信心和希望。但就在这当口，一些别有用心的“股评专家”们又巧舌如簧，纷纷在电视上、网站上、报刊上、广播上抛头露面，今天说小跌后面是强力反弹，明天说沪指绝不会跌破5300点，后天又说2008年沪指会涨到8000点到10000点，一会儿说这只股潜力大，一会儿又说那只股是黑马，他们总是一副言之凿凿、胸有成竹、高深莫测的样子，总在似乎很热心地为股民们指点迷津、传授炒股三昧，总是理直气壮地对那些要股民警惕股市风险的忠告给予劈头盖脸的反驳。他们这样做这样说的动机能不让股民们对之怀疑吗？

股市要小心股评

以下是一位股民的自述：

让我来诉说我上当的经历，希望大家引以为戒。

我原来的生活还算稳定，本来和大家一样，抱着来股市投资的目的进入市场，没想到正好赶上2001年开始的熊市，由于自己没有经验，到2004年亏损不少，由于家庭方面的压力，那时自己的心情很急躁，由别人介绍，认识了网名叫“股市奇人”的股评名人。股市奇人告诉我，他是一名注册证券分析师，经常要在外面上课，了解我的境况后希望能帮我，并且信誓旦旦的说：在他的帮助下，没问题，争取第一年做到60万，让我的资金翻倍，这对于我一个亏损累累的小股民来说，当然是天大的好事，我抱着信任他的态度，把账户交给他，并且缴纳了6000元会员费，谁都不会想到，这竟然是一个噩梦之旅的开始。

2004年，他帮我买入000504和000517，后来这两个股票都加入跳水的行列，特别是000517，提起来真是不堪回首，当时，他给我讲了很多的理由，我是一个善良的人，想着该相信他，没有怪他，毕竟是市场在跌，就在这样的煎熬中，我的资金短短几个月就从30万元缩水到20万元。

后来又过了两个月，终于迎来了从998点开始的牛市大翻转，当时自己的心情好了点，因为股市奇人告诉我，他通过内部消息，知道某机构要注580003这个权证，他告诉我，这是一个翻本的机会，我想熊市都过来了，牛市应该赚钱了，没有任何怀疑，仍然坚持我和他的合作，可是，这个合作让我陷入泥潭不能自拔，到2005年9月，我的资金迅速减少，从20万元再次变成10万元。在2005年9月21日，他买入的000633和000906，竟然在9月22日全部跌停，我再也坐不住了，和他交换了意见。这次，在牛市的亏损，他没有什么借口了，于是，他换了一套谎言，说他已经和所在证券公司老总商量了，决定用公司的资金来帮我弥补亏损，我又相信了，可是时间一天天过去了，他承诺的到2006年元旦即把钱打过来，一直没有实现，反过来，我的账户资金还在减少，只有7万元了，这时，这个骗子又编了另外一个理由，说他准备把家里的房子抵押出去，来帮我弥补亏损，我是无法再相信他了，可是我已经不能自拔了，只是希望他还有点良心，有点做人最起码的道德。然而，这仅有的一点希望再次落空。

由于事情一直都在向着最坏的方向发展，我不得不找他谈谈。但那仅仅是一个网络上的名字，根本就不知道如何找到他。这个骗子还在骗我，在我和他商定最后的期限2006年9月30日到来之前，他在我面前发誓：过了国庆，他将带着资金来我所在的城市，重点帮我操作，弥补亏损。我还能怎么办？我的资金只有4.5万元了，我很气愤地问他的话可靠么？骗子发誓说：如果做不到，让他全家死光，他还发了很多的毒誓，我从小受的教育告诉我，人不会坏到这样地步，拿家人的性命来诅咒行骗。我一颗焦躁的心稍稍得到些安慰。最后的结局，我想大家都知道了，我继续被骗，我的资金在股市几乎消失了。

类似的故事，不停地重复演绎着，“带头大哥”的故事相信经历2007年的股市的股民都知道，他现在在哪？在监狱中呆着呢。

看了这篇文章的股民，可能会觉得上面的这位朋友太善良，或者觉得他很愚蠢，是的，一个对毒蛇善良的农夫是愚蠢的，先哲们对此早就给出了结论。通过上面的例子，也希望善良的人们能够擦亮自己的眼睛，不要再为这类骗子蒙蔽。

中国要建立资本市场，离不开股市，而股市要理性发展，又离不开股评专家，但那些以误导股民为能事、信口雌黄而美其名曰“股评专家”的“股市托儿”，还不如不要，因为他们的存在，是中国股市的灾难，也是广大股民的灾难，他们会把中国股市引向歧途。

他们误导广大股民，是否出于渔利的目的？他们的真实面目是不是“股市托儿”？每一个受这些“股评专家”误导而让血汗钱打水漂的股民都有权力提出如上疑问。

4. 股评“黑嘴”，不得不防

股市有陷阱让人谈之色变。身在股市，形式上的陷阱要防，挂在嘴边的陷阱更要防！

股市“黑嘴”的出现，总是让渴望赚钱的人们防不胜防。股市中的陷阱居多，身在股市的人们无不有着极强的依赖心理，由于担心跳入股市潜在的陷阱里，他们总是在哪些股票该买哪些股票不能买的问题上辗转反侧，总希望有人能帮自己拿个主意。而一部分股评“黑嘴”的出现就恰似黑暗里的一盏明灯，让没有炒股经验的人们看到了赚钱的希望，并使其放下防人之心。为了牟取私利，那些所谓的股评“黑嘴”们便大肆宣扬哪只股票好哪只股票不好，一味的吹嘘之下，受渴望赚钱的心理蒙蔽而丧失了辨别能力的人们正好给了这些股评“黑嘴”们钻空的机会而不自知。

股市没有风平浪静的时候，进入股市就要时刻提防各种陷阱的出现。许多人都认为股评专家的建议在股市中起着至关重要的作用，却不知他们中间有多少是“黑嘴”的化身，这些“黑嘴”多半是舌灿如莲，往往在人们心有所动的时候设计出一个个陷阱。所以要在股市赚钱，就要对股市有所了解，对一些股评“黑嘴”不得不防。

股评“黑嘴”设陷阱

随着股市的日趋火爆，越来越多的人开始跻身于炒股行列，每天几乎有5000多万人同时在收看、阅读电视股评、报纸股评。人们对股评专家褒贬不一。而事实上，一些真正热衷于炒股的股评专家对股民如何正确投资的确起到了一定的引导、辅助作用。但也有部分被称为“黑嘴”的股评专家们打着为中小投资者推荐好股或“诊断手中股票有无投资价值”的幌子，为那些没有经验但又渴望赚钱的股民们设下了一个又一个的陷阱。他们设陷阱的手法主要有以下几种：

◎ 骗取股民高额的会费

采用这种方式时他们总是极力引诱股民拨打他们的咨询热线，之后便提出利润分成的方式为股民推荐“大牛股”，并以提供上市公司绝对机密的“内部消息”为诱饵，引诱股民成为他的会员，从中收取他们几千、几万甚至几十万元的会费。许多投资咨询公司仅靠这一招就可以在一年内获取股民近百万元的会费。

◎ 骗取股民的股金

这是他们速战速决的一种盈利方式。一些股评“黑嘴”称其手中有即将在海外上市的某公司原始股，并大肆吹嘘这种原始股可达几十倍的盈利。而当股民将股金汇出后再与这些“黑嘴”联系，对方却早已在人间蒸发，毫无踪迹可寻。

◎ 充当“股托”角色

这是“黑嘴”们的惯用手法。有些股评“黑嘴”充当某些上市公司或投资公司的“股托”，表面上很真诚地向股民介绍该公司的股票，承诺让股民赚到钱后再给他分成，而后将咨询公司购买的低价股的股价快速拉高后，再通知股民马上抢购，咨询公司的股票则全部在高位上抛出，从而使股民在不明就里的情况下就赔得一塌糊涂。

◎ 倒卖私人信息

信息是购买股票的标尺，警惕性高的股民还不至于受诱惑上当。然而，股民不向一些公司账户上汇钱，这些“黑嘴”们就会将其手机号码、资金等私人信息高价卖给一些骗子公司，使他们对股民进行轮番轰炸。

可以说，一部分股评“黑嘴”就像幽灵一样，时刻依附在股市身上，不仅损害着广大中小投资者的切身利益，也如同毒瘤一般阻滞股市的发展。在股市中碰到这样的“黑嘴”陷阱是常见的现象，要想成功规避他们，最好的方法就是先了解这些“黑嘴”出现的方式并抵挡住股市中的种种诱惑，对股评不盲从、不迷信，进行理性投资，就可以避免让自己掉进这些“黑嘴”的陷阱。

揭秘股评“黑嘴”骗人内幕

一部分股评“黑嘴”的出现让无数人欲哭无泪，张女士的例子就为人们敲响了警钟。张女士在 2000 年开始进行股市投资，但一直都是亏损多于盈利。在朋友的推荐下她把希望寄托在了股评专家身上。她先是花了 8000 元加入了一家总部在重庆的咨询公司，成为其会员后，该公司指派一位李姓工作人员做她的客户经理，该经理声称她推荐的股票都是公司专门的技术分析人士集体研究出来的成果，是绝对可靠的。在他们的蛊惑下，张女士先后在其操作下投资了 6 次，结果却有 5 次失败，亏了上万元。这期间她曾找李经理询问，对方却说股市波动是正常的，哪有一直跌的股票，之后便让张女士升级为钻石会员，这样就能得到股市的第一手消息。但张女士拒绝了对方的要求，提出中止合作，却不想对方将其大骂一通后，便再无音讯，手机再也没打通过。

股市中像张女士这样的例子还有很多，可以说遍地皆是。一般情况下有经验的老股民都不会上这样的当，但没有经验的人，却很容易被他们蛊惑。现实社会中，凡是咨询公司推荐的股票，一买准跌，这可以说是经验之谈。要想不被他们诱惑，你就要有抵挡诱惑的能力。

◎ 咨询公司骗人内幕

很多咨询公司一般情况下他们都会大肆宣扬自己的可信度很高，为股民极力推荐股票，力邀股民拨打该公司热线电话，以获得专家点评。其实这是咨询公司最常用的一种欺骗手法。一旦有股民听信其言真的打电话或者发短信咨询，对方就会获得股民的通讯联系方式，然后派工作人员将其专门盯住，劝其入会。由于本地会员的成本太低，也容易惹麻烦，所以他们通常会将目光集中在外地人员身上。原因很简单，一般异地会员发现受骗上当，维权成本将会成为他们投诉纠纷的主要阻力。

在大多数人看来，只要电视上播出的一些荐股、评股信息都是经过核实后才出现在电视屏幕上的，其可信度相当高。其实那些大都是咨询公司引诱会员加入的一种手段。他们常常会大手笔的租赁某卫星电视频道每天五分钟的时间段，其目的就是依靠卫视节目招收全国会员。只要有人打电话他们就会死死咬住，直到其成为他们新的会员，其内部人员就会按其入会资金的多少得到奖励，这就是他们的盈利方法。

另外，一部分咨询公司吸引投资者入会的常用手法就是不断地向投资者发布免费赠送黑马的消息，然后以只有会员才能获得真正黑马为理由，诱惑投资者入会。其实他们所说的黑马根本不存在，他们推荐股票的目的，往往是让投资者为其他会员“抬轿”，或者是为自己的仓位“抬轿”。

除上面所说的之外，一些大型咨询机构的欺诈手法更是变本加厉。这种大型咨询机构都会对会员划分级别，高级会员所交会费多，低级会员会相对少一点。他们惯用的方法就是提前向少数高级会员推荐一些股票，再向比例较大的低级会员荐股，与此同时他们便通知高级会员出货，虽然表面上高级会员可能会赚钱，但依然摆脱不了被坑的命运。另外，他们还常常与上市公司联手操纵股票，利用会员赚取高额利润，然后按一定比例获得上市公司的回报。常见手法就是先为会员推荐一些可以赚钱的股票，在赚钱后，这些会员会更加信任那些荐股的“老师”，并加大投资筹码。这时咨询机构便会和庄家联手操作股票。当股票获利之后，他们便会向会员大力荐股，只要会员买入，股价就会大涨，而这时庄家盈利后便会不知所踪。虽然当天股价还在涨，但第二天肯定会出现低开低走的现象，会员根本就没有获利的机会。

◎ 常见“黑嘴”招术

1. 打一枪换一个地方

这种欺诈手法常常是一部分咨询公司在通过各地电视台大肆存股时，便着手全国性大范围的招纳会员，通常是一次性收纳3个月的会费。在会费到手后，便不再对会员提供任何服务，既不打电话也不发短信。即便是会员打电话咨询，他们也是找这样那样的借口推脱，甚至对其置之不理，这是股市中咨询公司常见的“游击战”法，也是最低级的做法。

2. 汇款后再寄合同

采用这种手法的咨询公司大都不会在其当地做广告宣传，原因就是远在外地的客户不容易找上门。这种咨询公司的会员费一般高低不等，低级会员收费一个季度在2700元左右，而高级会员一年收费的收费在35000元左右。一些较大咨询公司的会员费甚至近万元。如此可观的会员费用在汇出后让他们退钱几乎是不可能的事。

3. 利用散户为有钱人赚钱

这一般是较大咨询公司惯用的手法，使用这种手法的公司在实际操作中，往往会让“有钱人”的资金进去，然后极力向低级会员推荐，让其买入，而这时获利空间是很小的，甚至可能赔钱。然后再由所谓的股评专家在媒体上大肆宣传，与此同时再让“有钱人”的资金在高位出货。所以，在电视上所看到的“铁嘴”、“金嘴”点哪只股票，哪只股票就涨的现象，在入了会后，就会发现自己其实永远买不到他们所说的那些开盘就涨的股票。

股市本就不是平静的世界，风险存在的同时，各种各样的陷阱也争相产生。股市“黑嘴”就是在人们渴望在股市赚钱的心理下顺时出现的，它们告诉人们什么该买什么不该买，在虚假与真实中相互掺杂，混淆视听，让人们在虚虚实实中掉进他们事先设好的圈套，并从中捞取大把利益。这样的结果是让人无奈的，无奈之余人们要做的就是全面了解股市运作及发展，增强自己的分析能力，让股评“黑嘴”无机可乘。

股评“黑嘴”的出现多是钻了人们渴望赚钱的空子，要躲避“黑嘴”的侵袭，就要有明辨真实与谎言的能力！

5. 股评“专家”在股市

股市中流传着这么一则笑话：一个父亲想为儿子找份好工作就去咨询专家的意见，专家问他儿子有什么特长时，这位父亲便说他儿子最大的特长就是说过的话从来就没准过，于是专家当即推荐他的儿子去做股评专家。故事虽然有些夸大其词，却也给人们透露了这样一条信息：股市中一些股评专家并不可靠，依靠他们“指点迷津”，实在是叫人不敢恭维。

股民炒股在一定程度上都是依赖专家指点。大多数股评专家的评述都是只停留在事后论事的水平，真正有预见性、实用性的股评可谓凤毛麟角。这里所说的股评专家仅仅是为了股评而股评的没有私心的股评人士，至于那些打着股评的旗号，混杂在股评队伍中形形色色的，以赢私利为目的的“枪手”、“御用股托”之流，却是连起码的良心都坏掉了，这样的股评专家所做的股评可信与否是可想而知的。

股民要这样看股评

热衷于炒股的人几乎没有一个能脱离股评的，根据股评炒股还是大有人在。但一味听取一些股评专家所说就会避免失误吗？听股评炒股输了该怎么办？在历经了股市的大起大落之后，投资者对股评专家还有多少信任？对股评的建议，股民该如何消化利用并理智对待呢？这些都是投资者关注的话题。

股民该如何看待股评是决定其投资方向、赚赔多少的关键。曾有机构对华尔街位居前10位的基金管理人荐股进行过相关统计，统计结果发现即使最好的基金经理荐股的准确率也几乎没有达到50%的。巴菲特也曾说过，让投资者赚了大钱的股票，有不少在投资者买入后也曾被套一段时间。这就说明即使是顶尖的炒股高手，其选股的准确率也十分有限。所以作为投资者，对股评要有正确认识，不要把身家财产都压在一些股评专家身上。

股市中盲从一些股评专家建议买股的人有很多，这些人即使遭受了失败，损失也应由自己承担。因为股评只是专家对大盘、个股的看法，只代表专家在股市发展到某个时段的观点。而股市是瞬息万变的，每一个人包括专家都需要不断修正自己对市场的认识，对个股的把握更是如此。每个股民在购买股票时都要在听过股评专家的观点后，通过一个消化、筛选、吸收的过程，再经自己的观察和判断，最终做出相应的决策。

◎ 所有问题自己扛

无论是根据自己的判断炒股还是依据股评专家的建议炒股，都要提前做好遭受损失的思想和心理准备。股市本身就是一个风险性高投机性强的场所，股民要根据庄家的大致成本和高位的成交量情况来判断庄家的真正意图，从而决定自己的行动；对于那些尚在底部并未被暴炒过的股票，可以继续持有；反之，就要迅速止损离开股市以确保自身财产安全。

◎ 赌徒心态不能有

投资者在投资股票时，即使是听取一些股评专家的建议炒股，也要分清自己所持的是一种什么样的心态。若是持赌徒心态者，一旦赚了钱，便会惊喜狂呼，但若遭遇损失，便会倾其成本，孤注一掷……用这种心态来炒股是最危险的。如果在一次损失后自己不能保持足够清醒、镇定的头脑，那么接踵而来的必将是更惨重的损失。俗话说“花钱买教训”，而许多教训也真的是不“花”点钱就买得来的，炒股当然也不例外，每个股民在炒股时都想走捷径，可一味地听信一些股评专家的建议，所要承担的风险只会是有增无减。

◎ 不可全信也不可不信

一部分股评专家多是对股市的大盘走势或者股市的个股发展做预测，纯粹是自己的观点，不可不信，当然也不可全信。一些股评专家好的建议还是有一定的参考价值的，一些股评专家的建议是好是坏却要经实践的考验。所以要想将自己的损失降到最低，对于那些所谓的股评专家的建议最好抱持不可全信也不可不信的态度。

◎ 学会利用股评

作为投资者，每个人都要有其独立的头脑以及与众不同的想法，而不应一味跟着别人走。散户的信息最为不灵，所以应充分利用股评在内的公开信息，这不仅是有益的，而且是必要的。当然股评的信息不见得都是准确的，所以在利用它时一定要有个好的心理。当股评提供了自己未曾注意到的有用信息时，你应利用它；而当你经过分析发现它是无稽之谈或干脆是蓄意“害人”时，也应学会识别。如果你这边不停地骂股评，那边又都按它的建议操作，那你最好还是快些离开股市。

身在股市就要明白这样一个道理：股评只是一个参考。对于买什么股、何时买、何时抛等一系列的问题，可以听取股评专家的建议，但关键还要自己加以分析和判断，最终还是自己拿主意，如果有损失也不应该后悔，毕竟股市中输多赢少是常见的事。

如何对待股评专家荐股

股民在股市中最头疼的就是股票。股市中有很多做着发财梦的股民，以为股市遍地都是黄金，就算是闭着眼睛都能抓到，抱着这种想法的人，如果遇到的是一生中难遇的大牛市，多少还有些收获。但若遇到的是百年不遇的大熊市，被打回原型不说，连身上的肉也被硬生生地割走一大块。这些人的盲目多半是因为对股票的知识知之甚少，加之缺乏实际操作经验，不知道该怎么做。股市不是菜市场，没有讨价还价的余地，像无头苍蝇一样乱窜只会让你更快赔钱。这些盲目的投资者中有相当一部分人完全是靠着电视里、网络上股评专家的推荐来操作的，却不去分辨股评专家的正确与否。若是碰上有良知的股评专家的话还有可能小赚一笔，若是遇到股市中的那些“黑嘴”、“股托”等，恐怕只会在股市赔得一塌糊涂。

无论是老股民还是新股民，总会或多或少的听取股评专家的建议买股，如若对股市不了解，那么该如何对待股评专家的荐股呢？股市中的股评队伍可以说是良莠不齐，暂且不说那些为了盈利四处诈财的黑嘴股托们，即便是那些存有良知、专业水准很高的股评专家们，谁也无法准确拿捏任何一只个股连续几天的运行尺寸，他们所能做到的就能根据股市运行的基本规律，对其所关注的个股做出大致的预测，这种个股预测是周期性的，几天之内根本无法到位。而那些通过媒体的大肆宣传，喋喋不休地推荐这个推荐那个的股评家们，明显缺少职业道德，而股民们吃亏大多都是吃在这上面，这也是盲目相信的结果。

身在股市如果不想吃亏，对于一些股评专家的建议不能盲从，只能把它当作一种参考，还必须掌握股市运行的基本规律，并依据它做出判断。但在此之前必须先了解它的决定因素，一般说来，在成熟的股市决定个股运行规律有以下几个因素：

◎ 大盘的整体走势

牛市中，应观察个股涨多还是涨少的问题；熊市中，则要观察个股跌多还是跌少的问题。也就是说在一般情况下，介入牛市行情，你总会赚，除非你当时特别背；介入熊市行情，你总会赔，除非你的运气好得没话说。

◎ 股市的基本面

基本面对个股的成长性起着决定性作用，长期持有基本面良好的个股总会盈利，而持有基本面较差的个股则会亏损。股市的基本面主要由流通盘大小、股价价位、每股净资产、每股收益、公司盈利能力等组成，要独挑大梁，了解这些是必须的。

◎ 股市发展的主力动向

这里所说的主力动向主要包括主力建仓价位、主力建仓时间、建仓主力性质以及操盘手法。无论股市如何发展，如果没有主力资金的介入，个股的股价只会在原地徘徊。主力资金决定着股价运行的速度和空间的大小。

◎ 消息面

股市中消息始终处于主导地位，它主要包括政府调控政策和上市公司经营变化的信息，当然也包括所谓股评专家的虚假信息。消息面是引起个股股价在短期内出现大幅振荡的主要原因。

◎ K 线图

看图作业也是股市的一大特色，个股 K 线图是指运行波浪，主要看介入点的涨跌幅度与大盘涨跌幅度和同类型个股涨跌幅度相比较是大还是小。比较结果直接关系着个股后段时期内的涨跌空间。

国内股市正处在发展阶段，所以不能用“一般”来预测个股的大致运行规律。国内股市个股的运行最主要决定因素就是主力动向，在上面所说的几个因素中，除大盘外，其他几个可以忽略不计。股市一直流传着这样一句话：“股不在好，有庄则灵”就是对其很好的注解。当了解某只个股的主力动向，你就可以成为这只股的大赢家。股市的主力通常会对自己动向尽力掩饰，但不管他如何掩饰，个股的运行总脱离不了基本规律，股民通过分析 K 线图和观察股市每天的交易情况，就可以轻松获取关于它的及时资料。股民虽然不能预测出主力每天的涨跌情况，却可以据此做出较为准确的判断。

股评专家对国内股市发展的这一特色有相当的了解，通常会根据自己的了解给股民荐股，然而在荐股时却往往会忽略掉这一特色：他们言之凿凿的大多是个股的基本面和大众都知道的消息。这样广而告之的言论常常会被狡猾的主力所利用，从而使得短线行情变得诡异莫测，处于弱势的股民根本没有能力与之抗衡，主力出货时被高价进货、主力进货时被低价抛售便成了家常便饭，并常常因此造成重大损失。对于这样的损失，一些荐股的股评专家们应该为之负上一半的责任。

股民在炒股时总是习惯性地依赖于股评专家的舆论，对自己的判断却显得毫不自信。其实炒股最需要的是相信自己，需要自己对股市做出最正确的判断。股评专家的荐股只是他们对个股的认识比你深，对股市的全面发展了解的比你多而已，如果你坚信自己的判断，无论是赚是赔都会在无形中提高自己的自信。

股评专家是导师也是蛊惑者，了解了股市，你才能成功对其进行辨别！

第七章

股市有乌贼，股民需要看清路

股市自诞生那天起，就与“黑”有着天生的渊源：黑幕、黑庄、黑嘴……，有关股市，会有很多的信息，有谁知道哪一条是“乌贼”放的“烟幕弹”？

看似机遇，实则陷阱，里面暗藏杀机。

在一个充满欺诈与诱惑，虚伪与谎言的股市中，如何才能避免虚假上市？如何遏止股市中的腐败黑幕？如何才能在重重迷雾中立于不败之地？那些让你“狂赚”的机会，也许就是请君入瓮的陷阱。洞察黑幕陷阱，打赢股市之战！了解股市黑幕，才能每战必胜！

1. 真作假时假亦真，跨越消息陷阱

中、小散户的资金实力十分有限，力量单薄，在股市上难以形成气候。大户却可以凭借自己雄厚的资金实力，呼风唤雨、推波助澜，他们特意制造一些股市陷阱，专等中、小散户上当，以牟取高额利润！

有人说，股市是消息的高效率流动市场。宏观经济、金融政策、上市

公司、机构或庄家动向等各个方面和各个层次的消息，都会引发股市及其个股价格的波动。“消息就是金钱，时间就是效率”在股市中体现得淋漓尽致。在建仓时，如果能够提前知道利好消息，就能够在别人之前以较低的价格买入；同样，如果能提前得知利空消息，则能够安全出局，获利或减轻损失。消息在股市中的重要地位，使得每一位进入股市的投资者都非常重视股市消息。

机构投资者设立了专门的消息分析队伍，研究消息的可行性和力度，在一定的情况下利用消息进行炒作，达到诱空或诱多的目的。除此之外，市场上出现一些号称策划专家的人士成立的策划机构，主要把上市公司的题材和炒作思路制定成方案，联系庄家入市，通过炒作获利进行利润分配。相对而言，作为中小投资者，与这些机构相比，在消息来源和获取消息的时间等方面都处于不利条件。因此，许多中小型散户将获取消息的希望托付在股评人士身上，但这种方法也并非十分有效。相反，盲目地追求市场消息或市场传言往往成为庄家的抬轿人。所以，要想成为证券市场的主人，就必须学会根据自己了解和得到的消息进行仔细分析，跨过“消息陷阱”，同时把握消息带来的投资机会。

了解“消息陷阱”，跨越“消息陷阱”

获取真实，即时而充分的消息是投资者进行投资决策的重要依据。市场规范化的一个最重要的标记就是消息披露的持续性、真实性和完整性，随着市场规范化程度的增强和以通讯网络技术为代表的现代化消息工具的普及，投资者会面对几乎是泛滥状态的消息狂潮。消息是一把双刃剑，作为投资者，如果缺乏对消息的判断和处理能力，它反而会成为你成功交易的障碍。消息之所以能成为投资者的一种投资陷阱，是因为消息本身具有很多缺陷：比如消息的真实，即时和充分与否是投资者在了解事实真相之前无法明确的，有时消息自身就充满矛盾，具有易变性，如果对消息的分析判断也是一种消息的话，这类消息会让你更迷惑而不是更清醒。下面以股市中的“消息陷阱”做一些具体的分析：

当投资者面对“海量”的消息时，便会一时无法确认到底真正对自己有用的消息有哪些，消息泛滥导致投资者对自己了解、处理、控制消息的能力产生忧虑。通常情况下，过多的消息会使得投资者的注意力涣散，因为投资者所接受的消息超过了他们的分析和处理能力，使得一些投资者面对众多的消息无所适从，难以及时做出判断和决断，所以容易造成对消息分析和判断的低准确率和低效率。

一般而言，大多数的中小投资者在获得消息的即时和充分上没有一点优势，对消息的分析和判断能力上也没有优势。很多时候，当市场中流传的“消息”到了投资者的耳朵时，不是早已成为“旧闻”，就是已经被市场充分的消化，当大多数投资者还在对消息所表达的美好前景充满憧憬的时候，他们已经不知不觉处于陷阱之中了，市场上流传多年的“见利好就出货”就是这类典型的写照。

作为投资者，当你面对那些能让你马上就发财的消息你能拒绝吗？市场上有很多关于“上升空间已经打开”，“某只个股有实力机构入驻将拉升”等让投资者快速致富的消息，大部分投资者无法拒绝这类“立即脱贫”的诱惑而身入陷阱之中，人的贪婪让很多投资者对消息的判断失去了理性。其实不论是在股市，还是在其他领域，都有一个普遍的经济规律——“天下没有免费的午餐”，对于那些能让你“快速致富”的东西，如果不是一个虚幻的幻想的话那肯定就是一个陷阱了，对于这一点投资者一定要切记。

越来越多的现代化消息工具不是使投资者做决定更理智，而是更加的混乱无序，因为投资者太容易找到黑马，但赚钱也更难了，且上当受骗的频率更高了。各类证券式的网站、各大综合门户网站的证券论坛、股评专家、博客视频等都可能成为消息陷阱的公开场所。同时，现代化的消息工具虽然能让投资者可以快速方便地获得消息，但也助长了一些投资者“急功近利”的浮躁情绪，让人在做出投资决定时更容易头脑发热！

听消息炒股是投资的大忌，作为中小投资者，连你都知道这个消息了，那还有谁不知道？即使你真的掌握了第一手的消息，市场主力在运作行情的过程当中也会异常关注盘面的特征，当他们发现有非核心资金参与其中时，必然会洗盘，如果你坚持不出局，那就继续洗盘，直到你出来为止。

广大股民的消息源

按照中小投资者获得消息渠道的，可以将消息源分为以下几类：

◎ 新闻媒介公布的消息

新闻媒介公布的消息主要包括金融和证券市场管理政策、宏观经济报告、上市公司年报、上市公司消息公告等。其中，前两类可以直接影响股市大盘的走势，后两类则可以影响个股的涨跌。

◎ 各种证券市场分析报告

各种证券市场分析报告主要包括各抒己见的股评、研究人士做的上市公司分析、行业分析报告等。

◎ 市场谣传

通常情况下，中小投资者都比较关注第二类消息和第三类消息。因为第三类消息具有很多的不确定性，极富神秘感，容易被庄家利用，引发市场的跟风气氛，因而激起中小投资者的浓厚兴趣。事实上，在证券市场的规模日益增大、机构资金实力在市场竞争中不断增强的背景下，所谓“庄家”要对某只股票进行大资金的炒作，都必须在深入研究第一类消息的基础上进行。这类消息才是最确切的，是研判大势、精选个股的基础，同样应该引起散户投资者的高度重视。因为不管是机构大户还是散户，在这些消息面前都是平等的。由于机构或大户在获得消息的渠道和时间等方面较散户具备更优越的条件，因此散户投资者在对待上述三类消息的判断上，应结合市场特点把握以下原则：在市场处于极度投机阶段，股市对第一类消息反应最为迟钝，第二类和第三类消息铺天盖地，成为市场追捧的对象。

在股海中，庄家是大鱼，散户是小鱼。一般而言，大多数股民都喜欢听牛市的故事，不喜欢听一些有关风险的警告，这也是消息陷阱能够得逞的关键。因为庄家在策划消息陷阱方面的经验与细密布置，即便散户中招，也完全意识不到，还可能反过来感谢某些人。股市中只有大鱼吃小鱼，通常于无形之间，更多是借别人之手，或者借势吃掉小鱼。切勿轻信他人的消息，不要仅凭某个股评就做决定。

搏击于股海，作为一条小鱼必需知道：自己身边会有大鱼频繁出没，还有许多暗流，风云也可能瞬间突变，只有跨越各种“消息陷阱”你才能成为赢家！

2. 跳出“空头陷阱”

股市有句话：“空头陷阱，多头馅饼”。投资者能否正确地判断和识破个股拉升前的空头陷阱，在很大程度上决定了其是否可以在股市中制胜。

那么，什么是“空头陷阱”呢？投资者又该如何识别呢？

说得简单一些，所谓“空头陷阱”就是市场主流资金大力做空，通过盘面显现出明显疲弱的形态，诱使投资者恐慌性抛售股票。“空头陷阱”是股市实战中经常见到的，它常令股民损失惨重，给不少股民朋友留下刻骨铭心的回忆。

一般而言，如果股价处于低位区域，突然出现向下突破的假象，比如突破长期均线等的支撑，并伴随着各种利空消息。由于担心市场再度骤跌，许多投资者在恐慌中卖出手中股票。然而，市场却一反常态，不跌反涨，一波牛市行情重新开始。随着股价上升，成交也不断放大，股指突破重要的阻力线。此时，就能把前面出现的向下突破趋势，看成是引诱空头做空（诱空）的陷阱，即空头陷阱。至于那些在低点清仓或者不敢补仓的投资者，就成了空头陷阱的受骗者，从而踏空一轮行情。“空头陷阱”会使投资者丧失一些很好的投资机会，所以，投资者一定要学会识别“空头陷阱”，让自己的财流源源不断。

“空头陷阱”剖析

想要避免进入“空头陷阱”，必须对“空头陷阱”有所了解，了解后才能准确地识别它。下面就“空头陷阱”的特点、原因、形成步骤几方面对其进行剖析：

◎“空头陷阱”的特点

“空头陷阱”一般都具有这样的三个特点：跌势迅速；常借助利空消息和跳空缺口；标志着中期趋势的正式反转。

◎ 产生“空头陷阱”的原因

1. 股价经过长时间的下跌后，广大投资者对即将到来的转势没有把握，一部分人对日益走弱的大势有所警觉，但对是否能够反转缺乏信心，一部分人既担心踏空，又担心滑跌，看不准，也有一部分人继续看空后市，随时准备割肉。只有很少一部分头脑清醒的人，坚信大势将趋稳上升，于是前三类人就成为市场主力制造“空头陷阱”的群众基础。

2. 股票就是一种零和游戏，有人赚钱就必定会有人亏钱，而最有可能输钱的就是看不对行情、看不清后市的人，市场主力为了使其在底部看空、割肉，加深其恐惧感，便制造“空头陷阱”。

◎“空头陷阱”的形成步骤

1. 突破重大技术的支持位。因为大势很快就会转跌为升，买盘力量不断加大，市场主力为使看不清后市的人上当受骗，打破重大技术支撑位，特别那些确认大势反转的关键点位，使股民产生绝望的心理。

2. 一些人利用种种利空消息和跳空缺口，使大市迅速地下跌，吸引广大投资者割肉离场。

3. 迅速调头回升。因为最后的杀跌能力已经完全消耗，而大市的迅速回升更可以加深“陷阱”的威力，跌入陷阱的人尚未反应过来，急速的上升使他们踏空，不给他们回补的机会，底部割肉的人就会有刻骨铭心的感受。

“空头陷阱”的鉴别

通常情况下，空头陷阱出现在两个阶段，以主力是否建仓为分界线可以划分为两类空头陷阱。

第一类是建仓初期的空头陷阱，另一类是主力建仓后属于震仓性质的空头陷阱。后一类空头陷阱是为了打扫浮筹，提高散户成本，减轻拉抬股价的目的。由于这时主力已经大致完成建仓过程，他们不愿让其他资金有低位吸纳的机会。

因此，此期的空头陷阱，都会伴随着底部的同时出现，而且空头陷阱制造出来的底部，最低限度也是一处阶段性底部。如果此时投资者能准确识别空头陷阱，并在空头陷阱中积极做多，逢低买入，那么就会获得不菲的盈利。

想要在空头陷阱中掘得真金的前提是必须巧妙识别空头陷阱的真伪，投资者可以从消息面、资金面、宏观基本面、技术分析和市场人气等方面进行综合分析和判断：

◎ 以信息面分析

一些股市高手往往会利用宣传方面的优势，营造做空的氛围。因此，当投资者遭遇市场利空不断的时候，反而要特别小心。因为，只有在各类铺天盖地的利空消息的重磅轰炸下，主力资金才能够更方便地建仓。

◎ 以成交量分析

通常情况下，空头陷阱在成交量上都会随着股价的持续性下跌，始终处于不规则的萎缩中，有时盘面上甚至会出现无量空跌或无量暴跌的现象，盘中个股成交也非常不活跃，向投资者营造出一种阴跌走势遥遥无期的氛围。其实这种悲观的氛围是刻意制造出来的，主力往往可以轻松地逢低建仓，从而构成空头陷阱。

◎ 以宏观基本面分析

投资者必须从基础上了解一些可以影响大盘走强的政策面因素和宏观基本面因素，分析是否有实质性的利空因素，假如在股市政策方面没有特别的实质性利空因素，而股价却持续性地暴跌，这时就比较容易形成空头陷阱。

◎ 以技术形态分析

一般而言，空头陷阱在K线走势上往往是持续几根长阴线暴跌，跌穿各种强支撑位，有时甚至伴随向下跳空缺口，引发市场中恐慌情绪的连锁反应。从形态分析上而言，空头陷阱往往会存心制造技术形态的破位，让投资者误以为后市下跌空间巨大，纷纷抛出手中的持股，从而使主力得以在低位承接大量的廉价筹码。除此之外，空头陷阱往往会致使技术指标上出现严重的背离特征，而且不是其中一两种指标的背离，往往是多种指标的多重周期的同步背离。

◎ 以市场人气方面分析

因为长时间的下跌，市场中会形成沉重的套牢盘，人气也在不断套牢中被消耗殆尽。然而往往就是在市场人气极度低迷的时刻，恰恰说明股市离真正的底部已经为时不远。投资者需要注意的是，指数经历了大幅度下跌之后，系统性风险已经很小，过度看空后市，难免会陷入新的空头陷阱中。

通常情况下，空头陷阱是股市高手们利用资金、消息或其他手段操纵图表的技术形态。准确地鉴别空头陷阱不仅需要有一定的市场经验，还需要将盘面的信号与基本面分析及宏观政策的变动结合起来共同判断。

鉴别“空头陷阱”，你才有可能在股市中盈利。作为一个投资者，如果没有识别“空头陷阱”的头脑，那么你投资出去的资金就会被浩瀚的股海所吸呐，流入别人的口袋。

鉴别“空头陷阱”，才能做股市的常胜冠军！

跳出“空头陷阱”，才能掘得股市真金！

3. 关联交易中的“猫腻”

关联交易中存在有多少“猫腻”？它对中小投资者有何损害？

一些人是否只是利用关联交易来“掏空”公司，让公司成为其个人的提款机？

目前，在市场经济的条件下，一部分关联交易的存在非常普遍，但它却与市场经济的基本原则不相吻合。由于个别运用关联交易的人动机不纯，很多上市公司为了业绩考核、获取银行信贷、融资和再融资、给投资者交卷、推卸责任等目的，利用非公允的价格进行关联交易，欺瞒投资者。

按照市场经济的原则，所有企业之间的交易都应该在市场竞争的原则下进行，而在关联交易中因为交易双方存在各种各样的关联关系，即利益牵扯，交易并不是在完全公开竞争的条件下进行的。同时，因为关联交易方能够运用行政力量撮合交易的进行，从而有可能使交易的价格、方式等在非竞争的条件下出现不公正情况，形成对股东或部分股东权益的侵犯，损害广大中小投资者的利益。

关联交易存猫腻，揭秘吸血企业洗钱秘闻

热衷于关联交易的上市公司，是做“阳光企业”还是“关联套现”，颇为引人关注。

◎ 关联交易的“吸血”行动

2005 年，被广大中小股民称之为“吸血行动”——某电器剥离小家电业务在股东大会上获得高票通过，这一违背“阳光交易”原则的行为引起了证监会及多个部门的高度关注。在我国证券市场素有“郎监管”

之称的郎咸平曾经点名批评海尔、TCL、长虹、科龙等企业的“MBO 改制”，郎咸平也承认中国家电最大的敌人不是“MBO 改制”，而是某些家电上市公司的关联交易行为招摇过市、屡禁不止！

据有关部门分析：中国家电业是一个最可能产生世界名牌的行业，但关联交易已经达到了十分惊人的地步，将广大中小股的“真金白银”转变成自己的“红利黑金”，发人深省！此风不止，中国就无法产生真正的世界名牌，真正的世界名牌绝不是那种在家电行业赚了钱，就浮躁地投资汽车与房地产或其他产业。中国家电要防范关联交易的暗箱操作。大股东操纵股东大会，操纵基金经理人，以“合法名义”对广大小股民巧取豪夺。

◎ 关联交易的“魔鬼”定律

伊莱克斯中国区总裁俞晓云曾说：中国不少家电企业做家电就是为了获得庞大的现金流，然后拿这个钱再去搞汽车搞房地产，希望获取暴利，玩得好的就是在股市上不断地兼并、剥离、再重组，再剥离，把广大中小股民变成“小肥羊”；玩得不好的，就以亏损、破产之名转移资金。如果中国家电一直处于这个股市魔鬼定律的“潜规则”内，绝对不可能做到世界500强。有关经济学家表示：关联交易的本质就是“两个魔鬼好过一个天使”，关联的双方不论大小，都是“魔鬼”，但在投资者看来就是“天使”，可谓“美的形象、恶的灵魂”，中国股市的不规范确实很让人奇怪！

有关专家认为：有些国内家电巨头可能在国有资产转制时与要害部门有着“黑金协议”，结成死党，共同分赃，然后再派“代理人”到企业出任高级职务，表面上是“合法企业”，实际上是“代理人企业”。有关人员经过潜心研究发现，“关联交易”是中国家电业“做不大、做不强”的根本原因，也是导致中国企业无法做大做强的“白血病”，在造成大量国家资产流失与国家税收流失的同时，一些不正规的关联交易已经成为上市公司非法敛财的公开秘密。

◎ 关联交易的“洗钱”内情

有关资料显示，大量上市公司资金流向房地产、汽车及关联企业，甚至再通过地下黑市流向国外，将广大股民的血汗钱转到“关联企业”或“裙带企业”的账面，再者通过“破产逃债”、“关联出售”、“大小剥离”、“买空卖空”等手法，非法洗劫广大股民的腰包。同时，还有一些是以“家电业是微利行业”做幌子，将家电的“暴利”悄悄转向房地产与汽车业，这便是中国家电企业为什么被指责为“井底之蛙”、夜郎自大，与世界500强的绝对差距越来越大的原因所在。

一些家电巨头见不得别的行业的利润上升，于是将家电业的利润通过关联交易或黑幕交易，转向其他地方。目前，我国的一些家电巨头正演绎着“破产是金、剥离是银、关联是钱”的现代版“芝麻开门”，这个芝麻就是广大中小股民的“股票”。

由于一些公司存在着控股股东、董事、监事、高级管理人员和其他实际控制公司的人员利用关联交易“掏空”公司的现象，同时，一些上市公司大股东与公司董事相互勾结，利用关联交易将上市公司变为大股东“提款机”的现象也经常发生。这些现象的出现不仅侵害了公司、公司中小股东及银行等债权人的合法权益，也给国家的金融安全和社会稳定带来了很大风险。同时，一些上市公司一系列不规范的关联交易行为，严重地打击了公众投资者对资本市场的信心，从而对资本市场稳定、向上发展造成了相当恶劣的影响。

由于关联交易的名目众多，涉及的面也较为广泛，借关联交易粉饰报表的手法很多，加上关联交易在形式上是合法的，交易的过程通常也比较复杂，因此投资者在识别虚假消息上存在一定的难度。所以，在这个关联交易满布的股市，需要投资者打起十二分的精神细细分辨，以防掉入陷阱。

关联交易其实就是一种整容，整容过后虽然表面是好看了，但是其本质是不会变的！

作为投资者，不要被别人迷人的外表所迷惑，要透过现象看本质，才能跨越股市雷区。

4. 重组黑幕，迷雾重重

重组就是一场阴谋！

为蒙蔽证监会，蒙蔽股民，重组公司黑幕之下演绎了一场资金重组的假象……

在国际资本市场上，买壳上市只是一种市场行为，一种资本并购的运作模式，极其通行。但是投资者必须注意的是：如今，我国证券市场上一部分买壳上市行为发生了异化，许多企业买壳上市的目的，并不是为了拓展融资渠道，而是想借机炒作，拉抬股价之后，即从中“圈钱”，结果买壳重组之后的上市公司业绩并没有得到提升，有的反而加速走向破产、退市的边缘。因此，一个投资者必须具备一双火眼金睛，及早辨明这一黑幕，在重重的迷雾之中看到光明的曙光，赢得属于自己的股市王权。

重组中进行了一场股市战争

有时，重组就是一场股市战争，就是一种金钱游戏。我们以实例来说明一下。

ST 寰岛是一家对外参股和投资的企业，但是它也是一直都亏损的上市公司，本身完全没有对外投资能力，更没有很好的企业业绩。公司的所有活动资金都是来自于万恒置业收购大市投资股权并代中国网络偿还 ST 寰岛债务的 1.34 亿元。ST 寰岛出售债务的款项是收回来了，但在公司账上仅呆了很短时间，有的在当天就又以各种名义转了出去。在让人眼花缭乱的资产重组背后，其真正动机和实效是什么呢？

蓝景明光是另一家公司，它通过增资扩股后，于 2007 年 10 月 22 日到工商变更登记办理手续，该公司的注册资本由 6000 万元增加至 2 亿元，实收资本由 6000 万元增加至 1.3 亿元。小井顺达和 ST 寰岛决定联手对蓝景明光增资，但令人困惑的是，当时决定与 ST 寰岛同时对蓝景明光增资款 7000 万元的小井顺达，资金却未缴付，仅仅是 ST 寰岛增资的 7000 万元真真正正地进入了蓝景明光的账户。

对于此次交易，2007 年 11 月 30 日，深交所提出了“交易的目的、交易标的权属、交易定价合理性、评估方法与结论的合理性等问题，并关注交易对公司资产安全性的影响。尤其提醒公司全体董事、监事、高级管理人员履行并促使蓝景明光相关人员履行忠实和勤勉义务，维护公司和股东利益”的质疑。

2008 年 1 月 25 日，ST 寰岛宣告，由于沈阳力源股权一直未能过户至万恒置业，致使公司长时间未完成股权收购的相关手续，公司并未支付相关转让价款。

2008 年 4 月 3 日，ST 寰岛公布，因为转让公司所持的天津绿源股权事项具有某些不确定因素，所以，此事项需重新提交公司董事会审议，履行相关审批程序。

然而，ST寰岛对外的一笔最大投资，是花了1.145亿的真金白银溢价参股安捷联。2008年3月26日，万恒置业在转让涨市投资股权的公告中透露，溢价参股安捷联“由于增资款项未全部到位，也未进行工商变更登记”。这足以说明安捷联相应的股权并未变更到ST寰岛名下，虽然ST寰岛已经支付了安捷联巨额的参股资金，但却不能享受相应的股权投资收益，上市公司的资金被白白占用!

当初看似声势浩大的资产重组，一番折腾过后，漏洞百出，留下许多闹剧。于是有关人士质疑万恒置业的实力，怀疑资金“左口袋出，右口袋进”，要的是金蝉脱壳、空手套白狼的把戏。起始拿钱出来重组ST寰岛，却在取得了上市公司控股权后，又以各种对外参股、投资的名义将款转出去。对于这种让人疑窦丛生的重组行为，投资者一定要时刻警惕，以防掉入陷阱。

重组背后就是阴谋一场

重组既然是一场阴谋，可想而知它的路径设计必定是违反经济规律的，客观上是损害投资者利益的。下面我们来看看ST科健的重组，披露其阴谋下的游戏规则。

ST科健共有股本1.5亿股。如果ST科健对新东家定向增发5亿股，那么新东家就会将自家旗下的5个房地产公司（估价为24.8亿元）置入ST科健；不过接受重组的先决条件是，新东家必须将所获5亿股股票中的1.1亿股无偿赠予21家债权机构，他们则放弃31.4亿元债权，即“债转股”；完成重组之后，ST科健的总股本由原来的1.5亿股增至6.5亿股，新东家持有3.9亿股，占总股本的60%；21家债权公司将持有1.1亿股的股份，加之原持有的6460万股，21家债权机构共计持有1.75亿股，占总股本的26.9%。

对于上述情况，以加减法计算，如果重组后的ST科健复牌股价上涨到17元以上时，21家债权人的31.4亿元债权便可全部收回。而且，新东家完全不需要花费任何真金白银，只需主观“估算”一下自己旗下的5个房地产公司，就可以名正言顺地将ST科健收入囊中。

试想一下，既然重组操纵方与新东家都成了大赢家，那么，在上述游戏中，究竟谁是输家？谁是最后的买单者？答案是“市场”。其实，这样的答案太抽象了，应该说：是股民！因为股民才是最终的接棒人。

目前，有一种非常奇怪的现象就是企业一重组，投资者都来认购股权，而不是根据企业本身的管理水平与盈利能力。作为一个投资者，你真的确定重组后的企业能按照市场规律来运作吗？其实，一切都是未知数。所以，有人说垃圾股重组后仍然是垃圾，这句话一点不为过。

虚假“买壳”实则“圈钱”的手法与根源

如今，虚假“买壳”实则“圈钱”的黑幕是层出不穷，那么在重重的迷雾之下，它们的手法和根源是什么呢？

◎ 借买壳题材抬高股价

如今，只要一传出某家上市公司要被别的公司买壳，其股价必然是直线蹿升，利用买壳题材来拉抬股价从而达到在二级市场上获利的目的已成为国内股市中一种比较普遍的现象。于是，对此有人做出了这样的评价：在我国的股票市场上，最不规范的是重组行为，最大涨幅的是重组股票，最有魅力的是重组题材，最名不副实的是重组资源。

◎ 买壳真假难辨

一些上市公司因为屡次的亏损，经营年年滑坡，为了避免退市的危险，保住上市公司这个壳，公司的相关人员不惜铤而走险，虚假注资，玩出“空手道”的游戏。

◎ 买壳是为了“圈钱”

某些公司在买壳进入之后，并不注重改善主营业务，而是想方设法提高该股的净资产收益率，使之能够达到配股和增发的标准；有的大股东则在买壳完成后，利用上市公司为自己“担保”或者“回购”来达到圈钱的目的。

其实，虚假重组行为之所以能够实现，有着非常深刻的体制根源和社会根源。概括起来讲，导致虚假重组层出不穷的主要原因有 3 个方面：

◎ 所有权的责任者不明确

目前，最容易成为壳资源的公司大都是上市时间较早的国有企业，而国有企业的所有者是全体人民，所有者职能不到位，企业缺乏监督。

◎ 多方利益共同驱使

对于买壳者来讲，在一级市场上花掉的钱，可以在二级市场上获取；

对于卖壳者，配合买壳者，不但可以保住企业的上市资格和地位，而且还可以通过跟庄在市场上博取差价；对于壳资源所在地的政府，不但可以通过保“壳资源”来保全自己的面子，而且还可以避免上市公司破产，一举多得。

◎ 财务监控不严密

财务监控不严密，使得某些上市公司不仅可以进行虚虚实实的资产置换，而且还能通过不等价交换、无偿划拨或冲销债务，甚至进行资产评估等达到虚假“买壳”实则“圈钱”的目的。

> 对于证券市场上出现这种违反市场原则的资产重组行为，给市场带来了极大的危害。重组的游戏，受害的多是中小投资者。虽然说重组是证券市场的永恒主题，但不应是永恒的骗人主题。因此，要积极推动真正的重组，打击虚假重组；要强化上市公司对重组信息的披露，严格监管和严厉打击利用重组操纵市场的行为。在重重迷雾之下，投资者一定要擦亮双眼，不要被迷雾所迷惑。只有走出重组的迷雾，才能成为战争的获利者。

当阴谋与公平博弈时，博弈到最后还是由市场来买单，也就说让股民来买单！

作为投资者一定要拨开重重的迷雾，不要被迷雾蒙蔽了双眼。透视黑幕的本质，才能在枪林弹雨中成为战争的最终胜利者。

5. 炮制“业绩”，意在“圈钱”

业绩是股市永恒的主题，然而有多少企业所披露的业绩是真实的？又有多少股民在一些企业所炮制的“业绩”中迷失方向，口袋一次又一次地被掏空？

任何时候，企业发展的指标都是业绩，它也是整个股市的核心部分。上市公司发展是否好，是需要凭借业绩来说话的，业绩的好与坏是股民判断投资方向的重要指标，也是上市公司培育股民对公司忠诚度的第一要素。由于中国股市的不少上市公司缺乏诚信，其业绩经常会让股民感到不安，失信公司在披露业绩时往往都与股民“玩太极”，业绩造假已经是失信公司带给股市的一大祸害。于是一些股民称，招股公告一张皮，圈钱过后难见披露真消息；上市挂出一杆旗，经营业绩始终都在玩太极。

为了避免做出错误的投资决定，进入人为制造的业绩陷阱，从而使一些人达到圈钱的目的，投资者就要具备锐利的眼光，不被那些利润神话所左右，从而做出正确的判断。

银广夏的“惊人”利润

一直以来，银广夏的利润神话都被人们津津乐道，下面我们来看看银广夏在没有被揭露前，其股价和业绩中一些令人炫目的记录：

1999 年，银广夏盈利为每股 0.51 元；而其股价则从 1999 年 12 月 30 日的 13.97 元启动，迅速上升至 2000 年 4 月 19 日的 35.83 元。在 2000 年 4 月 20 日实施了优厚的分红方案 10 赠 10 后，即进入填权行情，于 2000 年 12 月 29 日完全填权并创下 37.99 元新高，折合为除权前的价格 75.98 元，全年上涨 440%，高居深沪两市第二。

2000 年，银广夏的年报所披露的业绩再创“神话”，在股本扩大一倍的基础上，每股收益升至 0.827 元。

据银广夏的内部人员称，其利润神话源自其从德国进口的一种设备——二氧化碳超临界萃取设备。

首条 500 立升 ×3 的生产线于 1999 年 7 月在银广夏天津的子公司天津广夏试测并正式投入生产。根据银广夏的公告，天津广夏在 1999 年、2000 年分别向德国诚信公司出口萃取产品达 5610 万马克（约 2.2 亿元人民币）、1.8 亿马克（约 7.2 亿元人民币）。天津广夏据此在 1999 年创造的利润占银广夏的 75% 以上，2000 年更是包括了银广夏的所有利润。随后，银广夏又在芜湖和银川先后投资了两条 1500 立升 ×3 和一条 3500 立升 ×3 的萃取生产线，并且自称为“亚洲第一、世界第三的萃取基地”，前景看起来十分光明。

2001 年 3 月 1 日，银广夏宣告其与德国诚信公司签订了连续三年总金额为 60 亿元的萃取产品订货总协议。根据此合同推算，2001 年银广夏每股收益将达到 2 - 3 元！

但内业有关专家们普遍认为：第一，以天津广夏萃取设备的产能，即使通宵达旦运作，也生产不出其所宣称的数量；第二，天津广夏萃取产品出口价格高到近乎荒谬；第三，银广夏对德出口合同中的某些产品，根本不能用二氧化碳超临界萃取设备提取。

银广夏的同行表示，如果天津广夏真有如此大的出口量，按照现行税法，应向有关部门办理至少几千万的出口退税，并在财务报表上体现出来。事实却是：银广夏的年报中根本找不到出口退税的条目。有关人员从天津进出口退税分局查实，天津广夏却从来没有办理过出口退税。

据相关调查研究表明获知，银广夏从1999年开始在市场上散布的“利润神话”全系子虚乌有的编造，其出口额据公司自称在2000年达1.8亿马克，而事实上仅为3万美元；其签下60亿合同的德国买家自称为一家百年老店，但事实上是注册资金仅5万马克的小型贸易公司；其据称出口创汇创利的“超临界萃取产品”，在产量产品和价格上均被专家证实不具有可能性。

银广夏的欺骗性质非常恶劣，主要在于其为此项无中生有的神话不惜假戏真做，一掷亿金。尽管整个公司在事实上根本没有出现任何利润，但是银广厦却投资2.8亿人民币，于2001年6月在芜湖开通“超临界萃取”的生产线，从而向外界展示扩大生产之姿态。

有关部门在天津海关找到了最有力的证据：天津广夏1999年度出口额仅480万美元，2000年度更是只有3万美元。这充分地证明其所宣称的1999年出口5610万马克、2000年出口1.8亿马克的说法纯为编造，由此可知，银广夏在1999－2000两年间创造的“巨额利润”神话，完全是一个骗局。

2001年8月3日，交易所宣告银广夏紧急停牌，在后来的复牌后出现了连续15个跌停，创下了中国证券史上持续下跌的纪录。同时，证监会也展开了对银广夏的调查，银广夏涉案人员最终受到了法律的制裁。

在这又黑又深又阴的陷阱中不知陷进了不少银广夏的“兄弟姐妹”，包括大股东、老乡，也包括“萃取”同行，银广夏靠停牌暂时保住性命，但这些人却成了“替罪羊”。同时，又有多少投资者的钱被陷阱给吸取。

利用纸业包装业绩，大量增发A股意为“圈钱”

2005年1月11日，作为沪、深两市第一个正式披露2004年年度报告的公司——恒丰纸业每股收益0.53元，慷慨派现1400万，恒丰纸业在方方面面均显得四平八稳，业绩靓丽。但是，有关部门经调查却发现，2004年第4季度恒丰纸业的相关会计数据及财务指标出现异常增长，与四平八稳的年报风格差异很大。

◎ 各项指标在第4季暴增

虽然恒丰纸业在2002年和2003年每年的第4季度主营业务收入、净利润和每股净收益均较前三季度表现出下降的趋势，但在2004年第4季度主营业务收入、净利润、每股净收益比前3季度平均值分别增长了25%、16%和18%。与2003年、2002年的下降值相比，主营业务收入差异率分别高达26%和48%；净利润和以前相比差异率高达49%和96%；每股净收益差异率高达49%和98%。2004年前3季度，恒丰纸业平均销售收入1.33亿，第4季度销售收入陡增至1.67亿，净增0.34亿，增幅25%。这一增长额有如神来之笔，不仅使全年销售收入较上年度保持了良好的增长态势，同时使2004年净资产收益率达到了11.57%。同时，2002年和2003年的净资产收益率分别为8.86%、11.66%，从而导致3年平均净资产收益率达到了增发新股的要求。

◎ 增发新股方案，公司早有此想法

那么恒丰纸业的财务报表存在调节利润的巨大嫌疑背后的动机是什么呢？后来经有关部门调查发现，恒丰纸业于2004年4月20日就在股东大会通过了增发6000万股A股的议案，由此看来，公司在年报中安排好各项利润指标，就是为落实增发新股，为“圈钱”之旅扫清障碍。

炮制“业绩”，意在“圈钱”

一个又一个的企业在炮制“业绩”为“圈钱”做准备，那么它们又是使用什么样的手段达到“圈钱”的目的呢？

◎ 与战略投资者联合推高股价

一般而言，他们都会引进一些与公司业务没有直接关联的机构，作为战略投资者，双方约定持股下限为半年，在这么短的时间当然谈不上什么投资，联盟的目的是保障公司“业绩”，进而操纵本公司股价。

◎ 无利可图，毅然放弃主业转战股市

目前，在我国有83%的商品供过于求，17%供求平衡，基本上无商品供不应求的情况下，上市公司原本想在生产和销售中得到丰厚回报，未免费神费力，而恰逢股市空前活跃，于是将原筹资计划投入生产和开发的资金，转而用于炒股。

例如，在1996年、1997年和1998年，净资产收益率在10%以上的上市公司占总数的20%甚至更多，其中，许多公司的利润主要来源于非正常的营业，如在证券投资中或在关联单位中进行交易。

◎ 财务指标被控，使净资产收益率达到10%

根据有关规定，上市公司只有在净资产收益率达到10%时，才有资格进行配股，于是很多公司通过做好财务指标，使收益率达到10%，从而获得配股资格，而这种配股，就是为了“圈钱”。

> 出于利益膨胀，公司的要务之一就是将“业绩”做得好看，只有这样，集团利益才有保障，才能将广大投资者的钱放入自己的口袋，以达到“圈钱”的目的。作为投资者，一定要认清企业“炮制”业绩的真相，不要被“业绩”迷惑，保护好自己的钱袋，不要让其变成别人的囊中之物。

炮制业绩，只为圈钱，投资陷阱一个紧接一个。

只有突出重重包围，在保护好自己钱袋的同时让它越来越鼓，才能在迷雾重重的股海中立于不败之地。

6. 庄家玩出来的骗局

股票市场——一个强者主导的市场，“散户”终究是要被“庄家”打败的！那么，“庄家”是如何战胜“散户”的，“庄家”又采取了哪些骗术呢？

股市是一个异常复杂的地方，通常都是真相与假象混杂，馅饼与陷阱同在，主力手法真真假假，虚虚实实，似进实退，欲涨先跌，特别是一些庄家在撤退过程中经常采用各种骗线手法，以吸引跟风盘。下面我们来看看入市前一部分庄家与散户的对话：

庄家：等了这么长时间，我终于把你给盼来了，你就放心地在这儿坐着吧，不用想别的！

散户：我可以离开这里吗？

庄家：不，你甚至想都别想！

散户：你能让我赚钱吗？

庄家：当然能！

散户：你会赚我的钱吗？

庄家：那是不可能的事情，你怎么会有这样的想法？

散户：出货前你会告诉我吗？

庄家：一定会的！

散户：你会套牢我吗？

庄家：无论如何都不会！

散户：我能相信你吗？

庄家：哎呀！你都想些什么呀？

等你入市后他才会告诉你：你应该倒过来从下往上读，这才是实话。

盲目跟庄是一种冒险行为，有时一些庄家就是一个骗子，了解这些庄家的行骗招术，看清这些庄家的嘴脸，才能避免进入骗局。

庄家骗术揭秘

◎ 尾市提升，假进真出

一些黑心庄家利用收市前的一段时间用几笔大单放量拉升，故意做出收市的假象。该现象在每周的星期五最为常见，这些庄家把图形做好，吸引股评免费推荐，骗投资者以为庄家拉升在即，周一开市，大胆跟进。如果出现此类的操盘手法就说明庄家的实力很弱，资金不够充裕。这些庄家在尾市拉高，可广大的投资者连打单进去的时间也没有，庄家要的就是这个效果。

◎ 盘口委托单骗术

通常情况下，一些庄家最喜欢表演的地方就是证券分析系统中的三个委买委卖的盘口，当三个委买单都是大买单的时候，而委卖单则是两位数的小卖单时，一般人都会以为主力要向上提升了。这就是这些庄家要达到的目的。庄家引导广大的投资者去扫货，从而达到自己出货的目的。水至清则无鱼，如果一切都是直来直去，那么庄家拿什么来赚钱呢？这就是庄家的反向思维。因此要想在股市赚到钱，就必须跟这些庄家的步调一致。

◎ 涨、跌、停板骗术

一些庄家倾力将股价拉到涨停板上，然后在涨停价上封几十万的买单，由于买单封得不大，于是全国各地的短线跟风盘蜂拥而来，你一百股，我一百股，会有一两百的跟风盘，然后主力就把自己的买单逐步撤单，然后在涨停板上偷偷地出货。当下面的买盘逐渐减少时，庄家再次封上几十万的买单，以吸引最后的一批跟风盘追涨，然后又撤单，再次派发。因此放巨量涨停，十之八九是出货。在多数情况下，早上一开盘有的股票以跌停板开盘，把所有集合竞价的买单都打掉，如果不是出货，股价就会立刻复原，如果在跌停板上还能从容进货，绝对证明庄家用跌停出货。

◎ 盘口异动骗术

某些个股，一直走得很稳，突然有一笔大单把股价砸低 5%，然后立刻又复原，买进的人以为拣了个便宜，而一些没有买进的人也以为值得去捡这个便宜，所以积极地在刚才那个低价位上挂单，然后庄家再一次往下压，甚至压得更低，把所有下档买盘都打掉，从而达到皆大欢喜的结局。散户以为捡了便宜，而庄家为出了一大批筹码而高兴。其实，这只不过是庄家打压出货的手法的变异。

◎ 利用分析内部原因的弱点

一般而言，有耐性的庄家一次只卖 2000 - 8000 股，根本不会超过 10000 股，所以有的软件分析系统都不会把这些小单成交当作主力出货，只看作是散户的自由换手。在同一时间内，如果两个操盘手分别在两部电脑上分别输入不同的数据，按卖一上的委卖价买进 100 股，以及按买三的价格输入卖出 9900 股，然后同时下单，显示出来就是成交 10000 股，而且是按委卖单成交，分析系统会统计为主动性买盘。若出现这种情况，就须盯紧均价钱，如果显现出一主动性大笔买单，而分时均线却往下掉，就说明这一笔是假买盘，真卖盘。

◎ 强庄股除权背后的放巨量上攻

出现这种情况绝大多是由一些庄家对倒拉升派发。这些庄家利用除权，使股票的绝对价位大幅度降低，从而导致投资者的防备性降低，由于投资者对强庄股的印象非常好，所以在除权后低价位放量拉高时，都以为庄家再起一波，做填权行情。吸引大量跟风盘介入，庄家拉与派同时进行，庄家并没有拉高很多，已进场的没有很多利润不会出局，没有进场的觉得升幅不大可以随后跟进。此时，再加上一些无良股评的吹捧，庄家就在散户的帮助下，把股票兑现为钞票，顺利地逃出。

作为一名投资者，只有透过现象看本质，你才不会被庄家所骗！

看清庄家的嘴脸

在多数情况下，一部分庄家炒作股票，都是为了低位买进，高位卖出，以便从中获取买卖差价。这就需要“黑庄”们在股票低价时诱骗散户卖出；在股票价格被拉高后，使散户高位接货。

◎ 股价处于低位时的一些庄家手段

1. 以独享权益作为诱饵，拉拢上市公司及相关中介机构，要求其发布不利于股价上涨的消息。

2. 制造恐慌骗钱。一般而言，如果庄家买入的股票达到一定的数量，股价就会呈现一定的上升趋势。“黑庄”为进一步降低成本，减少短线跟风者，可能集中力量，大量抛售，使股价迅速下挫，甚至跌穿重要支持位，再在下面挂上买单，尽收散户因恐慌而亏损卖出的廉价筹码。

3. 制造一些虚假的成交量。“黑庄”可能结合骗线，在低位时制造一些价增量缩、价跌量增的假象，诱骗散户尽快卖出。

4. 利用中小投资者的惯性思维，操纵股价走出与当前广泛被关注的高位下跌股票类似的图形，使投资者误以为股价将大幅下挫，从而低位卖出。

5. 利用如今技术分析方法被广泛运用的市场氛围，在低位因为收集筹码而股价小幅推高，或者股价小幅反弹时，将 KDJ、RSI 等被广泛使用的技术指标做高，使散户以为超买，低位出局。

此时，投资者一定要对上市公司的报表进行认真的分析，并与同类上市公司的股价进行比较，确认股价是否被相对低估，而不应被股价走势的一时表象所迷惑。

◎ 当股价处于高位时，一些庄家的手段

1. 在双方共同利益的作用下，上市公司会配合庄家的炒作要求，在外发布一些好消息，使散户误以为该上市公司的股价仍将上行，从而高位接货。

2. 利用形态。在高位营造出美丽的上升形态时，就好像上升的三角形、向上突破等，使一般的投资者误以为股价会加速上扬，而一旦追入，可能很快被套。

3. 通常情况下，如果庄家想要达到高位顺利出货的目的，更多的是在大幅、快速拉升（股价可能超出其目标位很多）之后，主动下调，在其出货目标位附近盘整。较长时间的盘整之后，很多投资者可能已经忘记其所处价位仍然很高，误以为通过长时间、较大幅度的调整之后，已经处于低位。这时如果庄家再通过对倒，放大成交量，并辅以价升形态，则会使众多的投资者以为底部放量，匆忙买入，正中庄家下怀。

在如火如荼的股市中，正是因为有了庄家的炒作，才会出现蓬勃的生机。随着证券市场的发展，庄家的炒作技巧飞速发展，导致投资者追涨杀跌，结果自然是以庄家的全身而退告终。广大投资者一定要了解庄家行骗的手段，识别哪些是庄家玩出来的骗局，哪些是他人挖好的陷阱等着你往下跳。不盲目跟庄的投资者才是理性的投资者，在高手如云的股市，只有充满理性，才能赢得一线生机。

为什么在一轮又一轮的投资浪潮中，庄家总是最后的赢家？这是值得每个投资者都要考虑的问题。

为什么总是走不出庄家所设的圈套？是什么原因让你一次又一次地上当？

只有了解“黑庄”的惯用伎俩，才能逃脱他们的魔掌，走出骗局。

第八章

正视红海，雾里看花创蓝海

股市是一个红海，在这个红海里，有的人流血。但是总有人能独闯这个红海战场？什么样的眼光才能让人们看清股市？又是什么样的眼光让他们在红海中开创蓝海？

（蓝海，简单地说就是价格以外的竞争，多指出其不意的构想而带来的利益增长点。再简单地说，就是未知的市场空间。）

> 股市中，一种掘金理念的诞生，就代表一种投资方式的问世。在炒股成为潮流的今天，你方唱罢我方登台，一方守擂，一方攻擂，谁是最后的擂主，谁就能在股市中开辟自己的蓝海。

1. 股市中，有输必有赢

输家？赢家？在股市凭借什么去论断？成为赢家的人是如何凭借自己的与众不同走出输的困境的？这是一场什么样的争夺演义……

股市的变化多端，往往让人措手不及，在这里根本没有行家和专家之分，进入股市的最终结果只有两种：赚钱或者赔钱，也就是人们经常在股市看到的赢家和输家。作为一个股民，最终赚钱了，就是赢家；反之则成输家，没有其他的说法。

输家与赢家是股市中出现的必然结果，只要你还没有从股市出来，手上还有股票，就不能算是赢家或输家，即使你手上的股票市值已经远远高于当初买入的成本价，也不能算是赢家，只能说没跌，只有等你从股市出来并不再进入股市以后，才能分出输赢，看看到底是赚了还是赔了。许多股民为了让自己的投资有所保障，都喜欢征求股市专家的意见，其实没有所谓的专家，股民自己才是最大的专家。换句话说，股市中如果有专家的话那也是你自己，但最终的说法还是两家：赢家和输家。

股市中的赢家与输家

在轰轰烈烈的牛市大赚一笔后，巨大的财富效应使人们意识到应该积极行动起来，通过股票投资分享优秀企业的成长。可一旦涉及股票，人们还是会感到心里没底：就凭自己的那点资本和眼光，怎么敢去投资股票呢？普通人有能力投资股票吗？种种疑惑丛生，让许多人对股市望而却步。其实股市中并没有绝对的输与赢，了解了以下几点，在股市中你才能大胆投资，轻松赚钱。

◎ 聪明人不一定就能赚钱

股市中赚钱是成倍的，但风险也是成倍的，是投资还是不投资的问题让那些自认为对股市什么都了解的人对它有了一种畏难心理，这种心理怎么能做好股票投资呢？其实，恰恰是平常老百姓投资股票才有优势。股市投资专家认为，股票投资最大的敌人是“三高”：高智商、高学历、高职位。当然，并不是说高智商的人不能投资股票，而是说高智商的人在投资股票时会有诸多障碍，这种人往往认为自己能把股市的大走势判断得清清楚楚，所以很难听从别人的意见，认为对他所投资的企业看 K 线图就看明白了，以为别人都不如自己，从而让自己处于风险的顶端。还有的人喜欢不断地追涨杀跌，觉得自己有聪明的研判头脑，结果往往市场就给这样的人不断打巴掌。诸多事实表明，高智商人士的最后下场并不见得很好，因为他们过于自以为是，总认为随自己的意愿就可以操纵股价、散布内部消息、甚至违规坐庄，眼高手低，不给自己实践的机会，可以说，这样的人想成为赢家只能是痴人说梦。所以说有时候觉得自己智商低，才能把自己的身段放下，老老实实地按照客观规律办事，按照股票的基本原理做事，这样反倒能有较大的收获。

同样，股市中出现的高学历人群的问题更大。很多人认为买股票肯定是懂经济的、最好是得过诺贝尔经济学奖的人，他们的优势最为明显。而实际上有许多诺贝尔经济学奖得主却是不擅理财，甚至是一生清贫。因为投资理财并不是一门高深学问，它来源于你身边的生活常识，不用钻到象牙塔研究20年才能知道它是怎么回事。这样话题就来了，高职位也一样是投资的敌人。职位越高的人多是将钱财交于旁人打理，无论是赚是赔他一无所知，因为他对股市的行情根本就不了解，这就好比一个大老板和他家的保姆同时去菜市场买菜，那肯定是老板被宰，因为他根本不知道行情，投资股市也是同样的道理，对股市什么都不了解的情况下，职位再高也不能做好投资。

◎ 真正的股市专家是百姓

股市中许多人投资都依赖于股市专家，其实投资者本身就是自己的投资专家。现在证券公司有些行业或企业分析师，他们在普通股民眼里都是专家。但是人们不知道的是，在他们眼里，老百姓才是真正的股市专家。很多分析师都喜欢跟老百姓探讨，比如您觉得这三个银行你愿意用哪个银行的信用卡；您觉得这三个超市哪个更便宜，愿意去哪个……然后他们把老百姓的意见形成汇总，总结出一个几万字的报告：中国老百姓消费偏好是什么，喜欢喝什么、吃什么，什么东西会有长期发展前景。所以对投资者而言，股票投资就是在证券市场投资一个个鲜活的企业，投资者要看的是它背后蓬勃发展的企业，应该透过股票的现象看到它的本质。而老百姓对于哪个超市的奶好喝，哪个航空公司服务好，哪个银行服务便利等生活方面的了解是最全面的，那么如果这些东西都在股票市场上市，你就可以判断哪个股票可以长期持有。所以对普通投资者来说，这种优势是那些高智商高学历高职位的人所不具备的。

◎ 买股票三个误区要绕开

许多人在股市呆的时间长了都会养成自己的买股习惯，而最常见的就是：一是研究K线图，二是听小道消息，三是看专家怎么说的，专家说好就跟专家买。其实这三点并不完全正确。从古到今投资成功的大师，没有一个是靠画图形，看K线图发财的，靠着这些东西实际上一开始就和企业的发展割裂了，不可能有长久的效果和生命力，所以第一种习惯是不正确的。另外，消息都是由于股票的短期波动而传出来的，长期的企业发展不用消息。正常的一些消息渠道我们要相信，但道听途说，依赖一些小道消息只会让自己走进投资误区。既然前两点都不成立，许多人或许会问：听专家股评能不能发财呢？其实专家是股市一个笼统的概念，每个人都有自己的想法、素质和水平，人们根本没法评判专家的观点对错，这比选股票还难，所以何不直接选个股票？再说股市无专家，只有赢家、输家，听股市专家的还不如直接看输家赢家的变换招术。还有就是专家即使提供了正确的建议，但专家不会跟你一辈子，如果哪天他们的观点变了，但是你没跟踪他，结果大势变了，你就赔进去了。所以听专家的股评就像抄作业一样，自己不用思考，哪天没了这个拐杖，考试怎么办？所以在股市不能一味地听专家的意见，只有你才是自己命运的主人，才是成为赢家的根本。

股市中，输是成为赢家的开始

股市中赢家与输家是绝对相对的两方人马，每个成为赢家的人都是在输的过程中吸取经验，靠一点点的累积才走上了赢的道路的。所以说输是成为赢家的开始。一般而言，沦为输家的人多是以下几种类型的人：

◎ 主导消息型

之所以说是“消息主导型”，主要表现在开盘之前，有些人总会先要问今天有没有什么消息；在开盘之后，一旦股市有所异动，他们首先想到的也是消息；收盘之后，大量的时间，用于查看股评，各家网站，一个不漏。他们选股的标准，也是以“消息”作为主导，要么是“证券公司”的朋友推荐，要么据说是有“庄家”正在运作，总是根据消息的变动，而忍不住手痒。至于对股票本身和大盘的研究，他们投入的精力相对较少，或根本没有。在牛市中，他们期望骑上太多的黑马，频繁换“坐骑”；在熊市中，他们也始终没有停下脚步，孜孜以求，在总结失败的原因时，熊市总是他们最好的借口。

◎ 浮光掠影型

这种类型的投资者，多是知道消息不可靠和消息的危害的人。他们超越了“消息型”，开始走向自我研究。然而由于硬件条件或时间等因素的限制，他们的研究又多是粗浅的，不愿投入太多的精力。对于股市的K线图，他们似懂非懂，却将似是而非的技术指标广泛地运用。这是股民占较大比例的阶层，也是熊市中普遍的牺牲者。对于这种类型的人，没有人能苛求，毕竟不可能让多数人的业余爱好变成专业人士，让股民成为专家。股市的长期向好，是广大投资者赚钱的根本保证，浅尝辄止只会让你在输的边缘徘徊。

◎ 追涨杀跌型

这种类型的投资者大都自认为自己炒股的水平很高，在研究上相对投入了较多的精力。但由于投资理念的误区，他们的精力主要用于短线投资，因此研究的重点也是短线走势。他们已经掌握了一些“绝杀”，但因为走进了投资的误区，对于K线的精髓，他们还是一知半解。牛市一来，他们或许可以十分有限地赚钱，但熊市一到，他们便将大部分利润早早还给了市场，有的甚至倒贴。一年下来，他们为证券公司贡献得最多，得到的却最少。

每个赢家都是在输的过程中摸爬滚打出来的，以上所说的几种类型他们也大都经历过，也大都是从上面所提到的投资者中演化来的。一再赔钱之后，只要痛定思痛，潜下心来，认真总结分析股市行情的得失成败，比如对操盘股票的总结，对大盘底顶转折关头的要点分析，对大牛股启动前后整个过程的反复分析领会。在详细研究了板块与大盘之间的关系后，大量熟悉底部形态、洗盘形态、震仓形态、头部形态、下跌形态等。时间长了就会有“开悟”的感觉，对股票和大盘有了洞若观火般的感觉，领悟了K线中蕴藏的人之思维的本质，并对自己的操作有了客观评价和正确定位。正确融合短线和中线技术，准确把握大盘和板块的“火候”，形态各异的K线在他们眼中变得“举重若轻”，这样才能在下一波行情中成为真正的赢家。

股市中输是赢的开始，成为赢家必须先要走过输的阶段，没有人例外。股市中没有天才，有的只是辛勤的工作，深刻的领悟。股市不会偏袒任何人，机会总是钟情于有准备的头脑。输是赢的准备前提，只有在输中学会变动思维，积累股市的思维变动，你才能真正成为赢家，在自己营造的海洋世界里畅游无阻。

股市中，并没有绝对的输家和赢家。输与赢本身就是对立的，在股市中只想着赢，只会让自己在输的时候一蹶不振。每一个成为赢家的高手都经历过输的过程，并在这个过程中品尝了股市中的酸甜苦辣，锻炼自己的投资模式。股市变幻莫测，想要在股市战争中占有绝对的主导地位，拥有能输的气度，能赢的气魄，变输为赢也只是一瞬间的事而已。

股海之中，有输必有赢。输与赢，本身就是一个很难解决的命题。身在股市，输与赢是最常见的现象，是推动股市战争发展的动力所在，但没有准备赢的魄力，你在将要赢时只会输得更惨。

2. 股市，不论手段能赢就是高手

股市中的尔虞我诈时刻存在，每一种手段都是一种新的思维模式，但不管玩弄什么样的手段，你能赢你就是高手！

股市风云，变幻莫测，掌握股市命运的，不是夸夸其谈的股评家，也不是知识渊博的经济学者，而是能够脚踏实地在市场中搏杀，能够在风云变幻的市场中斩金夺银，能够无视行情的冷暖而在市场中屡屡获利的投资高手。这些高手之所以能在股市中如鱼得水，主要凭借的就是他们敢于打破正规的思维模式，拥有常人所没有的独特头脑。

股市中可以说是高手如云，众多的职业高手凭借着各自的真知灼见，在市场中取得丰厚的收益和辉煌的成就。由于中国股市有着许多与众不同之处，这些高手能够根据中国股市独有的特点，采取适应性的投资策略和技巧，因而他们的实战经验更加符合中国股市的实际情况，从而更具有现实借鉴意义。要取得像他们那样的成绩，改变思维模式是首要的选择。

高手弱市赢钱法则

每一个身在股市的人都应该知道这一点：市场动荡，又不能做空，股票越来越难做，所以你必须有自己的交易策略。成功并非偶然，股市中偶然的机会也并不多，要在股市中成功投机取巧是不可能的，真正有实力的高手多半会凭借非一般的思维去创造自己的成绩。当然在其投资的过程中也必然有自己的生存法则。

◎ 法则一：快速度进取，坚决止损

股市中真正有雄厚资本的高手，只有在上升通道中，才会考虑持仓几天，否则基本上都是当天进第二天出。一旦发现自己判断错误，止损时从不手软。这就好比在股市中所说过的鳄鱼法则，熊市张着血盆大口，一不小心就把你整个吞进去，所以在炒股时要有壮士断腕的勇气，止损是让你在这个市场中存活下去的重要法则。

◎ 法则二：选准时间出击

高手一般多是用心观察股价跳动的结果，看得多知道得多当然也就想得多，他们大多会每天紧盯盘面，随时刷新涨幅榜，发现某板块特别强势时，会重点关注其龙头个股。如果发现量价配合理想，会在第一时间进场。如果龙头股被发现时价格已高，会继续等待时机或买进次龙头股。龙头品种往往意味着资金追逐的热点，并且一般来说流动性好，不存在买了后卖不出去的可能。除此之外，在他们看来注意板块的轮动特别重要，每个阶段都会有其不同的热点。

◎ 法则三：时刻关注信息

股市中的竞争者多是分秒必争，时间在他们眼里有着别人所不及的概念。股市中的高手多公认为每日上午十点半，以及下午两点半，是非常重要的两个时间点。因为在他们看来这两个时段通常能够确立当日的股市走势，并且多半会在这两个时间点进行操作。另外，对于股市的涨停板，他们则很少去追，如果发现得早会考虑，但如果发现时已接近涨停，一般不会去追。因为有些主力喜欢在涨停板上出货，特别是弱市中，多半会看到有些股票当天涨停，第二天跌停。对于高手来说，这就是他们在股市的乐趣。

步步为赢，高手在股市

纵览股市的发展历程，股民在回顾股市行情时，普遍感到心寒，股民的收益情况，也大多不乐观。但仍有一部分投资者凭借自己独到的投资理念取得不错的收益。下面总结的是几位收益景气的投资高手的情况，看看他们的投资经验和投资思路，或许对大家有一定的帮助和借鉴。

◎“三止原则”抵御股市风险

炒股高手李新伟曾对自己在股市成功做过相关总结。他之所以能够战胜频繁出现的弱市，并取得良好的收益，关键在于他时刻奉行“三止原则”，而这三原则多指：止损、止赢、止平。如果个股趋势走弱，无论亏多少也坚决止损，不让损失进一步扩大；如果盈利达到自己的心理价位，就坚决止赢，不管后面还能涨多少；如果操作一只股票本来是能盈利的，后来突然下跌，当价格跌到保本点时，坚决卖出，绝不让可以盈利的股票变成套牢的股票。而他也多是凭借这“三止”，阻止了投资亏损，保住了自己的投资成果，从而在弱市中盈利。

◎ 无视牛熊市，选股才是制胜利器

股市高手张琪莹也有自己独特的思维方式。股市中大多数股民都很重视大盘的涨跌，可是在张琪莹眼里根本就没有牛市和熊市的概念，她认为炒股关键在于选股环节。如果选股不正确，就算是有牛市也未必赚钱；如果选股正确，熊市也一样能赚钱。她的独特思维方主要体现于她敢大胆买进，在她买进的中兴通讯、中集集团、上海机场、海油工程、东阿阿胶等走势完全独立于大盘，当大盘指数跌去500点时，她所买的这些股票照样赚钱。所以，大盘涨跌是次要的，个股能否涨跌才是投资的重点。另外她还事先表明将重点关注中小板公司，因为中小板的分配潜力巨大，是目前未分配利润和资本公积金最充足的一个板块，预计在股市的发展中，中小板公司分配实力的储备最强、分配的欲望也最强、实施高比例送转方案的可能性也最大的时期，其中必然会诞生出黑马个股。

◎ 波段操作短线是金

高手李博立也同样有自己的投资选择与方式。虽然他的账面上曾经连续出现赤字，但总的投资收益却很不错。甚至有一年还是全线被套，当时已经没有多余的资金投资股市。为了盘活资金，他只得卖出一部分股票，等跌深了再买回来，反复地进行波段操作。另外，还将一些涨升无望的个股果断斩仓，空仓出来的资金也全部用于波段操作。没想到这种操作方法让他取得了不小的收益。总结今年的投资成果，在他看来，像他这样的散户大可不必太关心股市长远的走势，选几只自己非常熟悉的股票，跌深了就买，涨高了就卖，一年累计下来盈利还是非常可观的。

◎ 七年炒七次，步步为赢的民间高手

高手刘锋周也有常人不可忽视的思维方式。他有多年的炒股生涯，没有哪一年是亏损的，用他自己的话说自己没有什么过人之处，而是总结了股市的三大规律。第一是，股市每年在岁末年初的一段时间中都比较萧条，不仅中国股市有这种现象，即使在国外成熟股市中也常常有年底行情较低迷的规律存在；第二，中国股市每年的上半年往往都会发动一轮强势行情，从1995年至今，无一例外；第三，年初的指数始终不是最高点，无论股市涨跌情况如何，只要在每年的年初买进，那么在当年的行情发展中就一定有数百点的上涨空间可以获利。因此，刘锋周会在岁末年初的一段时间采用分散投资的方式，一次性买入不同品种的股票，当指数上涨数百点之后，无论个股盈亏，一律清仓卖出。这是他一直保持年年盈利的方法，也是他独特投资理念下的产物。

◎ 把握规律，稳操胜券

股市高手的群体有很多，民间高手是最不可忽视的一大群体，高手王芳惠就是其中一个。她的盈利方法主要是来源于两次准确抄底操作中。第一次是股市连续五个月下跌，这种情况通常是极为罕见的，历史上仅出现过两次。第二次，一是月K线五连阴诞生了325点的历史大底，二是月K线五连阴产生了512点的历史性底部。所以，她在年底是选择全仓抄底，结果在次年一季度获取了丰厚收益。第二次是股指再次形成月K线五连阴时，她又一次大胆建仓，买进还没几天，管理层就发表重大利好讲话，结果她在五天内的投资收益超过了之前的收益总和。

总结各位投资高手的经验，发现他们都很善于透过市场表象，认清股市实质，善于总结和运用市场规律，根据股市的变化大胆运转思维，做出各种适应性操作，从而取得良好的收益，而他们的诸多方法对于在股市中赚钱的股民朋友一定会有所帮助。

> 股市是高手过招的场地，实质的刀剑相向已经被虚幻的思维斗争所替代。股市是投资者的天地，投资需要头脑，需要一种新的投资理念，需要一种全新的思维方式。思维是决定投资方向的导师，股市中投资是否成功大多取决于高手的手段是否高明，一种思维一种手段，无论思维方式是守旧还是独特，有能赢的手段你就能成为股市中的真正高手。

股市中“不论手段，只要能赢”已经成为一种新的投资理念，用独特的思维玩弄高明的手段是高手的一贯行为方式。

做个股市高手，用高超的手段成为股市王者。

3. 国内外投资理念的转变

新理念，新思维，股市每一次投资理念的转变，都意味着一种思维的诞生。

洞悉国内外投资理念的转变，拥有全新的投资理念，为你的投资之行开道！

股市中要想正确地做好投资，就必须拥有不一样的思维方式，敢于打破常规模式营造属于自己的投资天地，拥有自己的投资理念才能在不拘一格中不随股市的潮流走。投资理念介于投资理论和投资概念之间。每种投资理念都是特定股市环境下的产物，它的存在有其自身的合理性。同样，任何投资理念都不是十全十美、放之四海而皆准的，由于人与人的思维方式不同，所以他们也都各有其特定的适用条件和适用范围。回顾美国股市和我国股市主流投资理念的演变，对人们思考未来的股市热点是什么、正在酝酿和培育新的主流投资理念将会是什么等等问题将不无启迪。

美国股市投资理念的演变

投资理念是投资者在股市的必要依据，它的发源地就是最具创新活力、最发达的美国证券市场。20 世纪的多半个时期，基本分析学派一直是许多发达国家成熟股市投资理念的主流，而它所发展出的两个主要分支就是内在价值型投资和成长型投资。在他们看来，前者投资股票的目的主要是为了每年收取现金红利，股票内在价值是未来现金流的贴现。而后者购买股票的目的主要是获得价差收益，但其前提是假设以往主营收入与利润增长良好的公司将来也会继续保持高增长的势头。过去的一系列经验也相继证明，股民在过度追高成长型股票而造成幻想破灭后，势必又会返回到稳健的价值型投资的老路上。如此的循环往返，周而复始，使得投资理念也开始表现出周期性的循环规律。

每个年代的发展都有其周期性，股市与他们在这一点上也有所相同，处于高增长期行业的高速增长的热门股在股市上呈现出与时俱进的特征，而每个时期的主流概念股都有其代表的主导产业，而每个时期的主流概念都在无声的演变，如 19 世纪末期的主流概念是铁路股；19 世纪末 20 世纪初钢铁股则占据主导地位；20 世纪 20 年代汽车股则成为股市中的宠儿；20 世纪 50 年代新材料类股又成为抢手货，这类股主要以铝业股和玻璃纤维股为主。

随着经济的飞速发展，投资者的投资理念也随着股市主流概念的转变而开始出现转变。

20世纪60年代初期，因大批投资者对股市前景的美好憧憬而使得股价开始飞涨，并使得与高新技术相联系的电子工业股和塑料股开始崭露头角。并使得传统行业5－10倍市盈率规则被50－1000倍取代，甚至连稳健增长的IBM也达到80多倍市盈率。与此同时，以市盈率为核心、注重未来现金流预测的稳固基础理论也让位于注重投资者心理因素、“高买高卖、顺势而为”的空中楼阁理论。为满足投资者对股票饥渴如狼的需求，1959－1962年发行的新股也纷纷涌现。电子狂潮过后，成长股、绩优股依旧逃脱不了暴跌的灾难，高于大盘的平均跌幅。20世纪60年代中期产生并购浪潮，其主要动力是兼并导致股票收益的增长，其中的计策并非企业经营管理水平的提高，而是财务或金融策略，这就是股市中常见的资本运作。

20世纪70年代上半期，美国股市因“石油危机”导致石油股股价暴涨。同时，公众经过对概念股崇拜理念将近10年的洗礼，重新开始投资于拥有令人折服的增长纪录的蓝筹股，由于其总股本大而流动性佳，持续增长的股利使得投资者采取了等待长期收益的谨慎行动。IBM、柯达、麦当劳、可口可乐和迪斯尼等股票也被称为“一锤定音”股，股民大都认为任何时候购买这些已经被历史证实的成长股都不会错。

20世纪80年代，新一轮的技术革命唤醒了人们对改变未来经济发展和社会生活的高科技的幻想，也使得人们在60年代的概念股炒作理念的复苏。以基因工程为基础的生物制药技术的转折性突破，使得生物制药股狂涨，但其结果还是根据市场自身来消化自己吹起来的泡沫，在这个年代的中后期，大部分生物技术公司的股票都狂跌了75%左右，即使市场在多年后得到复苏也没能使其恢复原状。

20世纪90年代股市的发展可谓是激动人心。这个时期出现“亚洲四小龙”热，使投资基金经理对新兴国家股市振奋人心的发现和巨大增长潜力的预期，加之对该股市风险了解甚少，直接推动了股票投资的国际化，但因1997年亚洲金融危机的爆发而崩溃。在这个年代的末期则是以IT技术和互联网为代表的新经济概念股的狂飙，市盈率逐步被市梦率替代，并使得后缀为“. com”的网络股股价以点击率的增长而上涨。

在投资理念发生演变的每一个周期中，投资者对股票评价的风格和方式在股票定价中起到了关键作用，从而奠定了该时期的主流投资理念。一般来说，市场投资理念的周期性改变和股市筹码结构的调整过程是很相像的。通常，主流概念股就是成长型投资的必然产物，在进行过度投机、疯狂炒作时，势必会造成市场大量抛售价值型股票，价值低估的股票被更积极、坚定的投资者所持有。当成长型股票退居二线时，往往又会矫枉过正地迈向另一极端，回到能分配现金股利的传统行业，即看得见收益的价值型投资。一旦市场筹码结构转变的调整完成或时机成熟之后，下一轮新的激动人心的主流概念股或周期启动就又开始了。这种周期性转换在任一国家和地区都是合乎逻辑的，因为与股市博弈的利益矛盾或盈亏结构很类似。

国内股市投资理念的演变

国外股市的投资理念在发生演变的同时，国内股市的投资理念也在发生着不可忽视的变化。我国股市的发展是从1990年末的深沪证交所成立开始的，处在“摸着石头过河”探索的阶段。在1996年以前，也基本上是一个袖珍股市，沪深两地的本地股占很大比重，供求关系严重失衡，一些超级大户联手在市场上翻云覆雨，股指波动极大，另外还有与当时房地产热相联系的房地产股，其共同的投资理念取向是高送配偏好，1993年2月到达高峰。而“三无概念”股的高送配一直延续到1994年，在大盘弱势的条件下，仍受到投资者的热追，使得股份的市盈率一度高达2000多倍。这时的公司股价与其基本面完全脱钩，股价的涨跌只是筹码的集中和分散过程，公司之间的股价比较，除了控盘程度之外，没有任何标准可遵循。个别的庄家凭借信息和资金的优势在股市上惹是生非；而散户则四处打探消息和依靠技术分析奢望能与庄家共舞。从台湾股市引进过来的技术分析方法大行其道，并立足于行业与公司分析的基础分析，仅为少数有先见之明的券商所采用。

1994年下半年，高送配题材炒作基本告一段落。但投资者所特有的高风险投资理念并没有改变，国债期货恰好符合了大众的胃口。很多股市投资者将资金转向期货市场，造成了国债期货和商品期货的一时风光。1995年国债期货在“327”事件后不再交易，商品期货市场在整顿中萎缩，中国资本市场第一次全民投资狂潮宣告结束。

1998年，绩优股股价由高位逐渐下滑，随之股市对绩优股的信心也大减，而小市值重组概念股则成为主力机构和一般投资者力捧的焦点。另外，因为小盘股流通市值较小，股本扩张潜力较大，业绩不难包装，多重组为科技股以招来市场的重视。虽然1998年大盘表现欠佳，波幅是最小的，但一些重组股的涨幅并不低于1997年的大牛股。

2000年，成长型投资理念正应了那句“盛极而衰”的真理，开始走下坡路，而重组股的魅力却依然不减。这年年初以综艺股份、上海梅林、海虹控股、中关村等网络股一飞冲天，将崇尚成长的投资理念发展得可谓是淋漓尽致。在此之后的环保概念股和生物制药概念股也各领一段风骚，各种以科技、高科等命名的上市公司也已屡见不鲜。随着NASDAQ市场网络科技股泡沫的快速破灭，中国股市的高科技概念炒作也随之夭折。随后的以深南玻、泰山旅游、ST深安达等组合的重组股则成为世纪之交的主流股。

2001年，股市同样是风云变幻，股指虽然在上半年创了新高，但在下半年却一路下跌。投资理念呈现多元化，基金投资也将集中投资成长股改为分散投资。管理层对有关资产重组的规章制度做了修订，提倡实质重组，抵制报表重组，加强市场监管，从而使得重组概念股的表现大不如前。尽管小盘次新股在一定程度上填补了市场炒作的空白，然而受大盘抑制，涨幅、波幅比起以前也不佳。股市正时刻面临着新的投资理念的孕育、转换和过渡，当筹码充分调整到积极坚定的投资者手中时，新的周期就会到来。

综上所述，证券投资基金就是股市主流投资理念的引导者。不论是新行业，还是新兴股市投资，抑或是向国内绩优蓝筹股投资，基金始终伴随着先进的产业理论和管理思想，走在经济发展和改革的最前沿，领先于经济周期。由于资本的驱利性以及对投资领域的高度敏感，才能始终引导社会资金流向回报最高的产业和公司，一旦遭遇阻力便会自行调整，还可充分发挥证券市场优化资源配置的功能。

无论是国内股市还是国外股市，都还处于发展的初期，政策市和消息市的特征鲜明，公众的投资理念还没有完全成形，内容也不明确。股市的博弈局面是庄家与散户的对垒，散户热衷于技术分析以图发现庄家的踪迹，而庄家更重视筹码的收集和派发，市场投机气氛浓厚，投资者普遍偏好高风险、高成长股，并以此获得高收益。真正树立理性的价值投资理念，并得到市场认同，但在绩优蓝筹股投资成为市场主流，在创造蓝海的路上，还有漫长的路程要走。

> 每个人都是独立的个体，思维方式当然也会有所不同。随着股市的起伏发展，国内外商家投资理念也会随着改变，如果保持常规思维模式，只会让你更快地被踢出股市这个投资场所。随着国内外投资理念的转变不断更新思维方式，对你的炒股之路只会有益无害。每个人的思维都是跳动的，如果让自己的思维跳入条规条款的束缚，墨守成规，你最好还是早些离开股市。

理念取决于思维，思维决定理念。每一次投资理念的转变，都会有一次思维方式的创新，无论是国内还是国外投资，不懂得思维的改变，就没有投资方式的更新！

4. 做“股林”常青树，坚持价值投资

人们无数次听到“价值投资”这个词，那么，什么是价值投资？套用许三多的话：“我们要好好活，有意义的活着。什么是好好活？做很多有意义的事就是好好活。”所以我们可以将价值投资简单地理解为“投资有价值的东西”。

股民们曾经赞不绝口的歌曲《死了都不卖》，“不理会大盘是看好或看坏，只要你翻倍我才卖，死了都不卖，不给我翻倍不痛快……投资中国心永在，做股民就要不摇摆，不怕套牢或摘牌，股票终究有未来”。虽然充满了调侃的味道，但也诠释了一种炒股的道理——长期投资，与时间赛跑。

郭沫若说：“沧海横流，方显英雄本色。”价值投资也是在时间中彰显出其英雄本色。2007 年二季度以来，股市高位震荡，对投资者的眼光和心态来说都是一次严峻的考验。而在这个阶段调适中，苦熬了半年的价值投资者欣喜地发现手里的蓝筹股、绩优股竟突然狂飙起来，炒低价题材股者则被狠狠“教育”了一把。由此可知，一定要和时间赛跑，即坚持价值投资，不要过于浮躁。频繁短线操作，否则得不偿失。

坚持价值投资，做“股林”常青树，开创股市蓝海。

李驰的投资之道——价值投资

入市以来，从A股市场转战到B股市场，从美国市场炒到中国香港市场，再回归到A股市场，同威资产管理公司董事总经理李驰坦言自己多年的投资历程并不是一帆风顺的，中间也有很多投机的色彩，但现在他已经领悟到了真正的投资之道——价值投资。他表示，自己并非从一开始就悟道出价值投资，而是经历过多年磨砺才走上价值投资之路，在见证证券市场数次风雨之后，才真正成长为坚定的价值投资者。

如今，李驰通过同威资产公司将他的价值投资实践于资本市场，同威公司的核心投资理念、投资方式、投资风格也代表了李驰的价值投资实务。

◎ 投资理念

一般采取价值增长型投资法进行稳健投资，发现优秀企业，以合理的价格购得股权，与企业共同成长，进行中长期投资，以获取分红和资本利得。

◎ 投资方式

主要有三种类型，资产管理业务——主要投资国内及国际证券市场，以价值投资为原则，为客户提供专业资产管理服务；私人股权投资业务——主要投资拥有良好发展前景的企业，和企业一起成长，未来在海外或国内上市，同时也为中小企业提供融资服务；法人股信托投资业务——主要为境内外投资者提供投资服务和一些国内法人股代理投资服务。

◎ 投资方法

以价值投资为中心发掘成长股。重点关注发展前景广阔、管理制度完善、盈利模式清晰、经营稳健、主营收入和利润未来增长稳定、财务结构优良、市场特性活跃、主要产品在其行业具龙头地位或最具有竞争力的企业。

◎ 投资风格

1. 注意风险的控制。风险控制是投资时最关键的一点。遵循不熟悉的行业绝不投资，了解不透彻的公司绝不投资，高风险的项目绝不投资的原则。有效进行风险控制是成功投资的必要手段。

2. 集中资金投资。对于一些经过充分研究认证的项目，要集中资金投资。李驰并不认同金融界多元化组合投资可以降低风险的说法，他认为分散投资只能说明投资者对于投资的项目没有经过严谨的研究并得出必要的评价。对于看好的项目，集中资金投入以获得最大收益。李驰认为多元化组合投资是获得高回报的障碍。李弛的投资风格是风险控制第一，对于尽量去除了不确定因素的价值增长型公司，集中资金进行投资。巴菲特也曾说过：“目前基金界流行的多元化组合投资是无知的借口。”

但是一直以来，很多投资者都在怀疑：在市场波动中，价值投资是否在中国行得通。2006 年 10 月，指数在经过长达一年的单边上涨后，A 股市场变得越来越浮躁，无论你买什么股票，好像都可以赚钱，很多投资者将价值投资远远抛在脑后，甚至很多人开始质疑。

2006 年 10 月 17 日，在股市的嘈杂和浮躁中，李驰表示：“信则有”。为什么用如此玄的语言来讲价值投资呢？并不是他非要用，而是市场和大众太过于“不信其有”，信技术分析远胜于价值投资。看看那些财经书刊、报纸甚至是新浪博客，到处是会画线的专家，到处是预测明天大盘和个股涨跌的高手，其实人们并没有发自内心地信服价值投资，也没有真正相信价值投资理论有价值。所以，他才会讲“信则有”。

信则有：相信价值投资才会有永恒的财富；信则有：没有坚定的信念也就没有了明天的财富；信则有：没有“刚愎自用”式的自信，同样没用。信则有一点也不玄，可又显得很玄。与禅的境界是相同的，要用十年的时间才能悟到的。如果用十年的时间磨一把无人能敌的剑，十年的时间也是值得的。

通过李驰的这段话，我们可以看出：价值投资者的投资实践非常简单，只要你相信，就能赚大钱。

价值投资需遵循的原则

◎ 原则之一：内在价值——最接近的就是赢家

在人类历史上，有史料记载的、最早的财富交换出现在古巴比伦和古埃及国王之间，主要是以布匹、香料、家具、青铜器、珠宝和黄金进行交换的。在这样大规模的财富交换中，无疑蕴含着价值判断的逻辑在内。

确切地说，对价值的判断就是价值投资的前提、基础和核心。

在理论上，一家公司的内在价值就是其余下的寿命中可以产生的现金的折现值。但是这时又有了新的问题，一家公司余下的寿命到底有多长？

能产生多少现金？这本身就充满了悬念，以这个充满了悬念的现金流为基础而形成的判断有多大的可信度？同时，折现率该如何确定？因为在不同的时间、不同的投资者必然会有不同选择，据以计算的价值必然是失之毫厘、谬之千里。如果做不到精确的价值评估，又怎能知道在什么价位购买股票？

针对内在价值的判断和评估，巴菲特的合伙人查理·芒格曾说：“巴菲特常常提到现金流量，可我却从未看到他做过什么计算。”

巴菲特对于内在价值的计算最详细的叙述是1996年致巴克夏公司股东的信中，他曾说：内在价值是估计值，而不是精确值，而且它还是在利率变化或者对未来现金流的预测修正时必须相应改变的估计值。此外，两个人遵照完全相同的事实进行估值，几乎总是不可避免地得出至少是略有不同的内在价值估计值，即便对于我和查理来说也是如此，这正是我们从不对外公布对内在价值估计值的一个原因。

除此之外，巴菲特还说过：“我们只是对于估计一小部分股票的内在价值还有点自信，但也只限于一个价值区间，而绝非那些貌似精确实为谬误的数字。价值评估既是艺术，又是科学。”

一般而言，那些位于科学和艺术层面之间的东西，都要用到中国的一句古话：运用之妙，存乎一心。巴菲特喜欢引用凯恩斯的一句话，那就是“宁要模糊的正确，不要精确的错误。”纵使我们相信在某一个特定的时空，某一公司的价值只有一个，我们也只能力求最大限度地逼近它。

◎ 原则之二：安全边际——越耐心越能得到

在价值投资的过程中，安全边际一直处在至高无上的地位。它的定义非常明了而朴素：实质价值或内在价值与价格的顺差，用一种更为通俗的说法就是，安全边际是价值与价格相比被低估的程度或幅度。

由定义我们可以看出，只有当价值被低估的时候，才存在安全边际或安全边际为正的情况，当价值与价格相当的时候安全边际为零，而当价值被高估的时候不存在安全边际或安全边际为负。价值投资者只对价值被低估，尤其被严重低估的对象感兴趣。虽然安全边际不能确保使损失完全减免，但能保证获利的机会比损失的机会更多。

那些喜欢精确的投资者也许要再次失望了：原来与内在价值一样，所谓的安全边际也是一个模糊的概念，仅仅依靠概念我们不能判断实质价值或内在价值与价格的顺差达到何种层次，安全边际才能足够，并可以买入股票。

巴菲特称："让你的股票投资策略连续有效是有前提的，那就是——用有吸引力的价格买到有吸引力的股票。对投资者而言，购得一家成功企业的股票时支付过高的价格，将抵消这家绩优企业未来10年所创造的价值。"也就是说，如果忽视了安全边际，就算是买入优秀企业的股票，也会因买价过高而难以盈利。

在理念上，安全边际与人们一直所推崇的"富贵险中求"投资观念是截然相反的。它告诉你：如果你想要谋发达，一定不要冒风险。每次做投资决策时，每个投资者都希望自己的风险最小，同时希望在每次投资活动中都能取得收益最大。

之所以众多的投资大师都关注安全边际原则，都要求一定的安全边际，其根本原因就在于：影响股票市场价格和公司经营的因素非常庞杂。而相对来说，人的预测能力是相当受局限的，很容易发生预测失误。当有了较大的安全边际时，就算你对公司价值的评估有一定误差、市场价格在较长时间内仍低于价值、公司发展受到暂时的挫折，都不会妨碍你投资资本的安全性以及保证你取得最低程度的满意报酬率。这便是安全边际原则的精髓。

◎ 原则之三：市场波动——不可预测的加码买入机会

股市每天的波动都是惊人的，对于每个投资者来说这既是诱惑又是陷阱。

有位投资大师曾说："市场从来不是一台根据证券的内在品质而精确，客观地记录其价值的计量器，而是汇集了大多数人部分出于理性（事实）、部分出于感性（理念和观点）的选择的投票器。"这也是市场波动的缘由。

既然早就知道波动总是在所难免的，又何必劳心伤神。

格雷厄姆在去世前几个月的某天说："如果说我在华尔街60多年中发现过什么经验的话，那就是从来没有人能够成功地预测股市波动。"

关于市场的价格波动，格雷厄姆还有一个闻名遐迩的"市场先生"寓言：就是设想自己在与一个叫市场先生的人进行股票交易，"市场先生"的特点是情绪很不稳定。所以，在他愉快的日子里，他会报一个较高的价格，相反，他在忧愁烦闷时，就会给出很低的价格。按现在通行的话说，市场常常会犯错。但是，一个非常出色的价值投资者会充分地利用这种错误。设想某一天自己交易的时候，"市场先生"突然情绪沮丧，报出了一个低得离谱的价格，那么在这种情况下，投机客常常会按照"鳄鱼原则”的要求止损离场，而价值投资者呢？与之完全相反，会继续加码买入。这就是不同的价值观主导下的两种具有天壤之别的交易计策。这也是巴菲特劝诫广大投资者的：一定要把市场波动看作是自己的朋友，而不是敌人。

一些正在走或者正准备走价值投资之路的朋友可能会思考这样一个问题：价值投资一定能让我实现自己的财富梦想吗？对于这个问题，对价值投资实践最精通的巴菲特说：“价值投资并不能充分保证我们投资盈利，因为我们不仅要在合理的价格上买入，而且我们买入的公司的未来业绩还要与我们的估计相符。”也就是说，价值投资之路并不是平坦的，其未来也充满了很多变数和不确定性，从这一点我们可以得出，价值投资与其他投资（投机）路径没有太多的区别。然而在最后，巴菲特话锋一转，他说：“但是价值投资给我们提供了走向真正成功的唯一机会。”由此我们可以得知，在股海中搏击，坚持价值投资是多么的重要。

想开创股市的蓝海吗？想成为下一个“股神”吗？

如果想，就开始价值投资吧！只有坚持价值投资，才能做“股林”中的常青树。

5. 搏击股市，抛开羊群效应

一旦进入投资市场，就要克服羊群心理，因为羊群难逃被宰杀的命运，究其原因，皆因羊群太从众！

股市是精彩纷呈的竞技场，为了赚钱盈利人们经常会从中看到这样那样的行为产生，“羊群行为”便是其中的一种。“羊群行为”是股市中的一种特殊的非理性行为，它是指投资者在股市信息环境不确定的情况下，行为常常会受到其他投资者的影响，从而模仿他人的决策，或者过度依赖于舆论，而不考虑自己的信息的行为。这种行为就是人们常说的盲从。股市时刻存在着不可预期的变数，迈着和他人相同的步子，只会让你在面对变数时不知道该迈哪只脚。要做股市中成功的搏击手，就要有自己的绝招，抛开“羊群行为”，这样你才能在这个竞技场中拔得头筹。

投资者的羊群效应是如何形成的

羊群效应是股市中很普遍的一种现象，关于它的形成有多方面的解释，哲学家认为是人类理性的局限性所致，心理学家认为是人类往往存在从众心理，社会学家认为是由于人类的集体无意识，而经济学家则从信息不完全、委托代理等角度来解释羊群行为……总之归纳起来，主要有以下两种观点：

◎ 由信息的相似性而产生的类羊群效应

股市中信息是决定投资的关键因素，而股市的投资者多数具有高度的同质性。他们通常会关注同样的市场信息，采用相似的经济模型、信息处理技术、组合以及对冲策略。在此种条件下，股市投资者可能对盈利预警或证券分析师的建议等相同外部信息做出相似反应，由于信息的相似而在交易活动中多有相同的表现是常见的，这就是所谓的羊群行为。

◎ 由信息的不完全而产生的羊群效应

信息相对可以减少股市发展中的不确定性，投资者获得的信息越是准确、及时、有效，就越意味着他们可以获得高额利润或者避免重大的经济损失。但是在现实市场中，信息的获得需要支付相当大的经济成本。而不同的投资者获得信息的途径和能力也各不相同，机构投资者在资金、技术、人才的规模方面占优势，个体投资者在信息成本的支付上是不能同机构投资者相提并论的。而由此导致的直接后果往往是，机构投资者要比那些个体投资者获得的信息更为有效，从而使得个体投资者在获取有效信息和投资收益时处于不利地位。若个体投资者为了规避风险、获得更多的真实信息，将可能为了打探庄家的“内幕消息”而四处奔波，或者津津乐道于“莫须有”的空穴来风，他们的这种行为在很大程度上助长了市场的追风倾向。

实际上，即使是机构投资者，他们所得到的信息很多也是不充分的。在信息不完全和不确定的市场状况下，如果每个投资者都拥有某个股票的私有信息，这些信息可能是投资者自己研究的结果也可能是通过私下渠道获得的；而另一方面，即使与该股票相关的信息已经完全披露，投资者依然无法确定这些信息的质量。在这种市场环境下，投资者根本无法直接获得别人的私有信息，却可以通过观察别人的买卖行为来推测其私有信息，但这样就容易有羊群行为的滋生。虽然机构投资者比个人投资者拥有信息强势，但由于机构投资者相互之间更容易了解同行的买卖情况，并且具备较高的信息推断能力，使得他们反倒成为更容易发生羊群行为的群体。

股市中的羊群行为与理性的关系

凯恩斯曾指出："从事股票投资好比参加选美竞赛，谁的选择结果与全体评选者平均爱好最接近，谁就能得奖；因此每个参加者都不选他自己认为最美者，而是运用智力，推测一般人认为最美者。"由此可见，羊群行为就是出于归属感、安全感和信息成本的考虑，小投资者会采取追随大众和追随领导者的方针，直接模仿大众和领导者的交易决策。

在股市上，由于股市信息的不对称性，个体股市根本无法从有限的股价信息中做出合理的决定，而从众就是其理性行为，虽然这种理性多少含有不得已的意味。股市中的羊群行为通常是以个体的理性起始，通过其扩大效应和传染效应，使得股市中的从众人员渐渐呈现出非理性的倾向，进而有达到整体的非理性的趋势。

然而，股市在炒作过度时，常常会伴随出现"非理性繁荣"。这就好比一片肥沃的草原上只有几只羊，应该说它们会吃的很饱。一旦某天吸引来了一个羊群，草原很快就会被啃食成荒原。这样的结果终会是羊群越来越吃不饱，有的倒下了，有的迁徙了，但如果是只聪明的羊，那它就不应该跟着大部队，而是应该留在这里，等草长出来了就会变成肥羊了。所以在股市，要想成为真正的肥羊，就要克服自己的从众心理，尽可能达到理性的统一。

炒股要抛开羊群效应

投资市场与其他商品市场不同。其他商品市场，购买者在买了商品之后，仍然是购买者。而在金融投资市场，购买者在购得了某种商品之后，需要平仓时，购买者的身份也会发生相应变化，成为供应者。因此，多数人开始看好后市并吸纳了股票及其衍生工具之类的产品，使潜在的卖压就愈来愈大。

投资大师彼得·林奇曾说过："假如你在绝望时抛售股票，你一定卖得很低。"即使股市处于低迷的状态，也无时不在进行着投资布局，等待着高点收成的绝佳时机。不过，由于大多数投资者都普遍存在着"羊群效应"的心理，所以即使具有最佳成长前景的股票也是乏人问津；而等到炒股热度再度增高时，投资者才争先恐后地进场抢购，一旦市场出现调整，股民又会一窝蜂地杀出，这种跟着大众买进卖出的投资依赖心理是投资者无法克服的。

股市中求生存，避免跟风操作是必需的。投资心理专家建议：投资者如果出现这种心理，可以结合自身的投资目标、风险承受度等因素，设定获利点和止损点，同时控制好自己的情绪，平静地面对各种起落，加强个人的心理能力，不被大众走向所诱惑，这样才能顺利达成投资目的。

> 在投资市场中，一个优秀的投资者或出色的交易员，他们所定的投资策略或者所持的仓位往往尽量避免与大众或初级交易员雷同；他们会观察群众的看法从而制定更佳的投资策略，孙子兵法曰："此兵家之胜，不可先传也。"究竟如何取胜，必须要靠自己心领神会。

作为一个理性投资者，抛开羊群，找到属于自己的草地，才能吃的又肥又壮。

第九章

股神内幕，赚钱多有弦外音

无数的股市传奇，无数的股神传说，有多少人像“散户”般炒股？有多少人不知道上市公司的底细？有多少人发家不是靠股票而是靠原始股？又有多少人是靠公司上市前拥有的股份？

身在股市中，每个人都希望自己能够不断积累财富，有朝一日成为专家或者大师，充分享受人生的巅峰体验。其实，像巴菲特、孔菲德这样的大师级人物，虽然他们获取的财富也富可敌国，但他们都有着同样的成长经历，而他们的经历也许让我们瞠目结舌！他们的股市发家传奇真的是像我们一样在股市上拼搏吗？让我们用另一只眼睛看这些股神吧……

1. 沃伦·巴菲特创造神话

当他人害怕时，你应该设法对它感兴趣；当他人蜂拥而至时，你要小心提防。

——沃伦·巴菲特

沃伦·巴菲特以其独特的炒股思维和理念，在炒股的领域里取得了辉煌的成就，给在股市中淘金的人们注入了一针强心剂。其美轮美奂的炒股天赋，令人咋舌。在2008年的全球排行榜上，其财富超过“微软之父”——比尔·盖茨，位于全球第一。对于炒股常常经历的同途殊归的疑惑，或许巴菲特能给我们一些启示。

巴菲特为何抛售中石油

被誉为美国华尔街“股神”的巴菲特，是世界上唯一一位在股市中致富的大富豪。他的公司股票创下天价，每股价值8万美元，个人拥有私人财富数百亿美元，成为世界首富。

一直以来，巴菲特的赚钱高招都使人津津乐道，而他却说：“我买的是企业家的头脑而不是股票。”在大学期间，巴菲特得到一名教授的悉心教导，这名“金融教父”告诉他如何在股市选“黑马”。

对于投资中石油和抛售中石油的问题，巴菲特说他是第一次也是唯一一次投资中国的公司，起因是自己翻看了一份中石油的年报，看过之后便决定要买。中石油的规模为埃克森石油的八成，当年实现利润接近120亿美元，能赚如此多钱的公司整个世界也没有几家，而此时中石油的市值仅为370亿美元左右，也就是说，买入股票时其市盈率才仅仅为三倍，由于上市公司的年报向来是公开的，所以，如此绝佳的投资机会每个人都有可能发现，但很多人竟然没有看到。除此之外，中石油每年的股息也很高，简而言之，这是笔非常稳妥的买卖。据说，巴菲特是以每股1.6元的价位连续买入中石油的股份，原本他可以一直这样买下去，但我国的证券法规有个规定：如果某人持有流通股超过10%（后来改为5%），就要发布公告，就这样把巴菲特的行动给公开了。突然之间，无数人好似一觉醒来般叫道：我怎么就没看到这么一个好机会呢？于是大家一拥而上购买中石油，价格便一跃而起，价格涨了巴菲特反而就不买了，很明显，他觉得已经不合算了。

2008年5月3日，“股神”巴菲特旗下的伯克希尔·哈撒韦公司年度股东大会在奥马哈举行，共有大约3万人参加。其中，由巴菲特与其老搭档芒格一起参与的长达5-6个小时的问答环节无疑是大会的高潮所在。在这次会议中，巴菲特对中石油的投资行为进行了解释。

巴菲特说，2007年公司将中国石油1.4%的股份以42亿美元全部卖出。巴菲特是这样解释的，当初购入时中石油的市值约373亿美元，而在他看来，其价值约1100亿美元。2007年下半年，中石油市值最高值涨到2750亿美元，这无疑是抛空的最好时机。

“股神”的称号对于巴菲特真是当之无愧，就在中石油股价扶摇直上，人们疯抢之时，曾为中石油第二大股东的巴菲特却屡次出手，多次抛售中石油股票。根据香港联交所的资料得知，巴菲特在经过七次减持后，其持有的中石油股份数已从2003年4月24日的23.47亿股急速减至2007年9月27日的9.14133亿股，其持有股份比例也于此前的13.35%迅速减至4.33%。至此，巴菲特从中石油前三大股东名单中消失。

巴菲特炒股成功秘诀

巴菲特是世界公认的最成功的投资专家，他的一言一行都被全球投资者视为金科玉律，巴菲特成功的秘诀有两点：一是“长期持有”（这点对中国股民是不适用的）；二是“忽略市场”（中国股市更不能这样做），而这正是巴菲特成功致富的关键要素。巴菲特可以称为是长线投资的开山鼻祖，在选取投资标的时，他从来不会将自己视为市场分析师，而是把自己视为企业的经营者。在选择股票前，巴菲特会预先做很多充分的功课，包括了解这家公司的产品、财务状况、未来的成长性甚至是潜在的竞争对手。

巴菲特曾经说过：“我从来没有想过在买入股票的次日就赚钱，我买入股票时，总是会先假设明天交易所就会关门，5年之后才会重新打开，恢复交易。”巴菲特告诫投资者，对于一只股票而言，除非你有把握连续持有10年，否则，那就连10分钟都不要必考虑持有。举一个最典型的例子：巴菲特曾于1972年以1060万美元的价格买入华盛顿邮报股票，历经27年后，到了1999年，华盛顿邮报股票已增值到9.3亿美元，增长了86倍。虽然在这二十多年当中美国股市大盘几经沉浮，华盛顿邮报股票也曾大幅震荡，但最后的事实充分证明了“长线和耐心”为巴菲特最大的财富。

“忽略市场”是巴菲特成功的第二个关键点，所谓“忽略市场”就是不要把短期的市场波动看得过重，投资者的情绪不必被市场左右，不必对市场行为过于敏感，或者形象地说：“不要没有主见地时刻随着‘市场先生’翩翩起舞。”巴菲特认为，既然选择长期持有的投资方式，就应放平心态，无视市场，包括股票价格波动及所有相关市场信息，当然也不要理会经济学家、分析师以及股市经纪人的建议，因为证券经纪人和证券交易商的任务正是以一些“所谓”的观点和理由“引诱”甚至误导投资者买卖股票，从而赚取投资者的手续费及高额佣金。其实，大多数散户投资者在股市无数次的短线进出中，最终是将大量的财富送入到证券经纪人以及证券交易商的口袋中。

巴菲特除了自身拥有的坚强性格和理性思维之外，对上市公司的研究也是其自身成功的关键，他对经过精心筛选出来的有发展前景、迅速增长的公司全力投入，同时进行及时跟踪了解，通过各种途径迅速掌握公司的基本情况，并时时注意公司基本面的发展变化。可我们周围一些股民对股票知识十分陌生，有人买入股票连上市公司干什么的都不知道，更不必说所持股票其公司的发展前景或隐含的增值了。任何情况下，风险和收益都是股市的孪生兄弟，而这些人 85% 的成为高风险的代名词。

巴菲特投资的座右铭很普通：“当他人害怕时，你应该设法对它感兴趣；当他人蜂拥而至时，你要小心提防。”在股市交易所的大门外，什么时候买入股票，什么时候卖出股票，连看自行车的老太太都了如指掌，当自行车如潮水般蜂拥而至时，股市已到了高峰，当交易所冷落自行车稀时，股市的机会就要到来。而人们的行为往往是由错误的思维决定的，当股市高涨时，人们往往疯狂购入，其实这时的股市早已蕴藏了极大的风险；当大厅里人员稀少时，股市下跌，人们纷纷抛出股票，其实此时正是机遇所在。贪婪和恐惧是人性中最大的弱点，然而很多人却无法弥补这样的弱点，因此他们会成为股市的陪葬品。

巴菲特的投资理念

尽管巴菲特的股市理念并不完全适合中国股市，但是，我们知道一些适当参考，有时也是能够取得效果的。

巴菲特主要的投资理念有：

◎ 要看未来

“奥马哈的先知”是人们对巴菲特的称呼，因为巴菲特总是有意识地去辨别公司是否拥有好的发展前途，能不能在今后 25 年里继续保持成功。

芝加哥埃里尔基准资本管理公司的总裁约翰·罗杰斯过去曾说："巴菲特经常说，要透过窗户朝前看，不能看后视镜。"

预测一个公司未来的发展会怎样，最有效的办法就是计算公司预期中的现金收入在今天值多少钱，这是巴菲特评估公司内在价值的办法。然后他会寻找那些严重偏离这一价值、低价出售的公司。在通常情况下，市场总是在巴菲特介入后才意识到自己的错误。

◎ 坚持投资能对竞争者构成巨大"屏障"的公司

预测未来就注定会出现风险，所以巴菲特偏爱那些能对竞争者构成巨大"经济屏障"的公司。这不一定代表着他所投资的公司必须能够独占某种产品或某个市场。例如，可口可乐公司从来就不缺竞争对手。但巴菲特总是寻找那些具有长期竞争优势、使他对公司价值的预测更安全的公司。巴菲特不乐意投资科技股的一个关键原因就是：他发现不了哪个公司具备足够的长期竞争优势。

◎ 要赌就赌大的

相当一部分价值投资者天性保守，但巴菲特不是。他投资股市的620亿美元集中在45只股票上。巴菲特的投资战略甚至比上面的数字更激进。在他的投资组合中，前10只股票占到了投资总量的90%。股票分析师贾斯廷·富勒曾说："这符合巴菲特的投资理念。不要犹豫不决，为什么不把钱投资到你最看好的投资对象上呢?"

巴菲特时常引用传奇棒球击球手特德·威廉斯的话："做一个好的击球手的前提是你必须有好球可打。"如果没有好的投资对象，那么他宁可持有现金。据有关人员统计，现金在伯克希尔·哈撒韦公司的投资配比中超过18%，而大部分基金公司仅有4%左右。

> 美国的股市上有一句名言："如果你爱他，就让他去股市，因为那是天堂；如果你恨他，就让他去股市，因为那是地狱。"当今的股市高收益已经一去不复返，想要在股海里博弈的人应该重新审视自己的投资理念，像巴菲特那样，具备理性的性格、渊博的财务知识、敏感而独特的目光和对经济发展趋势的正确预测，对于想在股市中淘金的人，都是必不可少的。

巴菲特的过人之处就是其驾驭股市的能力。他的性格严谨、理性，就是这些普通的性格，对于搏击股票市场的人来说却是至关重要的。

2. 柏那尔·孔菲德从穷小子到股票巨人

世界上，成功总是最吸引人的事情。成功带来财富，财富展示着成功。每一个成功的财富故事，其背后都隐藏着很多鲜为人知的真实细节。柏那尔·孔菲德当然也不例外！

孔菲德出生在一个土耳其犹太家庭，他曾在土耳其读过中学。后因欧洲掀起了排斥犹太运动，他随着父母移居美国生活。孔菲德的父亲是个演员，母亲是个护士，到美国后，母亲很快找到了一份工作干，而父亲却找不着合适的工作，在忧郁了三年后去世。孔菲德家庭生活因父亲的去世也变得非常困难，为给家庭分担一些经济负担，他高中尚未读完就不得不去参军服役。

孔菲德从小就具有常人所没有的商业才华。别的人做生意都是从小到大，本利慢慢地往前滚，最后在自己从事的商业中占据非常重要的位置，而孔菲德则是一个例外，他不仅是白手起家，而且还是空手道，一分本钱不掏，就成了大富翁，实现了由穷小子到股票巨人的蜕变。

如何从穷小子到股票巨人

孔菲德除了有让人钦佩的敬业精神之外，他唯一依靠的便是经商智慧，这使他从美国杀到欧洲，以股票征服欧洲后又来一个回马枪，杀回美国，入主华尔街。

大学毕业后，由于对自己的人生路犹豫不决，漂泊不定的他换了很多次工作。1954 年，孔菲德告别了费城，只身漂泊到了纽约，找了一份“互助基金”推销员的工作。孔菲德也正是从这里开始了他一生的事业。互助基金一般都是将股东提供的资金集中起来，然后投资于股票，这比自己玩股票要保险得多。对个人来讲，谁能够完全看透变化莫测、瞬息万变的股市呢？

在令人难以琢磨的股市浪潮中，一些人可以一夜之间成为百万富翁，而有的人顷刻之间倾家荡产。但是，倘若投资互助基金，小额投资者就可以通过基金买到更多种类的股票，同时也可以由所谓“职业性财务专家”代为经营。

因为推销员的佣金都是从投资者的资金中提取出来的，所以孔菲德在接受培训时，他的推销员老师告诉他无论股票的行情如何变化，即使是顾客赔钱，对于推销员来说也并没有什么大关系，只要你多挣取一份佣金，这是显而易见的。

孔菲德看出，在推销员这份工作以外，原来还有更广阔的天地。于是，他开始考虑往更高领域去施展自己的拳脚。他一边工作一边观察，最终他发现互助基金在美国市场已较饱和，而欧洲市场尚未开拓，他认为那里定有发展前途。

他原本是想自己开设公司在欧洲推销互助基金的，但由于资金不足，他决定先采取借助他人力量开始。他辞去了把他引入互助基金大门的“投资计划公司”，投靠一家后劲十足的元老基金公司，这家公司叫“德雷福斯基金公司”，孔菲德把自己的“欧洲基金市场分析报告”呈交该公司的经理，并当面向他陈述了自己的计划。

德雷福斯公司的经理很早就知道孔菲德是一位互助基金出色的推销员，并想把他从“投资计划公司”挖过来。现在他自己主动找上门，当然是一拍即合，但德雷福斯基金公司与他是一种代理关系。也就是说，德雷福斯公司在欧洲发行的股票，由孔菲德自己公司独家代理销售。

孔菲德的构想目标已露出了曙光，他挂起了自己的“投资者海外服务公司”招牌，进行推销工作。对于孔菲德而言百万资产是刚刚起步，他誓要为他的“决心比天高”而奋斗。

为了使市场能够进一步扩大，孔菲德挖空心思解除股票只能向美国公民推销的限制，并且向有关国家的财政当局提出如下交换条件：“我的公司将投入一部分资金购买贵国股票，但你们要准许我向贵国人民推销股票。”对方接受了他的提议，他的基金股票买卖一下变得包罗万象，充满了冒险投机性质。孔菲德终于攀登上他的奋斗目标。

虽然事业已到达了塔尖，但是孔菲德仍不满足，他还要登上“月亮”。他和他的下属又出新招，成立“股票金的股票”，把发行股票筹到的资金以投资于其他基金为目的而设立一家超级基金公司。该公司注册于加拿大，这样做的目的是为了避开美国的有关法律限制，此公司在名义上是国际投资信托公司。其后，他花招百出，先后还发行了一些属于他私人的新股票。这样，他所亮出的“股票的股票”就可以“名正言顺”地购买它们的股票，从而国际投资信托公司就可以收两次经营费和工作奖金。

孔菲德及其下级随着节节顺利通过，资金膨胀，他们成为狂热的冒险投资者，见股票就投。这样一来，“股票的股票”渐渐失去开创的本意，蜕变成一个专事冒险组织。孔菲德的个人资产到底有多少清楚的人并不多，有人说他拥有几百亿乃至上千亿美元。

他从未投入过一分一厘的资金，然而却成为名符其实的股票巨人，实际上他不是“一本万利”，而是“无本万利”的空手道高手。

孔菲德的股票经

孔菲德是一个股票推销员，同样也有一些“股票经”，当然，我们没有可能把它直接用到现在的股市上。但是，读读又何妨？也许其中一些有那么一点用。

◎“牧羊人”理论——在“精”而不在“多”

对于所谓的“牧羊人”理论，孔菲德举了这样一个例子：他曾经去英国拜访一位同学，发现了一个有趣的问题，同学家里只养了200只羊，却比养5000只羊的邻居更富裕。同学的理论是“羊在‘精’而不在于‘多’，他家的羊就奖金一项就超过了隔壁邻居养5000只羊的收入，另外，他家的羊配种也很好，照顾得也好。”于是，孔菲德从中得到了启示，回到华尔街后，他一改过去的状况，每天只盯着20只股票，把死的股票都养“活”了，因为炒股票也像那些羊一样，只在“精”而不在“多”。

说明：他是推销股票，不是看着股市买卖股票。读者可以想想，我们这本书为什么又强调了一次这个问题。有人说过“站着说话不腰痛”，不知道那些把孔菲德当股市圣人的人，怎么想。

◎“地心引力”理论

何为“地心引力”？孔菲德说，股市指数是跟着一根线跑的，这根线就是“心引力”。涨太多了就吸下来，跌太多了就收上来，真正的那根线，就是30日指数的均价，加上72日指数的均价，加起来除以2，就可以得出这个数字。如果说这个指数是4000点，在它上方，要被吸上来的区域是10%，就是4400点，这需要小心谨慎，只宜卖出，不宜买进。如果有一天突然利空来了，4000点下跌10%，下方就是3600点，这个地方应该是买进的。“地心引力”指标随时都会发生变动，它可以帮助投资者看清这个股市究竟是处于高位区域还是低位区域。

再说明一下：他是推销股票的，也可以说是“股评专家”。他认为股市该跌了，就会对股民说，股市就会随着股民的参与而下跌。相反，他说股市该升了，他推销时也会尽力说。所以，他的影响力也许才是影响股市的基本因素。他说得很对，说明他很神吗？是他在引导股市或者在预言股市？

◎ 农夫播种术

孔菲德告诉股民，买股票其实就像播种子，谁都不知道哪一颗种子会先发芽，也不知道哪一颗种子是坏的，所以，买进一只股票之后，必须严格遵守两项原则：一是向下设3%的持续减码点，若遇上股价下跌，不但不准加码，而且要毫不犹豫地止损；二是向上设3%的持续加码点，遇上股价上涨，以买进的最后一手成本为准，每向上涨过3%（收盘价）就再加码一手，如此持续不断。但如果遇到下跌超过3%，就需要减码一手，只有这样才能放弃那颗不发芽的种子，而去灌溉不断成长的那颗种子。农夫播种术的原理就是基于好股票总是大涨小回。涨多跌少，手中持股自然会一路大增小减，这样才可以把获利发扬光大。

◎ 猴子扔飞镖选股

“猴子扔飞镖选股”又是什么理论呢？简单地说，就是在某个时间基金经理看中几个股票时，人们在猴子面前放一个飞镖盘，猴子以扔飞镖的方式，扎中几个股票。过一段时间后，发现猴子选中的股票收益高过基金经理。在牛市中买股票时可以闭着眼睛，当然如果你愿意做一些技术分析的话那也无妨，最重要的就是卖出。

孔菲德的理论是，你必须有一个止损和保证收益的目标。如上限不超过30%，下限不超过10%，到了这样的止损和止赚点，你就要学会收手，否则结局会很惨。孔菲德认为，如果你不设置一个30%的上限，那么你自己也要有一个赚钱的预期。当你看中了某一个股票的时候，你买进后就不要去看它，并且可以打电话告诉自己的投资顾问或者朋友，当这个股票到了一倍的时候，请他们通知你。

同时还要注意的就是：不要追高买。孔菲德认为，买股票不能像谈恋爱那样，黏着它肯定是不行的。要懂得割舍，好股票也不是拣不回来了。如果你认为它很好，就算你在适当的时候离开，仍然有机会再拿回来。

虽然孔菲德从一个两手空空的无产者，靠从事股票活动而暴发起来。但后来又因股票的投机活动导致数以亿计的美元霎时失去，使他积聚的巨额财富失去了绝大部分，可谓“成亦萧何，败亦萧何”。无论怎样，孔菲德的股票经验还是引起后人反复议道的。

孔菲德——美国的股票巨人，具有非凡的商业才华。他不仅是白手起家，还玩空手道，一分本钱没掏便摇身变成了一个大富豪。但是，他实际上并不完全是一个股民，他严格意义上只是一个股评专家，他严格意义上只是一个股票推销者。真正的股神，世界上真的有吗？巴菲特不是股神，孔菲德不是，还有谁是呢？我们不得不深深思考。

3. 彼得·林奇的投资艺术

波得·林奇是美国，乃至全球数一数二的投资专家。

他对共同基金的贡献，就好比乔丹对篮球的贡献，其共同之处不仅在于把投资变成了一种艺术，更是把投资提升到了一个新的境界。

在很多人看来，他就是财神的化身，他说的话就是所有股民的宝典，他手上的基金是有史以来最赚钱的，如果你 1977 年投资 100 美元在该基金，1990 年取出，13 年的时间已变为 28000 美元，增值 28 倍，仅仅是 13 年的时间。

这个“股票传奇”就是彼得·林奇。他不是人们日常认识中的那种满脑肥肠的商人，他把整个比赛提升到了一个新的境界，他让投资变成了一种艺术，而且紧紧地抓住全国每一个投资者和储蓄者的注意力。与此同时，他在这场比赛中也获得了极大的名誉和财富。

彼得·林奇的传奇之旅

彼得·林奇的童年生活是幸福的，然而他的父亲却在其 10 岁的时候因病去世，从此全家的生活开始陷入困境。为了将开支控制到最低，林奇从私立学校转到了公立学校，而且开始了半工半读的生活。年仅 11 岁的林奇在高尔夫球场找到了一份球童的工作，在这期间，他从高尔夫俱乐部的顾客口中接受了股票市场的早期教育。因为俱乐部的顾客绝大多数都是大公司的董事长和股东，他们除了打球之外还交流一些投资观点，林奇跟随球手打完一轮球，就相当于上了一堂有关股票问题的免费教育课。20 世纪 50 - 60 年代，对股票业人们并不是非常相信，就算是股市上涨了 3 倍，可在人们的眼中股票市场就如同赌场，但当球童的经历使林奇逐渐改变了看法，增强了赚钱意识，虽然他那时并没有钱去投资股票。

在球场做球童的日子并没有妨碍彼得·林奇的学业，他读完中学后顺利地考入了波士顿学院。林奇进入波士顿学院学习的期间也没有放弃兼职球童的工作，他还因此获得了费朗西斯·维梅特球童奖学金。

因为对自己以后的职业目标十分明确，所以在大学学习期间林奇便有目的地专门研究与股票投资有关的学科。除了一些必修课外，他没有选修那些有关自然科学、数学和财会的课程，而是重点专修社会科学，如历史学、心理学、政治学。除此之外，他还研究了有关的认识论、玄学、逻辑、宗教、古希腊哲学等。林奇一直认为，投资股票不仅是一门科学，更是一门艺术，所以，在投资决策时历史和哲学的作用比统计学和数学更大。

做球童的小费非常可观，林奇在进入波士顿学院的第二年就有了一笔不小的积蓄。他决定用这笔钱做股票投资，他用 1250 美元投资于飞虎航空公司的股票，当时他买入的价格是每股 10 美元。后来，飞虎航空公司的股票开始暴涨，林奇抛出了手中的股票收回了资金，靠着这笔资金，他不仅读完了大学，而且还读完了研究生。

首次投资股票就取得大获全胜，林奇的投资信心更加坚定，他认定在股票市场上大的聚财机会是存在的，只要抓住它，就会有更多的机会随后出现。

在读研究生的暑假期间，林奇来到了世界最大的投资基金管理公司——“富达”，在这里做暑假实习生，能在这样的公司实习，是一种非常难得的机会。这份工作拨开了林奇对股票分析行业的神秘感，同时也让他对书本上的理论产生了怀疑，他觉得教授们的理论在真正的市场中几乎全线崩溃，这种信念促使林奇特别注重实际调研的作用。

林奇毕业后服完兵役，于 1969 年来到富达，成为富达的一名正式职员。起始做的是金属商品分析师，做了几年的分析工作之后，1974 年，林奇升任富达公司的研究主管。当时公司正在发展化学、包装、钢铁、铝业以及纺织等部门的业务，这些工作开始让他有机会接触到证券市场的最前线，他除了不断走访公司，收集情报，从中挑出最有前途的投资领域之外，还注意将自己的判断结果与实践相对应，为以后的真正实践打下良好的基础。

8 年之后，因为工作出色，林奇被任命为富达旗下的麦哲伦基金的主管。这是职位的升迁，同时也是一个巨大的挑战，一方面林奇终于可以直接面对市场，但另一方面，富达有几十个、几百个、几千个这样的基金主管，要能做出一番成就，脱颖而出，必须付出更多的辛苦，有更多的想法和思考。

这时，林奇发明了常识投资法。他认为普通的投资者同样可以按照常识判断来击败股市和共同基金，而他自己对于股市行情的分析和预测，往往会从日常生活中得到有价值的信息。在日常生活中，他对妻子和女儿的购物习惯特别关注，每当她们买东西回来，他总要扯上几句。1971 年的某一天，妻子卡罗琳买了一套“莱格斯”牌的紧身衣，他意识到这将是一个走俏的商品。在他的领导下，麦哲伦立刻大量买进生产“莱格斯”牌紧身衣的汉斯公司的股票，没过多久，股票价格竟达到原来价格的 6 倍。在生活的小事中发掘商机，这就是林奇的独特之处。

但是，股票市场是风云诡异的，之所以人们都将它看作赌场，就注定了有赢有输，林奇也有判断失误的时候。

1977 年，他刚掌控麦哲伦基金没多久，就以每股 26 美元的价格买进华纳公司的股票。随后，为了更好地掌控华纳公司股票的走势，他向有关专家进行了咨询，但是这位专家告诉林奇华纳公司的股票已经“极度超值”。当时林奇并不相信，半年后，华纳公司的股票上涨到了 32 美元，林奇开始有些担忧，但经过调查，他发现华纳公司运行良好，于是林奇选择继续持股待涨。没过多长时间，华纳公司的股票又上升至 38 美元，这时，林奇开始对股市行情分析专家的建议做出反应，认为 38 美元肯定是超值的顶峰，于是将手中所持有的华纳公司的股票悉数抛出。然而，华纳公司股票价格却是一路飙升，最后竟涨到 180 美元。虽然后来暴跌，但也维持了不错的水准。

对此，林奇感到非常后悔，此后他再也不相信那些高谈阔论的股市评论专家，而只坚信自己的分析判断。对于沃伦·巴菲特的观点林奇十分认同："对我来说，股市是根本不存在的。要说其存在，那也只是让某些人出丑的地方。"

经历过了涨落和失败，林奇变得更加理智，人们也开始为他出色的选股能力感到惊奇。与大多数看重进出场的时机不同，他认为何时买进、何时抛出并没有多大用处，因为行情永远都是跌跌涨涨的。投资者只有在正确的时机选择好的股票，就算是市场行情不好，也要耐心地等待，然后在走势翻多的时候，才能获得很高的投资回报率，这就是一个真正的投资者应该做的事情，而不是去投机。

至 1990 年，林奇掌控麦哲伦基金已经 13 年，就在这短短的 13 年的时间中，彼得·林奇悄无声息地创造了一个奇迹和神话。麦哲伦基金的资产规模由 2000 万美元增长至 140 亿美元，基金经理人超过 100 万人，成为当时全球资产管理金额最大的基金。除此之外，麦哲伦的投资绩效也排名第一，13 年的年平均复利报酬率达 29%，因为资产规模巨大，这 13 年内林奇买过 15000 多只股票，其中很多股票还买过多次，赢得了"不管什么股票都喜欢"的名声。

1991 年，就在他事业最巅峰的时刻，林奇却选择退休，离开共同基金的圈子。

为什么有那么多的人一直把林奇视为自己心目中的"股票天使"，这是因为：林奇是亿万富翁，同时他让别人也成了亿万富翁，但他却不是金钱的奴隶，而是金钱的主人。

彼得·林奇的投资法则

◎ 观察生活，寻找投资机会

林奇说："最好的选股工具是自己的眼睛、耳朵和常识。"林奇称自己有很多关于投资股票的奇妙点子都是在逛杂货铺，或者和家人朋友闲聊时产生的。其实，对于绝大多数没有行业背景的个人投资者而言，最容易熟悉的股票就是那些消费类或与之相关的上市公司的股票。在每个人的身边都存在着各种上市公司提供的产品和服务，如果这些产品和服务能够吸引你，那么提供它们的上市公司也会进入你的视野。

在我国，将近一半的上市公司处在房地产、零售、食品饮料、医药、家电、轿车、服装等终端消费领域，个人投资者可以很容易地接触大量相关资讯，甚至是这些产品的消费者，因此可以获得最直接的判断。只要你注意观察身边的生活，就可以用简单的常识来找到投资机会。

◎ 做一番详尽的研究

通过留意周围的事物和个人兴趣来收集第一手资料只是一个良好的开端，随后就要展开一番详尽的研究。判断一个想法是否会转化为最终的投资机会，林奇通常用以下几条标准来衡定：

高毛利率：如果由于某个受欢迎的产品使你对生产它的公司产生最初的兴趣，那么接下来还需要确定这个产品是否能够产生丰厚的利润率。一个产品再好，销售额增长再快，如果仅有10%出头的毛利率，也很难实现值得长期信赖的业绩增长。

PEG：一家好的公司和一个好的基本面并不等同于好的股票，因为很可能从估值上来看这只股票已经没有太多的获利空间。对此，林奇创造了PEG，用市盈率比上业绩增长率的估值指标来衡量公司股票是否还有投资价值。如某只股票的PEG在2以上，基本也就失去了介入的吸引力，只有当那些PEG还在1附近或以下的股票，才值得投资。

现金流状况和负债率：任何一个公司，只有在现金流健康，财务负担较轻的情况下才能应对各种不同的经营环境，可以让投资者放心持有。

◎ 坚持长期投资

林奇经研究后发现，如果一名投资者在1965－1995年这30年中每年投资1000美元在每年的高点建仓，那么30年的投资回报年复合增长率为10.6%。如果另一名投资者在同样的时间段内在每年的最低点建仓1000美元，那么他将获得11.7%的投资回报年复合增长率。从这个结果中我们可以得出：费心去捕捉买点是没必要的，如果一个公司很厉害，它就能挣越来越多的钱并让自己的股票价值不断提升。所以，林奇投资的主要工作就是去寻找伟大的公司。

那些伟大的公司股票林奇称其为“ten bagger”，指的是那种股价可以翻10倍的股票，而实现这样的回报首先要长期持有，即便它很快就涨了40%甚至100%也不考虑卖出。但是在现实的生活中，大多数投资者包括许多基金经理在内却在卖出或减少持有可以继续盈利的股票，反而对亏损的股票不断增仓期望能拉低成本，这种行为被林奇戏称为“拔走鲜花却给杂草施肥”。

在美国，投资界可以同沃伦·巴菲特相媲美的人屈指可数，彼得·林奇是这些凤毛麟角中的一个。林奇曾说："只要能够用心对股票做一点点研究，普通投资者也能成为股票投资专家，并且在选股方面的成绩能像华尔街的专家一样出色。"

学习林奇的投资艺术吧，相信你的人生会因为它而变成另一个境界。

波得·林奇——股票世界里的传奇。

大师之所以能成为大师，不仅仅在于他能够成功地运用理论创造出价值，更在于他们能够在创造价值的过程中总结出经验，指导他人。

学习他们的投资理念，掌握他们的投资招术，变更自己的投资模式，你就有可能成为下一代的投资大师！

波得·林奇也许是世界上少有的"股神"了，但是，他的操作也不免有"庄家"的痕迹。因为他是以公司的形式进行投资，而不是以个人的名义进行投资，他的所有行动都严重地影响股市。所以，他又不是"股民"中的股神。但是，他的做法显然也是值得我们参考的。

4. 伯纳德·巴鲁克创造奇迹

伯纳德·巴鲁克：掌控了美国近半个世纪的金融业，他所创造的奇迹甚至影响了美国的政治。

这样的人物有着怎样的风雨历程？他为什么会对美国的金融及政治产生影响？他在投资的过程中又是如何让奇迹诞生……

1870年巴鲁克出生于南卡罗莱纳州，纽约市立学院毕业，起始他在纽约的一家小经纪行中干些打杂的活儿，周薪3美元。通过自身不断的努力，被迅速地提升为公司的合伙人之后，他倾其所有，购得纽约证券交易所的一个席位，不出30岁便成了百万富翁。在此之后的几年时间里，巴鲁克几次濒临破产却东山再起，到1910年，他已经和摩根等一道成为华尔街屈指可数的大亨。

巴鲁克凭一己之力迅速崛起加入百万富翁之列，这位具有传奇色彩的股票交易商，受万众瞩目的投资家，通晓商业风险的资本家，曾征服了华尔街最著名、最受人敬慕的人物。他不仅钟情于股市，也热衷于政治，被人们冠以“总统顾问”、“公园长椅政治家”等美名，然而人们更愿意称他为“在股市大崩溃前抛出的人”。他的性格多变，行为不定，个人观点就如同风云诡谲的股市，随时都会改变，所以其名声总带有传奇色彩。1916 年，巴鲁克被威尔逊总统任用为国家防护理事会顾问委员。二战期间，巴鲁克又成了罗斯福智囊团的重要成员，他所提出的一系列经济建议均被罗斯福政府所采纳，成为促进美国经济恢复的重要政策。战后，巴鲁克受杜鲁门总统之命，开始参与联合国原子能理事会，在国际事务中发挥了相当重要的作用。1965 年，巴鲁克逝世了，享年 95 岁，可谓福寿全归。

巴鲁克创造的奇迹

◎ 27 岁，创造了人生的第一个奇迹

1897 年，年仅 27 岁的巴鲁克创造了他人生的第一个奇迹。

1897 年，美国一家著名炼糖公司的股票在华尔街出现暴跌的危机，从而使得一些陷入悲观情绪的人们开始疯狂地抛售股票。之所以出现这种情况是因为当时参议院正在讨论一项降低外国糖进口税的提案，同时众议院也正在进行类似的立法程序，参议院的一举一动时刻牵动着股市的涨跌。

但是此时巴鲁克认定参议院通不过这项提案，他认为西方的甜菜种植主们和华尔街一样希望通过关税保护来获得更大的利润。基于此认识他用 300 美元为定金，买入了 3000 美元股票。后来，事情的发展的确如巴鲁克所料，参议院否决了这项提案，美国炼糖公司的股票连续暴涨。巴鲁克仅仅用了 300 美元，就轻松地赚了 60000 美元。

◎ 30 岁成为百万富翁，再次震撼整个华尔街

1898 年，巴鲁克的投资天赋再次震撼了整个华尔街。

1898 年 7 月 3 日，巴鲁克从老板豪斯曼那里了解到西班牙舰队在圣地亚哥已经被美国海军歼灭，美军已经取得了美西战争的决定性胜利。敏锐的巴鲁克立刻意识到，这一胜利意味着战争即将结束，美国的金融市场

将随之快速反弹，甚至有可能出现强劲势头。由于第二天是国庆日，按照常规纽约证券交易所将停业一天，但是伦敦的证券交易所还是与往常一样正常营业。倘若此时在伦敦低价购进股票，然后在纽约高价抛出，中间的差额利润将是可观的。

可最关键的问题是，他当时在新泽西州朗布兰奇，如何在第二天伦敦证券交易所敲钟开盘之前，赶到位于纽约的办公室。因为时差的缘故，伦敦证券交易所开盘时，纽约才刚凌晨5点钟。但是在国庆日的前一天已经没有到达纽约的火车，情急之中巴鲁克租了一列专车连夜向纽约狂奔，最终在天亮时赶回办公室，向伦敦发出了大量吃进股票的电传。第二天，事情的发展与巴鲁克所料想的完全一样，由于相信和平可以带来好运，证券交易所的股票开始纷纷上涨，巴鲁克又稳稳地赚了一大笔。

当时，在华尔街打拼的投资者，可以说每个人都是某一领域的高手，或者经纪专家，或者风险投资家，或者场内交易人、投资银行家，而巴鲁克却在短短的时间里将所有的角色集于一身，成为一个投资的“多面手”。据有关资料记载，1897－1900年大约3年的时间里，巴鲁克的个人资产上升到了100万美元，从一个一文不名的穷小子变成了一个令人羡慕的百万富翁。到了1916年，巴鲁克的纯收入已经达到了200万美元。

◎ 由投资“多面手”到总统“智囊”

就在巴鲁克在股市中得心应手的时候，第一次世界大战发生了，他也由此跨入了美国政坛。巴鲁克在把握两者的时机方面可以说是完美无缺——在一路上扬的股票市场中大量吃进，稳稳地持有这些为他带来无限财富的股票；同时在步入20世纪的美国政坛为自己找到一席之地，并亲自开创了国家战时管理体制。他不仅多次担任美国总统的“智囊”，而且在二战后美国的对外关系中发挥了相当重要的作用，成为了美国政坛的一位风云人物。

巴鲁克的投资思维

巴鲁克的投资思维是值得每个投资者学习和借鉴的。那么下面我们看看其在投资思维方面有哪些不同之处呢？

巴鲁克认为，在投资对象这一方面，必须注意三个问题：第一，它要拥有真实的资产；第二，它最好有经营的特许优势，这样可以减低竞争，其产品或服务的出路比较有保证；第三，投资对象的管理能力，也是最重要的。

巴鲁克劝诫道，宁肯投资一家没什么资金但管理良好的公司，也别去碰一家资金充裕但管理糟糕的公司的股票。巴鲁克非常注重对风险的控制，他认为必须经常在手里保留一定的现金；作为投资者每隔一段时间必须重新对自己的投资进行评估，看一看情况变化后股价是否还能达到原来的预期。同时，他建议广大投资者一定要学会及时止损：犯错是在所难免的，失误后唯一的选择就是要在最短时间内止损。对于超额回报巴鲁克并不赞成，他告诫人们不要试图买在底部、卖在顶部。他说："如果有人说自己总能够抄底逃顶，那准是在撒谎"。因此，很多人为巴鲁克叫屈，认为他之所以被称作"投机大师"的原因之一，是其貌似孤注一掷的风格。

巴鲁克称坚决不能随群体而盲动，他说："作为有独立思考能力的个人，人们通常是明智而富有理性的；但当人们成群结队、情绪相互影响时，就会变成了一伙笨蛋，不是在股市上涨时过于兴奋，就是在它下跌时又过于沮丧。"1929 年的大危机让他终生难忘，他说，当股价越来越高时，人们就会忘记"二加二等于四"这种最基本的东西，甚至华尔街擦皮鞋的小孩都开始向他推荐股票，让他不得不相信该是脱手离场的时候了。

事实上，"群众永远是错的"是巴鲁克投资哲学的第一要义，他有很多关于投资的深刻认识都是从这一基本原理衍生而来的。例如，巴鲁克提议一个很简单的标准，来鉴别何时才是买入的低价和该卖出的高位：当大多数都为股市欢呼时，你就得果断卖出，别管它还会不会继续涨；当股票便宜到没人想要的时候，你应该敢于买进，不要管它是否还会再下跌。很多人都惊奇巴鲁克的精确的判断力，佩服他能把握稍纵即逝的机会。

他认为，在股市，任何所谓的"真实情况"都是通过人们的情绪波动来间接地传达的；在任何短时期内，股票价格上升或者下降都不是因为客观的、非人为的经济力量或形势和局面的改变，而是因为人们对发生的事情所做出的反应。因此他提醒投资者，判断力的基础是了解，假如你了解了所有的事实，你的判断就是对的，反之，你的判断就是错的。在对大众心理的认识方面，巴菲特和巴鲁克如出一辙。巴菲特也常常说在大众贪婪时你要缩手，在大众恐惧时你要进取。

巴鲁克的投资方法非常灵活，他提倡坚决止损。他说投资者如果有止损的意识，即使每十次只做对三四次的话，也会成为富翁。他建议投资者要有两手准备，以便随时转身离场。但是巴菲特却注重持重守拙，他对于已制定的投资计划轻易不做更改，他说：“如果你不能在股价跌去一半后，仍能从容不迫地执行计划，那你是不适合做股票投资的。”由此可知，巴菲特像是位内力深厚的太极高手，而巴鲁克更像个一剑封喉的剑客。

巴鲁克不但是白手起家的成功典范，也是能够把握先机的股票交易商；既是手段灵活的投资商，也是通晓经济发展的政治家。他的投资思维如同诡谲多变的股市，随时都会改变，却常常能够出奇制胜。他对经济和政治方面的言论，至今被很多人奉为经典并予以恪守。巴鲁克因投机而发家，最终成为享誉全球的投资巨人，他的投资经验是当前投资者最好的借鉴。

他是“投机大师”、“独狼”、“总统顾问”以及“公园长椅政治家”，更重要的是——他是在股市大崩溃前抛出的人。

了解巴鲁克的投资思维，也许你也能同他一样创造奇迹！

5. 本杰明·格雷厄姆的投资锦囊

聪明的投资者不会错过任何一个了解和理解本杰明·格雷厄姆投资锦囊的机会。

“华尔街教父”的投资指南将引领你走向财富的海洋！

一直以来，股市都被人们视为精英聚集之地，华尔街则是衡量一个人智慧与胆识的决定性场所。本杰明·格雷厄姆作为一代宗师，不论是其金融分析学说还是思想都在投资领域引起了极为深远的影响，几乎影响了三代重要的投资者，如今那些活跃在华尔街的投资管理人都自称为格雷厄姆的信徒。他们都尊称格雷厄姆为“华尔街教父”，下面就让我们了解一下“华尔街教父”的投资之路及投资指南。

格雷厄姆的投资之路

本杰明·格雷厄姆出生于伦敦，他的童年是充满苦涩的。

1914 年，以荣誉毕业生和全班第二名的好成绩，格雷厄姆从哥伦比亚大学毕业。为了改善贫困的生活，格雷厄姆最需要的就是一份报酬优厚的工作，为此他放弃了留校任教的机会，在卡贝尔校长的力荐下开始步入华尔街。

1914 年，格雷厄姆在校长的推荐下在纽伯格·亨德森·劳伯公司找到了一份信息员的工作，主要负责把债券和股票价格贴在黑板上，周薪为 12 美元。在当时的纽约证券交易所，最低等的职业就是信息员，可是这位未来的"华尔街教父"却由此开展了他在华尔街传奇性的投资生活。

没过多久，格雷厄姆就成功地向公司证实了自己不凡的能力。在短短的三个月内，他就被升职为研究报告撰写人。因为无论是文学修养还是科学思维都很厉害，格雷厄姆很快就形成了自己简洁而富有逻辑性的文风，在华尔街证券分析舞台独步一时。

老板纽伯格经过仔细的审察，他发现格雷厄姆身上蕴藏着巨大的潜力与才干。很快，格雷厄姆就被升任为证券分析师，确切地说，升任证券分析师是格雷厄姆一生事业的真正开始。

担任证券分析师后，格雷厄姆决定在那些掩瞒了大量资产的公司做文章。他通过上市公司自身、有关新闻报道、公司内部人士等多种途径收集相关资料，经过对这些资料的研究和分析，搜寻那些拥有大量隐匿性资产的公司。

1915 年 9 月，通过研究和分析，格雷厄姆了解到哥报海姆公司是一家拥有多家铜矿股权的矿业开发公司，该公司当时的股价为每股 68.88 美元。在得知该公司就要解散的消息后，格雷厄姆通过多种渠道搜集这家公司的相关资料，并对这家公司的矿产和股价进行了详细的技术分析，发现了该公司尚有大量的不为人知的隐蔽性资产。通过精确地计算，格雷厄姆了解到该公司股票的市场价值与其实际资产价值之间有一个很大的价差空间。他知道投资该公司的股票一定会带来丰厚的回报，便建议纽伯格先生大量买进该公司的股票。老板纽伯格接纳了格雷厄姆的建议，当哥报海姆公司在 1917 年宣布解散时，纽伯格·亨德森·劳伯公司从这笔买卖中赚取了数十万美元的利润，其投资回报率高达 18.53%。

由于格雷厄姆对投资股票有着非常准确的判断，于是他在华尔街开始有了一些小小的名气，因此他决定在华尔街小试牛刀。

随后，在朋友的鼓动下，他开始尝试为一些私人做投资。起初格雷厄姆所操纵的私人投资的确获得了很好的收益，但在一年之后发生的"萨幅轮胎事件”却给格雷厄姆带来一记重创。

当时的华尔街，非常流行买入即将公开上市公司的股票，等其上市后再从中套利的操作手法。格雷厄姆从朋友那里了解到萨幅轮胎公司的股票即将公开上市。他在没有仔细分析的情况下，便联合一批同事、朋友分批购入萨幅轮胎公司的股票。可这些股票认购纯粹是一种市场操纵行为，幕后操纵者在将该股票的股价狂炒之后，突然抛售，导致包括格雷厄姆在内的大批投资者被无情套牢，而该股票最终也无法上市。

“萨幅轮胎事件”对格雷厄姆的打击很大，也让他对华尔街的本质有了更深刻的认识。同时，格雷厄姆也从中得出了两条可贵的经验：一是不能轻信所谓“内部消息”，二是对人为操纵市场要保持高度的戒心。这一事件促使格雷厄姆逐步走向成熟。

基于纽伯格的赏识，于1920年，格雷厄姆正式成为纽伯格·亨德森·劳伯公司的合伙人。他继续通过实践积累了更多的经验。随着他一次又一次辉煌的胜利，其投资技术和投资理念也日渐成熟。

1923年年初，格雷厄姆决定自立门户，他离开纽伯格·亨德森·劳伯公司后，成立了格兰赫私人基金，资金规模为50万美元。他选择的第一个目标就是赫赫有名的美国化工巨头：杜邦公司。

1920年，美国通用汽车公司一时陷于无法偿还银行贷款的财务困境，美国的军火巨头杜邦公司通过一场处心积虑的兼并战，最终兼并了通用汽车公司。杜邦公司对通用汽车公司的兼并形成了两公司交叉持股的状况。至1923年8月，随着二战的结束，美国的经济开始复苏，杜邦公司失去了军火暴利来源，股价急剧下滑，每股股价仅维持在297.85美元左右；而通用汽车公司因汽车市场需求的大增而利润直线上升，每股股价高达385美元。

格雷厄姆留意到这种巨大的差额之后，经过仔细的分析，发现由于杜邦公司持有通用38%以上的股份，而且这一份额还在不断增加中，所以市场现阶段两种股票之间的价格差距就是一种错误，而由股市造成的错误迟早都会由股市自身来纠正，市场不可能对明显的错误长久视而不见，一旦这种错误得到纠正时，便是有眼光的投资者获利之时。

格雷厄姆开始迅速行动起来，他大量买进杜邦公司的股票，同时将通用汽车公司的股票更大笔地卖出。这样，他就会因杜邦公司股票上涨和通用汽车公司股票下跌而双向获利。情况果然不出格雷厄姆所料，半个月后，市场迅速对这两公司股价之间的差距做出了纠正，杜邦公司股价一路攀升，升至每股365.89美元，而通用汽车公司股票随之下跌，跌至每股370美元左右。格雷厄姆很快就获利了结，不算他卖出通用公司股票之间的差价，其单项投资回报率就高达23%。

格兰赫基金才运作了一年半，回报率就高达100%以上，远远高于同期平均股价79%的上涨幅度，但由于股东与格雷厄姆在分红方案上的意见分歧，格兰赫基金最终不得不以解散而告终。但这却使格雷厄姆意外地遇到了其最佳黄金搭档——杰罗姆·纽曼。纽曼有着卓越的管理才能，无论多么繁琐的事务到了他手里，解决起来总是得心应手，这使格雷厄姆可以腾出更多的精力来专注于证券分析，做出投资策略。

1956年，在华尔街打拼了42年的格雷厄姆决定退出金融界。从此，他完全专注于金融教学和研究，并不断地发表自己对市场的看法。

洞悉格雷厄姆的投资指南

◎ 在股市，倘若你总是做一些显而易见或大家都在做的事，那么你就不可能赚到钱。想做个理性投资者，精神态度比技巧更为重要。

◎ 任何人都知道，在股市交易中绝大多数人都是赔钱的。至于那些赔了钱又不肯放弃的人，要么不理智、要么想用金钱来换取其中的乐趣、要么就是具有超常的天赋，在任何情况下他们都并非投资者。

◎ 做一个理性的投资者，首先要了解投资和投机的区别，一般而言，投资者与投机者最实际的区别在于他们对股市运动的态度上：投机者的兴趣主要在于参与市场波动并从中谋取利润，投资者的兴趣主要在以适当的价格取得和持有适当的股票。

◎ 对于投机者而言，时机有着非常重要的作用，因为他想在短时间内获得大笔的利润，在他的证券上升之前等待一年的想法是不适合他的，而等待的时间对投资者而言则无关紧要。

◎ 对于真正的投资者来说，价格波动只有一个重要的意义：当价格大幅度下跌后提供给投资者买入的机会，当价格大幅度上涨后提供给投资者出售的机会。

◎ 如果所有的投资者都同意一种特别的股票比其他的股票更好，那么这种股票会迅速提价到这样一种程度以抵消掉其先前的利益。

◎ 在股市，绝大多部分的理论收益并不是那些一直处于繁荣的公司所创造的，而是那些经历大起大落的公司创造的，是通过在股票低价时买进、高价时卖出创造出来的。

◎ 股市行为一直以来都是一个令人迷惑的行为，不然稍懂一点知识的人就可以获利。作为投资者，最重要的是依据价格水平与潜在或核心价值的相互关系，而不是市场上正在做什么或将要做什么的变化。

◎ 如今，越来越多的投资者把目光从固定资产转移到无形资产上，例如经营能力和企业的本质等，而这会暗中为投资者带来具有风险的思考模式。

◎ 在股市，倘若一只普通股被认定为良好的投资对象，那么这只股票同时也是良好的投机目标。

◎ 作为投资者，不能将注意力全部放在行情机上，更要放在股权证明背后的企业身上，通过注意盈利情况，资产情况，未来远景等诸如此类的因素上，投资者可以对公司独立于其市场价格的“内在价值”形成一个概念。

本杰明·格雷厄姆是一个理性的投资大师，他的教导对每位投资者来说都有着不可估量的价值。作为一个投资者，如果能够完全将格雷厄姆的投资理念铭记于心的同时，正确地运用它，那么成为一个成功的投资者将是轻而易举的事。

了解格雷厄姆的投资之路，贯彻格雷厄姆的投资指南，相信你离股市王者也不远了。

本杰明·格雷厄姆的继承者按照他的教导积累了大量财富。

时间在变，市场在变，但是本杰明·格雷厄姆的教导对今天的投资者仍是金玉良言。

6. 吉姆·罗杰斯的远见投资

他来自小城镇，后来成为人人皆知的华尔街神童；

今天，他是华尔街中的风云人物；

人们称之为最富远见的国际投资家。

“嘿，吉姆，我可以在阿根廷买地吗?”“你最好去安哥拉，它在非洲。”

“吉姆，你对黄金有什么看法?”“倘若你把你的黄金都变成铅，我相信你赚得要多得多。”无论走到什么地方，吉姆·罗杰斯都能碰到他的仰慕者。

20世纪70年代，吉姆·罗杰斯与乔治·索罗斯合伙，成立了历史上最有名的投资团队。随后，他又摇身一变，成了“金融界的夺宝奇兵”，他两次周游世界，在一些最不可能的地方进行着有利可图的投资。了解罗杰斯的成败与得失，学习他的投资思维和法则，定能让你在投资过程中如虎添翼。

独特的投资思维

1980年后，罗杰斯正式开始了自己的投资事业。

罗杰斯博学多才，广读群书，他始终认为投资家最重要的素质就是独立思考能力。他博学的知识为他的独立思考奠定了坚实的基础。把投资的目光投向整个世界的股票市场信息，是现代投资家一个特殊点。在这方面，罗杰斯是一个佼佼者。

1984年，奥地利股市跌至1961年的一半，但是对于这个情况关注的人并不多，然而罗杰斯却亲自前往事发地奥地利进行实地考查。经过细致的调查研究后，他知道机会来了。于是，他开始大笔购买奥地利企业的股票、债券。一年过后，奥地利股市转危为安，奥地利股市指数在暴涨中上升了145%，罗杰斯获大利，因此被人称之为奥地利股市之父。

1987年，连续上涨数年后的日本股市渐渐趋于平缓，罗杰斯预测到日本股市的跌势即将开始。1988年，他开始大量卖空日本股票。结果不出他所料，他卖空的每种日股都又相继跌价，他也因此获取巨大利益。

1987年的上半年，他经分析得知美国的股市即将发生暴跌，便适时卖空股票。与他预测的一样，1987年10月19日，美国股市崩盘，他的卖空操作又大获全胜。

在挑选股票上，罗杰斯最为关心的不是一个企业在下一季度将盈利多少，而是社会、经济、政治和军事等宏观因素将对某一工业的命运产生什么样的影响，行业景气状况将如何变化。因此，只要罗杰斯得知某种长期性的政策变化和经济趋势对某个行业有利时，他就大量购买这个行业里的所有公司的股票。

1974 年，由于美国生产飞机和军用设备的洛克希德航太公司的利润大幅度下降，人们纷纷传言他很快就会破产，因此其股票价格落花流水般地跌至破产的价位——2 元。然而，沉着的罗杰斯从国际竞争格局中看到：美国、苏联两大国军事技术的较量必将愈演愈烈，美国政府必定会将注意力放在生产国防用的最优良设备上。也就是说，洛克公司一定会得到美国政策性的大力扶助。基于这种预见，当人们大量抛弃洛克公司的股票时，罗杰斯大量买进，不久后，洛克公司股票突然从寂静中暴发，股价从 2 元升到 120 美元。当然，罗杰斯成为最大的获利者。

为了确保在每次的国际投资活动中都稳操胜券，罗杰斯喜欢周游世界各国，体验新事物，会见新人物。他将这些当作了解证券市场动态的一种最直接的方法。为此，他走遍了六大洲，行程 104700 公里，打破了吉尼斯世界纪录。这种将投资研究与旅游娱乐相结合的方式不仅使他的个人生活更加丰富多彩，同时也为其正确投资准备了最有价值的第一手信息。1990 年 5 月，罗杰斯访问中国，他表示，20 年后中国将立于世界经济强国之列，21 世纪将是中国的世纪。其在进行第二次环球投资旅行时，于 1999 年在上海证券交易所开户，并对 B 股市场有过一番高论。他认为，B 股股指已从高位下跌 85%，再加上中国经济有着惊人的潜在力量，投资价值之大显而易见。后来事情的发展更验证了他的判断，1999 年上海 B 股指数只有 50 多点，而 2001 年最高到达 240 多点，在两年多的时间就获得 4 -6 倍的利润。

罗杰斯的投资准则

◎ 勤奋 + 努力

罗杰斯认为，投资成功的关键不在于是否聪明，最关键的在于是否勤奋、是否努力，只要非常努力地工作，也很热爱自己的工作，就有成功的可能。

◎ 独立思考，不随大流

罗杰斯一直都不注重华尔街其他的证券分析家，他认为只有埋头苦读才是最有效的。倘若只按照自己所理解的行事，既容易又有利可图，不能让别人告诉自己该怎么做。没有人能够靠随大流而发大财，因为市场永远是错的，所以必须养成独立思考的习惯，抛开羊群心理。

◎ 干什么都比进商学院好

罗杰斯在哥伦比亚经济学院教书时，他在跟学生聊天时总劝诫学生不应该来读经济学院，这是浪费时间，因为算上机会成本，读书期间要花掉大约10万美元，这笔钱与其用来上学，还不如用来投资做生意，虽然可能赚也可能赔，但无论赚赔都比坐在教室里两三年听那些从来没有做过生意的“资深教授”对此大放厥词地空谈要学到的东西多。因此，他总是对他的学生说：“学习历史和哲学吧，干什么都比进商学院好；当服务员，去远方旅行。”

◎ 做自己熟悉的事，绝不赔钱

罗杰斯曾说：“除非你真的知道自己在做什么，否则最好什么也别做。如果你在前两年靠投资赚了50%的利润，然而在第三年又亏了50%，那么，你还不如把资金投入国债市场。你应该耐心等待好时机，赚了钱获利了结，然后等待下一次的机会。只有这样，你才能战胜别人。所以，我的宗旨就是绝不赔钱，做自己熟悉的事，等到发现大好机会才投钱下去。”

◎ 静坐，等候投资机会的来临

如果你是由于商品具有实际价值而买进，那么就算你买进的时机不对，你也不至于遭到重大亏损。“平时，静坐是最好的姿态，越少买卖越好，永远耐心地等候投资机会的来临。”“我从不认为自己是一个炒家，我只是一位机会主义者，等候机会出现，在信心十足的情形下才出击。”罗杰斯如是说。

◎ 坐下来等待大势的自然发展

罗杰斯认为，在投资过程中坚持冷眼旁观是非常重要的，除非是真的有重大的事情发生。然而现实中很多投资者都喜欢进进出出，找些事情做。他们可能会说，“看看我有多高明，又赚了3倍。”然后他们又去做别的事情，他们就是没有办法坐下来等待大势的自然发展。对于“试试手气”的做法罗杰斯不敢苟同，他说：“实际上这是导致投资者倾家荡产的绝路。若干在股市遭到亏损的人会说：‘赔了一笔，我一定要设法把它赚回来。’越是遭遇这种情况，就越应该平心静气，等到市场有新状况发生时才采取行动。”

吉姆·罗杰斯，一个在10年时间里，赚了足够一生花费的投资家；一个被巴菲特誉为对市场变化掌握无人能及的趋势家；一个两度环游世界，一次骑车、一次开车的梦想家。

了解罗杰斯的股市投资思维，学习罗杰斯的股市投资法则，你才有可能成为像罗杰斯一样的投资奇才。

罗杰斯认为：我喜欢赚钱，那么就让我们一起赚钱吧！最重要的是，你要知道一个非常简单的道理，低买高卖。而且要能够做到。在股市上真正能够挣到钱的那些赢家，最大的特征是什么？怀疑、好奇和坚持！凭着这些罗杰斯成为了极具实力的赢家，凭着这些也同样可以成就你的财富梦想！

7. 威廉·欧奈尔笑傲股市

威廉·欧奈尔——华尔街投资者的良师，最顶尖的资深投资者，在华尔街中又是怎样的叱咤风云。从其默默无闻到其白手起家再到其成就霸业，这期间他经历过什么？他凭什么从无名小辈荣升为笑傲群雄的股市霸主？其背后的故事无不引人思考……

如果把华尔街的所有投资者比作一座金字塔的话，无疑威廉·欧奈尔是站在塔顶的，他21岁时白手起家，30岁时就买下了纽约证券交易所的席次，并在洛杉矶创办了专业投资机构威廉·欧奈尔公司。他不仅是全球几百位基金经理人的投资顾问，同时他还担任资产超过2亿美元的新美国共同基金的基金经理人。那么威廉·欧奈尔是如何获得如此大的成功的呢？

欧奈尔的笑傲之旅

美国的俄克拉荷马州是欧奈尔的出生地，欧奈尔出生时正值美国经济濒临崩溃的大萧条时期。

欧奈尔在其 21 岁时，加入了美国空军并以 500 美元作为本钱，开始了生平第一次投资——买了 5 股宝洁公司的股票。1958 年，在海顿一家股票经纪公司他找到了一份股票经纪人的工作，他金融事业生涯由此开始。也就是从那时，他开始了对股票的研究工作，这就为他后来形成一整套独特的选股方法奠定了基础。

1962－1963 年，欧奈尔通过克莱斯勒、Syntax 等两三只股票的交易，把投入的原始本金——500 美元，增加到了 20 万美元。20 世纪 60 年代初，30 岁的欧奈尔用自己在股市的收益在纽约证券交易所购买了一个席位，并成立了一家以他名字命名的专门从事机构投资的股票经纪公司——欧奈尔公司。欧奈尔公司在市场上第一个推出了跟踪股市走势的计算机数据库，后来才有其他公司仿效。1973 年，欧奈尔创立了“欧奈尔数据系统公司”，建立了庞大的数据图表中心，为普通投资者服务。除之此外，他们还出版“每日图线”，每周向投资者提供日 K 线图。随后，该公司不仅为 600 多家大机构投资者服务，而且还向 30000 多位个人用户提供每日股市分析图表及大量的基本面和技术面的分析指标。

1984 年，欧奈尔开始进行他的另一个冒险投资——向资深的百年老报《华尔街日报》发起挑战，创办《投资者商报》，这是美国报界中全新的模式。该报为每日刊，尽全力给投资者提供最可靠也最急需的信息。

1984 年，《投资者商报》的发行量并不乐观，每天仅 2 万多一点，但是《华尔街日报》的发行量却高达 200 万份。与《华尔街日报》比较起来，年轻的《投资者商报》显得势单力薄。然而到了 1988 年，《投资者商报》的订户已经超过了 11 万，而且发行量还在不断地增加。自 1990 年至 1995 年几年的时间内，该报纸的发行量就上升了 93%。欧奈尔坚信，《投资者商报》的发行量最终一定可以达到 80 万份。他坚定不移的信心源于《投资者商报》的“拳头产品”——该报所提供的金融统计数据是独此一家，例如有关每种股票的市盈率、相对强度指标、成交量变化百分比等等。如今，该报在美国各地都有销售，同时它也是美国报业中成长最快的报纸之一。

除此之外，欧奈尔还成立了新美洲基金，该基金的资产早已超过 20 亿美元。

虽然欧奈尔又开公司又办报，但这些丝毫没有影响他作为投资大师的出色表现。那些追随他的投资者每年的平均收益都会超过 40%。最出名的是他曾两次在《华尔街日报》上刊登整版广告，预测大牛市即将来临，而且这两次广告预告的时间也非常准确：一次是1978年3月，另一次是1982年2月。

欧奈尔将他的投资理念毫无保留地传授给了广大的投资者，他自信、执著，对美国经济前景极为乐观。他认为，股市中每年都有机会，所以要让自己时刻准备着，随时去抓住。

欧奈尔之C－A－N S－L－I－M

C－A－N S－L－I－M的字母分别代表欧奈尔的选股方法，下面我们了解一下这七个字母分别代表什么样的含义。

◎ C = Current quarterly earnings per share（最近一个季度报表显示的盈利）

大黑马的特点，表明盈利的增长幅度较大，特别是最近的一季。在一般情况下，最好的情况就是每股收益能够加速增长。但如果去年同季度获利的水平较低，例如每股的收益仅为1分，今年为5分，就不能包括在内。当季每股的收益只增长低于10%是不够的，至少要达到20% －50%或者更高，这是最基本的要求。需要注意的是当季收益高速增长，必须排除非经常性的收益，比如靠出售资产取得的巨额收益。

◎ A = Annual earning increases（每年度每股盈利的增长幅度）

值得你买的好股票，应该在4－5年时间内，每股收益年度复合成长率达25% －50%，甚至100%以上。据有关资料统计得知，所有飙升股票在启动时，每股收益年度复合成长率平均为24%，中间值则是21%。一只具有投资价值的股票其年度每股收益成长与最近几季每股收益成长一定是同步的。

◎ N = New products，New management，New highs（新产品、新管理方法、股价创新高）

如果某公司展现出新的气象，那么就是其股票股价大涨的前兆。也许是一项能够促进营业额增加及盈余加速成长的重要新商品或服务；也许在过去数年内，公司最高管理阶层换上新血液；也许是发生一些与公司本身产业有关的事件。1953－1993年40年间，美国股场那些大涨过的股票有95%出现过这种情况。

通常情况下，大多数的投资者都不敢买创出新高的股票，反而逢低抢进越跌越多的股票。据有关人员研究得知，在股市行情的循环中，那些创新高的股票更易于再创出高价。最佳买进股票的时机是在股票突破盘整期之初，但千万不要等到股价已涨破5%－10%后，才蹒跚进场。股价走势如果能在盘整区中转强，向上接近或穿越整理上限，则更值得投资。

想做个赢家，就买入一只多数投资者起先都觉得有些贵的股票，然后等待股票涨到让那些投资者都想买这只股票的时候，再卖出股票。

◎ S＝Supply and demand（该股票流通盘大小、市值以及交易量的情况）

通常情况下，股本较小的股票比较具有股价表现潜力。因为股本小的股票流动性很差，股价波动情况比较激烈，倾向于暴涨暴跌，但最具潜力的股票通常在这些中小型成长股上。据有关资料得知，90%以上的公司其盈余成长及股价表现最高峰都是出现在实收股份少于2500万股的公司中，流通股本越少越好，易于被人操纵，更易于涨升。

◎ L＝Leader or laggard（该股票在行业中的地位，是否是行业龙头）

一般情况下，大多数投资者倾向于买自己喜欢并熟悉的那些股票。但是，你的那些爱股成为市场上最活跃的领涨股的几率并不大，如果你只因自己的习惯而投资这些股票，那么你只能看他们慢牛拖步。成为股市的霸主的法则是：不买落后股，不买同情股，全心全意抓住领涨股。当你使用这项原则之前，首先要确认股票是在一个横向底部形态，而且股价向上突破后上升尚未超过5%－10%，这样，可以避免追进一只涨得过高的股票。

一般而言，任何一个领涨股其相对强弱度指数RSI都不会低于70，在1953－1993年间，每年股价表现最好的500只美国上市股票，在真正大涨之时的平均RSI为87。股海之中强者恒强、弱者恒弱是永恒的规律，一旦大盘跌势结束，最先反弹回升创新高的股票，几乎肯定是领涨股。因此，不买则已，要买就一定要买领涨股。

◎ I＝Institutional sponsorship（该股票有无有力的庄家，机构大股东）

股票需求只有扩大到相当的程度，才能够刺激股票的供给需求，而最大的股票需求来自大投资机构。但是，如果一只股票有太多投资机构的关照，就会出现大投资机构争相抢进、买过头的现象，一旦公司或大盘出现这种情况，届时竞相卖出的压力是十分可怕的。

得知有多少大投资机构买进某一只股票并不是最重要的，最重要的是去了解操作水准较佳的大投资机构的持股内容，适于投资者买进的股票，必须是最近操作业绩良好的数家大投资机构所认同的股票。

◎ M = Market direction（大盘走势如何，如何来判断大盘方向）

也许你能够找到一群符合前6项选股模式的股票，但一旦看错大盘，这些股票约有七八成将随势沉落，而你将惨赔出场。因此，还需有一套简易而有效的方法来判断大盘处于多头行情或者空头行情。

就股市的发展现状而言，市场上完全符合上述原则的股票仅在少数，而这些股票之中也只有2%的股票成为飙升股，但有的升幅能够超过一倍，足以弥补由于选股不当造成的损失。投资者必须做到的是，买进选中的股票，订下你准备止损的价位（一般而言，在购进成本以下7%－8%绝对是止损的底线）。

在我国的股市中，威廉·欧奈尔的C－A－N S－L－I－M选股模式也是有效的，但是因为我国股市发展的时间还较短，投资者对有关的分析数据要做一定的调整。

在我国，大多数的投资者都知道沃伦·巴菲特，但未必都知道威廉·欧奈尔。如果把巴菲特称之为“股王”，那么这位白手起家，刚过而立之年便在纽约证交所给自己买下一个席位的欧奈尔，显然更像是一位谆谆教导并且身体力行的老师。因为无论是在选股、选择买卖点还是在茫茫股海中抓黑马等投资策略，他都考虑到了。

威廉·欧奈尔的成功之路就像一部小说或一场电影，充满了美国式的传奇。他不仅是一位能够在股市中获取超额利润的投资大师，同时，还是一位非常成功的企业家。

威廉·欧奈尔的一生充满传奇色彩，他的特立独行，他的股市思维，他的投资手法，他所创造的“选股七法”，将引领每个投资者向财富的蓝海起航！

第十章
看国际国内，宏观、客观地看待股市

股市涨跌的原因也许不是只有公司业绩能够影响的，一些富豪的说话和行为、国家政策、大灾难、战争等都是其中的因素。而这些因素很少是股民考虑的对象，也许这就可能决定了成功或失败……，怎样在股海中绕过急流险滩？怎样才算真正做到了谨慎入市？怎样才能打赢这场“股海”之战？也许正确客观地看待股市，才是一个基本正确的方案。

> 股市热浪滚滚，似乎只要敢买就能赚。于是谨慎被嘲笑为胆小，追涨成了潮流，风险被繁荣遮盖。要想游刃股市有余，就要铭记：股市有风险，入市须谨慎！股市升降是综合性的因素造成的，必须修炼自身的本领，提高综合信息的能力，才能让利润奔跑起来！

1. 世界上从来就没有“没有股灾”的股市

股灾，一个让所有人谈之色变的名字，在历史上一次又一次的发生，却让人们毫无还手之力，它到底存在什么样的摧毁性？……

股灾的发生，是股民的灾难，也是上市公司的灾难。无论是国际股市还是国内股市，股灾的发生都是不可避免的，面对股灾风险，如何保证经济的继续走强以及牛市的格局，开始成为很多人思考的课题。以史为鉴，作为企业的经营者，不管掌管的是上市公司，还是将来有可能会上市的公司，或许都能够通过世界的六大股灾认清楚全球化的风险。事实上，股市的奇迹不是靠吹泡泡来形成的，大到一个国家的 GDP 增长，小至一个企业的市值增长，都需要有实际业绩当作坚强的后盾，如果背离了基础，繁荣只能是昙花一现。从历史上的股灾来看股市，或许能让人们在股市的走势中有所借鉴。

透过世界历次股灾看股市

股灾的发生永远是不可避免的，股灾的发生也是十分可怕的，世界上任何一次股灾都会给股灾发生国造成无法估量的经济损失，就算发生一次世界性战争的损失也可能没有这么大；从 1720 年世界第一次股灾发生至今 200 多年以来，几乎每一个拥有股市的国家和地区都发生过股灾，有的甚至还不止一次。中国股市的历史比较晚，因为“年轻”的原因，发生股灾的机会更高，也许对于广大股民来说，如何避免这样的股灾是很重要的，至少应该有这样的意识。

◎ 法国密西西比股灾

法国的这次股灾在整个股市历史中是最早的一次，是由市场过度投资暴炒密西西比公司的股票并最终导致股票暴跌引起的。这次股灾，对于进入股市的股民来说，是应该好好研究的，因为它是世界第一次股灾。中国的股市早晚也会有这样的股灾，2008 年 6 月、7 月是不是股灾，还有待定论，可以预见，这样的股市或者说这样的熊市甚至股灾肯定会在未来的某一年发生，而且还不会是一次，而是多次发生。

1710 年，法国政府由于支出与收入的巨大差距，财政已经出现赤字。1717 年，为了摆脱国家财政危机，法国政府准许以约翰·劳的私人银行发行的纸币纳税。1718 年，特许约翰·劳建立密西西比公司和包税总所。同年，密西西比公司以开发路易斯安那金矿为由，采取各种促销方法营造社会购买的热烈气氛，而且允许持有政府债券的人使用债券来购买股票。市场投机可谓是愈演愈烈，以致使得整个欧洲的资金犹如潮水一般的涌入，1719年，密西西比公司的股票每股已经涨至31000锂，其涨幅是发行价的62倍，从而创造了当时世界股市及以后相当长一段时间内暴涨的最高纪录。1720年7月，股市的投资狂潮逐渐接近尾声。但是过高的股价却让人充满担忧，为了将股票换成纸币，市场上出现了大量抛售密西西比公司股票的现象。为了支撑股价，约翰·劳不惜通过大批量发行纸币来吸收投资者卖出的股票，谁知结果却并没有如他所愿，股价居然从此一泻千里，创造了跌幅一次达99%的世界股市最高纪录。也使得抛售股票的狂潮迅速演变为挤兑狂潮，导致法国银行倒闭，无数纸币顷刻变成废纸，法国经济进入长期大萧条时期。

◎ 英国南海股灾

这次股灾乃是1720年以后世界股市史上爆发的又一重大股灾，它所产生的影响更加深远。

1711年，英国南海公司在其成立后不久就认购了政府1000万英镑的债券，同时英国政府保证对该公司已转换债券支付6%的利息并免征间接税。此外，该公司还获得了英国与美洲大陆东海岸之间的贸易特权和英国与美洲大陆西海岸的所有贸易权。1720年，南海公司为高达3100万英镑的全部国债提供资金，并在6个月内使南海公司的股价升至800英镑，之后还在不断上涨。南海公司股票的暴涨产生了巨大的示范效应，一些企业的发起人也开始创办公司并向股市投放大量新股。同年8月，南海公司一些董事和高级职员认识到南海公司股价暴涨和公司毫无起色的经营业绩几乎完全脱钩，于是便开始大量抛售所持有的股票。投资者在相继识破南海公司真相，也开始疯狂地抛出手中所持有的股票，南海公司股票因此而一路狂泻，跌幅达到了78.04%。受到其牵连的英格兰银行股票也跌了将近100点，这使得整个英国股市完全崩溃，为数众多的银行相继倒闭、破产。在此之后长达一个多世纪的时间内，英国的股票几乎销声匿迹。

◎ 1929年和1987年的世界性股灾

1920－1921年，美国经济在渡过了危机之后开始走出谷底，逐步回升。1923年，美国股市启动，一路稳步攀升到1928年。在这一期间，美国股市基本上一直处在慢牛走势之中，股市与美国经济的持续增长也大致吻合。受到股市繁荣的刺激，1929年美国激发了华尔街投机商们的野心，他们将原本繁荣的股票交易演变成了一种疯狂的投机活动，使得美国出现了空前的全民股票热。在这种情况下，道·琼斯指数在9月初就摸高452点，与1921年最低时相比上涨了5.95倍，股价远远高出了其实际价值，最终使股市的风险增大到了一触即发的地步。

与此同时，多年来一直处于持续增长状态的美国经济也开始显露出了疲态，工业产量出现萎缩。继美国金融家罗杰·巴布森预言“一场市场崩溃迟早要来临”之后，美国股市的股票指数已呈大幅度下挫之势。1929年10月，美国股市从开盘起便开始急剧奔泻，纽约证券交易所仅在一天时间里就有1600万张以上的股票易手，之后纽约股市也被1300万股抛单压得直线下泄，来不及喘息，就开始面临仅一天就跌幅达12.28%的狂跌状况，股票的抛售也已经到了不计价格高低的地步。

直到1932年，仅3年的时间道·琼斯指数就已跌至到了58点，较1929年的最高点下跌了89%，美国的通用电气公司股票价格也从396美元跌到了8美元。美国股市开始了长达5年的漫长熊市，这不仅使美国经济一度陷入瘫痪，而且也引发了世界性的经济危机。直到1954年，道·琼期指数才又升到了1929年的峰位452点。

1982年，低迷的美国经济终于出现了复苏迹象。通货膨胀率的下降，使得整个西方经济进入了一个持续的增长期。由于国际游资的大量流入，促使美国股价大幅度上升，道·琼斯指数在1987年8月就上升到了2722.40点，从而掀起了整个西方国家股市的牛市狂潮。美国经济虽然在持续增长，但却依然存在着巨大的隐患。1986年，由于财政外债达到了2636亿美元之多，使得美国沦为世界最大的债务国。1987年10月，股灾突发，道·琼斯指数在一天内暴跌到了508.32点，市值损失了5000亿美元。美国股市的又一次暴跌随即触发了世界性股灾。仅仅在10月份，股灾就致使世界重要股市市值损失了17920亿美元，相当于第一次世界大战造成的经济损失的5.30倍。无论是日本日经指数还是中国香港恒生指数均开始暴跌，并创当时世界股市历史上日最高跌幅纪录，可以说整个西方股市全部陷入了令人恐慌的暴跌之中。

◎ 区域性股灾

1997年之前，在东南亚国家和地区的经济快速增长的同时，相继出现了银行放贷过于松动。不良资产日益膨胀、金融过分自由化等都为东南亚股灾种下了祸根。1997年2月，泰国房地产和泰国金融机构都出现了现金的周转问题，从而使得泰铢汇率发生波动；5月，泰国央行为了稳定汇率，抛出了40亿美元买进泰铢，但却依然无法使问题得到解决；7月，泰国宣布泰铢与美元脱钩，由此引爆了东南亚金融危机。受此牵连，菲律宾等其他国家的国币也开始迅速贬值。印度尼西亚盾贬值70%以上，泰铢贬值50%以上，韩元、马来西亚林吉特、菲律宾比索贬值30%－40%，日元较1997年初贬值17%……这些东南亚国家和地区股市下跌的程度丝毫不亚于货币贬值的幅度。截至到12月31日，东南亚几乎所有地区的股市都受到了这次金融危机的重创，这一度引起包括美国股市在内的全球其他股市大幅度下挫。1998年，在印度尼西亚的香港百富勤投资公司宣告清盘，中国香港、新加坡、日本、中国台湾等四个国家和地区的指数暴跌；直到1月底，东南亚的股灾势头才得以初步稳定。从开始到稳定，东南亚的这次股灾历经了8个多月，使得货币进一步贬值，这是把东南亚金融危机推入深渊的关键所在。

◎ 日本股灾

日本一直以来就是世界上股灾发生次数最多，也最为频繁的国家之一。

从二战结束后近50年的时间里，日本先后共发生了7次股灾，其中最严重的就是1991－1992年间的泡沫经济型股灾。1986年12月日本开始了不同寻常的经济繁荣，经过这次繁荣，日本对外纯资产额在1991年达到了3830亿美元。在这种“繁荣”的经济支持下，1986－1987年日本股市几乎呈单边上扬的趋势，日经指数也由此上涨了将近1倍多。1987年爆发世界性股灾，日本不仅没有从美国股市崩溃中吸取教训，反而立即恢复了元气。日经指数在1988年年底突破30000点，于1989年再创新高，日本股票市值高达630兆日元，相当于当年GNP的1.6倍。虽然日本经济看似异常繁荣，日本股市呈狂涨状态，然而其中却隐含着巨大的泡沫经济成分。

20世纪80年代初，日本在其经济景气、国家收入持续增加的情况下，许多人开始将银行存款转而投向了股市和房地产，有的甚至向银行借贷来进行投资，从而使得日本的土地、房产和股票价格一时间大幅度上扬到令人震惊的高度。但是泡沫经济注定是不可能持久的。1989年，日本政府先后5次提高官方利率，日本股市开始出现高位大幅波动。1990年，海湾战争爆发，日本股价由此迅速大幅度下挫。1992年日经指数累计跌幅高达63.24%，由此开始，日本经济陷入了经济危机之中，几年内没有复苏的迹象。

◎ 港台股灾

1866年，中国香港开始了股票交易。自1950年以来，中国香港一直都是以劳动密集型的制衣业和纺织业为主导，工业化进程取得了很大的成就，在对外贸易和海外运输方面也有所发展。随着中国香港经济的不断发展，其股市也发展得相当迅速。但自20世纪60年代以来，中国香港股市的发展却并非一帆风顺，而是在大起大落中表现出整体向上的趋势。在此期间一共经历了三次严重的股灾。它们分别是1973－1974年的股灾、1982年股灾和1987年股灾。而这三次股灾多是由于股价的直线上升背离了公司业绩的支持，并在外界诱因的刺激下，一度飞速下跌。

1962年，中国台湾股市开始着手运作。1985年，中国台湾经济由于巨额游资在市场开放的前提下涌入开始有所发展，从而使得股市的股价指数开始不断地上升。随着股价成倍的上涨，中国台湾股票市盈率也开始不断地上升。1990年，中国台湾股市由于受到资金外流、外贸萎缩和政治斗争等因素的影响，股价开始一路狂泻，仅8个月的时间，中国台湾加权股价指数就从12000多点跌至到了2485点，跌幅之高竟居世界股市跌幅之首。

> 股灾是股市发展到一定阶段的必然现象，每一次的股灾都会让人们觉得心惊肉跳，纵观历史上的每次股灾，它所带来的灾难都是不可估量的。股市无论会发生什么，大都是不可预测的，历史上的每一次股灾都具有突发性，而且很少有人能幸免于难。而那些有幸躲过的人大多都有着精明的头脑。在历次股灾中获得自己的赚钱手段，赢得股市战争可谓是轻而易举。

历史是经典的沉淀，股市是利益的争端，通过历次股灾看股市，将让你事先远离灾难！！！

2. 股市泡沫与股市灾难

股市的每一次战争背后总会有风险横行！

泡沫的产生，股灾的爆发，无一不是风险的存在。要成功规避风险，了解它们是首要之选！

股市有泡沫，这是肯定的，股灾的发生也是不可避免的。身处股市中的人都知道所有的股票都有其内在的价值，但是要想保证股价一直维持在内在价值上面几乎是不可能的。牛市就是一个制造泡沫的过程，股价也要比其内在价值高得多，而熊市则是一个挤破泡沫的过程，股价必然要比其内在价值低得多。投资者需要做的并不是去看到底有没有泡沫，而是去努力平衡牛市和熊市，以避免单方独领风骚，无论是处在制造泡沫的牛市，还是挤破泡沫的熊市，只有这样才能够有效地防止股灾出现，如果不及时让股票价值保持平衡，只会让股灾提早出现，从而造成无可挽回的损失。

怎样识别股灾与泡沫

无论是在国内还是在国外，股灾与泡沫的出现，对于投资者和国家来说，都有着切肤之痛。因此，股市风险教育便成为了投资者受教育的最为重要题材，不管是在专著或者教材、课堂，我们随处都会感受到对投资者进行风险教育的重要性。然而，对于新股民而言，股灾、泡沫完全是一个陌生而抽象的概念。虽然中国股市的发展让人感觉飞速，但是由于市场经济基础相对比较薄弱，市场机制也尚不完善，监管与法制也仍待规范，因此，投资者素质及风险意识也有待大力提高。

股灾与泡沫的发生多是突然的，多是在投资者最为自信的时候乘机侵入，在这时很少有人会意识到危机的逼近，更多的人只是在盲目乐观，他们甚至会对风险警示者嗤之以鼻，根本就不屑一顾。专家指出，股市之所以会发生股灾或者泡沫，其实是每个股民的过错，因为市场发生的绝大多数风险都是人们通过将股价暴炒到远远超过发行公司价值的结果。当股价出现飞速上涨的迹象时，往往是一种泡沫的征兆。但这并不是说股票不能在价值上享有一个巨大的飞跃，而是说股价的飞跃对于发行公司来说是合理而适度的，并不是由广大的投资者相互跟风来证明或决定。对快速致富的渴望，对发展公司的过分信任，是造成股民遭受股灾打击的主要原因。但股市就是这样，你将钱放入到这个高潜在收益的投资中，就必须承受更大机会的损失。

泡沫是股市投资空前繁荣时必然出现的现象，它证明了人性刻画出的脆弱。当投资者在股票上产生一种需求时，他们便会开始驱使股价超出其发行公司绩效所决定的实际价值，泡沫就是在这种情况下产生的。这就好比是肥皂泡一样，经常出现在股价暴涨中的投资泡沫最终肯定会破灭。泡沫一旦破灭，所有投资者的钱便会因此“随风”消失。

股灾是股票的市值在人为或者外界影响的情况下出现暴跌或陡降的现象，这无疑是泡沫破灭的结果。一旦股灾出现，身处其中的绝大部分投资者都会争先恐后地携款逃离市场，然而不可否认的是，不管是选择逃离，还是选择不逃离的投资者最终都会蒙受重大的经济损失。股灾出现之时，为了尽量避免遭受更多的损失，投资者往往会毫不犹豫地抛售手中的股票，并且不惜代价地将暴跌的股票尽快脱手转给其他的投资者。这种恐慌性地抛售更进一步地加速了市场下跌，最终使得没有人能够逃脱股灾的影响。因为股灾过后，便是股市长期处于大萧条的时期。

泡沫与股灾是不同的，它们的关系就像“云”和“雨”。在现实生活中，每个人经常都会遇到“有云无雨”的现象，但却很难看到“有雨无云”的情形。在历史的记载中，股灾总是表现为由泡沫破灭引起的暴跌。也就是说，云层堆积的越厚，或者泡沫鼓吹的越大，雨就会下得越猛烈。

身在股市就要学会区分泡沫与股灾之间的不同，这是十分重要的，二者多是粘连在一起的，难以辨别。按照一般的规则，泡沫就好比是一个陷阱，让人们在投资的过程中不知不觉地跳入他人所设的赚钱的虚浮陷阱中，而股灾却是真真正正的灾难，让人深陷于股市的水深火热中。学会区分它们，你才能根据实际情况更有条理地分析出股市的发展状况。

股市灾难

股灾的突发性常常让人措手不及。它是股市内在的种种矛盾积累到一定程度时，受到外界或者内界偶然因素的影响，突然爆发股价暴跌的现象。股灾往往会引起社会经济的巨大动荡，并且给经济造成巨大损失，多表现为股票市值剧减，使注入股市的很大一部分资金化为乌有。股灾不同于一般的股市波动，也有别于一般的股市风险。股灾的产生，毁灭的并不仅仅是一家证券公司和一家银行那么简单，它对一个国家乃至整个世界的经济都会造成一定程度的影响，不仅会导致股市的投资机会严重减少，还会促使资金大量外流，从而引起货币贬值，从多方面造成金融市场发生动荡，引发或者加剧金融危机，以致加重经济的衰退，工商企业因此倒闭破产，还会间接地影响波及银行。

◎ 股灾的特点

大致而言，股灾大都具有以下几个显著特点：

1. 突发性。每次股灾的发生，都会让股市处于一个突发性暴跌阶段。

2. 破坏性。股灾的到来毫无预警，它的毁灭性也是不可预知的。不仅仅是一个百万富翁、一家证券公司和一家银行那么简单，而是与一个国家乃至世界的经济直接挂钩，它会让整个股市丧失所有的功能。一次股灾给人类造成的经济损失，与火灾、洪灾或者强烈地震相比，所造成的经济损失要多得多，甚至相当于一次世界大战造成的经济损失。

3. 联动性。股灾与股市中的所有人都息息相关，与所有经济企业的命运紧紧相连。一是经济链条上的联动性，股灾会加剧金融、经济危机；二是区域上的联动性，如果某些主要的股市发生了股灾，很可能会导致区域性或者世界性股市暴跌。

4. 不确定性。股灾的发生是股市出现严重膨胀现象，严重不稳定的结果。它多表现为股票市值剧减，往往会使注入股市的大部分资金于一瞬间化为乌有；加重经济衰退，工商企业倒闭破产，也间接波及银行，使银行不良资产增加；在股市国际化的国家和地区，股灾会导致股市投资机会减少，促使资金外流，引发货币贬值，还会冲击着金融市场。总而言之，股灾发生会引起国家甚至世界的波动。比如，1929 年的美国股灾，给金融市场带来了巨大的冲击。多家银行的破产使得整个金融市场都陷入了极度混乱的状态。

◎ 引起股灾的直接原因

引起股灾的原因众说纷纭，许多人对此提出了不同的理论，其中大多数认为股灾发生的原因主要包括：程式交易、股价过高、市场上流动资金不足以及羊群心理。股市专家总结出的股灾成因主要有以下几种：

1. 由程式交易而引起股灾的赞同人数比例最多。这种交易方式都是用电脑程式实时计算股价变动和买卖策略，在 1970 年末的华尔街较为盛行，程式交易令大宗的股票交易和期指交易可以同时进行买和卖。股灾之后许多人都说电脑程式看到股价下跌，便按早已设定的机制加入抛售股票，并由此形成恶性循环，令股价加速下跌，而下跌的股价又令程式更大量地抛售股票。

2. 投资组合保险引起股灾的理论也有不少人赞同。所谓投资组合保险，就是当市场出现下滑时，为将损失降到最低，就卖掉股票。但是有一个前提，那就是必须有潜在的接盘者。然而在那一天，所有的接盘者却都消失了，投资组合保险的操作方式将股价快速往下推。而且，投资组合保险依靠的是几乎没有限制的资金流动性，不过，流动性并不总是存在，资金的流动性往往也会出现停滞现象。在出现股灾之时，所有人都在想着如何尽快卖出股票，由此注定这种投资策略是不可行的。

3. 许多专家认为市场全球化才是引起股灾的主因，因为程式交易只在美国盛行。然而出乎预料的是，对于没有太多程式交易的中国香港和澳洲股市却带头下跌。由此可知，市场全球化会使一个主要股市发生的大幅度波动于短时间内漫延到全球各个股市。

股市泡沫

股市是否存在泡沫已经成为股市的热点话题，而且越来越多的人开始承认股市中泡沫的存在。如何应对股市泡沫早已成为了许多股民苦恼的首要问题，是人为刺破气泡，还是任由泡沫膨胀？这些都不是好的答案。那么，面对股市的日趋繁荣，应对股市泡沫的策略应该是什么呢？

股市是个极其敏感的地方，任何轻微的风吹草动，都可能造成股市大盘的动荡。伴随着股指的大幅度上涨，“泡沫论”之争又在股市中流传开来，并影响到了行情的进一步发展。在方方面面对股市泡沫的围剿之下，“挤泡沫”的工作可谓是风生水起。

股市存在着一定的风险。所以对于“泡沫论”之争中那种一味否认股市泡沫存在的观点，或者给股市泡沫带上一个“理性泡沫”、“合理泡沫”美名的做法，都是不足取的，当然也无法改变泡沫客观存在的事实。比如中国人寿，发行市盈率就达到了97.8倍，上市后的市盈率更是达到了200倍之多，因此，任凭他人如何美化中国人寿，它始终是股市中存在的一个大泡沫，这一事实无可更改。

身在股市就必须正视股市泡沫的客观存在，但却没有必要将股市的泡沫进一步夸大，搞出不必要的“挤泡沫”运动，使每个身处股市中的人心中惶惶不安。股市泡沫并不具有全局性，而只是限于局部。但须注意的是，股市的泡沫会始终存在于以下三大块中：

1. 指数泡沫。这种泡沫大多是由于指数失真而引起的。比如某一种股指曾一度逼近3000点，但其真实的股指点位只在2000点附近，许多个股的股价也停留在1500点左右。可以说，这一种泡沫堪称是股市中最大的泡沫。

2. 蓝筹股泡沫。这种泡沫是由于投资基金等机构投资者在股指期货预期下过分拉抬蓝筹股所引起的。

3. 新股泡沫。这种泡沫多是由高价的新股发行与上市引起的。其中最典型的要属中国人寿的超高价发行与上市。

除了上面提到的三大泡沫外，股市中的大多数个股还是相对正常的。虽然不少股票的市盈率还较低，而且其中相当一部分都已经被市场边缘化，也出现了一些底部的拉升和反弹现象，但是这些股票基本上都与泡沫沾不上边。所以，尽管股市在相当程度上会有泡沫的出现，但绝不能一直夸大。

从股市的发展来看，想要消除股市泡沫，就必须要有针对性。比如指数泡沫是由于计算方法错误所引起的，这就需要对股指的计算方法进行改进，并同时扣除现有股指中虚增的股指成分。又如新股泡沫，是由于新股发行的价格定得过高所引起的，这就需要对新股发行的市盈率做出硬性规定，规定新股发行市盈率不得超过 20 倍的水平。就股市的现状而言，只要消除了这两块泡沫，股市中存在的泡沫就会被消除一大半，另外一种蓝筹股泡沫则会在股指期货的延期推出或者正式推出之后，在一定程度上得以消除。股市中也有相当一部分股票不存在泡沫的现象，若是不分青红皂白，将其一视同仁，只会让无辜的投资者受到伤害，让投资者降低自己的投资热情。

> 无论是股市泡沫还是股市灾难，他们的出现总是在人们不注意的时候，无所预警地引起股民的恐慌，甚至引起股市战争的暴发。身在股市的人都知道股市泡沫及股灾的危害性，在慌不择路的情况下总会受到波及，要想在灾难中全身而退，就必须找到应对之方，从而让自己摆脱危险，在股市中毫发无损。

在股市的动荡之下总会有各种状况的产生。泡沫和股灾的出现，总让人防不胜防，也让人们谈之色变，而它们却堂而皇之地潜伏在股市中，与人们如影随形。

3. 利用正确信息来看待股市

战争中获胜，必须有傲人的利器；股市中生存，必须有最新的信息！

信息是决定胜负的关键。想要获胜，必须有第一手的信息，这是新时代的股市战争法则，也是股市战争中竞争的依据！

现如今的社会是一个信息爆炸的时代，尤其在风云变幻的股市中最为明显。信息是股民买卖股票的依据，是股市发展的预测及领导者。在股市中，股市的每一次波动都对股民有着或大或小的影响，为了预防波动的时刻发生，一些预言家便在股市中放出这样那样的消息，以供人们做好面对股市动荡的各种准备。股民是赚是赔都与他们所得到的信息正确与否直接相关，信息正确往往会让他们大赚特赚，若信息不正确，那他们面临的不仅是赔钱那么简单了。由于越来越多人涌入股市，使得信息的产量也越来越大，身在股市就要有辨别信息真伪的能力，虽然股市一直被信息所驾驭，但若你能掌握准确而及时的信息，那么驾驭股市的人就会是你。

如何获得正确的股评信息

信息是股市中所有专家的语言，而股评信息则是股评家的语言，也是让投资者辨别股评专家真伪的首要标志。然而，在股市的信息里面，要想找到真正有价值的信息来作为投资判断的重要依据，无疑是很困难的。

如何获取正确的股评信息，又成为股民又一关注的主要话题：

◎ 正确的渠道

在股市中的人都知道第一手信息对于投资的重要性。他们对信息的第一反应，直接体现在他们的投资决策中，并直接影响着自己的投资行为。当接受错误观点的信息时，将直接影响到投资者正确的投资行为，甚至可能做出不利的投资判断。信息来源的正确性主要与信息渠道有着直接联系，一条正确的信息渠道将直接影响着投资者的首要判断正确与否。

◎ 正确分析股评内容

由于股民对股评的依赖越来越强，许多虚假的股评信息也风生水起，大多都不再是原汁原味，而是掺杂了较多的猜测、假想、评论、演义等内容，更多的是人们利用先进的计算技术和投资理念，对信息进行再整理、加工、提炼。在这些虚假的股评信息中大多数股评最经常犯的一个错误就是对股票正面的评价多，而对股票风险不是“一笔带过”，就是“忽略不计”，这样的信息对于投资者而言有绝对的误导倾向。所以，投资者在了解和阅读股评信息的时候，一定要记得让股评家告诉你多少风险，而不是告诉你能够获多少利。投资者在选择或分析股评信息内容时，除了需要关注咨询服务机构和分析师资格条件以外，还需看一下评论内容的来源以及数据是否真实。这样才可以避免走入投资误区。

◎ 实践是检验真理的标准

只有通过实践的股评信息其准确性才是最高的。通过正确的渠道，获取正确的信息，主要是为了能够应用，将其转化为实际的投资决策以及行动。这就要求投资者自己做出判断，到底是进行长期投资，还是实行短线操作。但无论是长期还是短线，只有通过实践得出的真理才能得出最为可靠有效的信息。

股市投资是一门学问，也是一门艺术。这就好比一名股评家到底是不是“黑嘴”，不是光听他说，还要看他是怎么做的，尤其是研究报告是怎么写的，是否确实做到了言行一致。这就好比厨师做一道名菜，既要有好厨艺，更要有好原料。投资者只有掌握了获取正确股评信息的方法，在股市中离成功也就相去不远了。

股民获取信息途径的演变

在现如今这个全民炒股的年代，无论是看电视还是订阅报纸，人们的目的不再仅仅是为了浏览新闻，更重要的则是为了获取股市最新信息。而在国内股市狂热的发展过程中，人们可以发现股民获取股市信息的途径是在不断地演变。

张先生是从1996年开始其炒股生涯的，他加入时股市正值一轮牛市的尾声。作为新股民，他进入股市的首要选择就是急于获取股市信息和掌握炒股技巧，但就当时的情况来说，信息很不发达，想要了解股市信息或者掌握炒股知识，只能凭借几本股票操作之类的书籍来获取，或者订购几份相关的炒股经报来获得微量的信息，并根据自己研判的结果进行自己的抽调投资。

对于初入股市的张先生而言，他的救命稻草就是信息。在股市开始疯狂的年代，可以说真的验证了那句“养什么成什么”的正确性，不管是谁，随便买上一只股票，都能够赚到钱，而且收入相当可观。在初尝甜头后，张先生不再满足于光顾股市去选择股票，进行交易，获取股市信息，而是投资30元办了电话委托。但对于看不到的股市炒股，他心里总有隐隐的不安。于是便在家里安装了一台股票接收机，而且还订阅了一大摞报刊，除了交易时去股市以外，其他时间都在家里看大盘，读信息，从而大大节省了炒股时间，也比以前获取的信息量多了许多。

物极必反这是个自然定律。1997年下半年股市就由牛转熊了，张先生的投资资金开始被套牢，很快就把本金也赔了进去，买什么，套什么。直到他发现股票接收机不能正常接收股市行情信息了，他才发现原来是一年的使用期限到了，需要续交840元的年信息费，才能正常接收。炒股赔了钱，还要多花这些冤枉钱？张先生开始后悔炒股。

2006年，国内股市迎来了它的“十年牛市”，网络的发达也为炒股的人们提供了诸多便利，各种消息的发行也远远比以前快许多。获取股市信息途径的多样化，让他可以直接通过软件查看股市行情，并进行分析，也可以通过电视上的股评了解信息，还订阅了相关报纸，通过报纸及时并全面地掌握股市信息。

股市是时时刻刻都在发展的场所，信息的更迭更是让人感觉匪夷所思，人们获取信息的途径也越来越多样化。但无论获取途径如何改变，获得及时、准确、可靠的信息就是战胜股市所必备的利器，也是每一个股民都应该明白的炒股要点。

从公告修改中获取信息

信息在股市中处于绝对主导的地位，任何人想要在股市中赚钱都要依赖于正确可靠的信息。而且各个角落都会有信息的产生，股市中大股东也经常会给你这样的机会，虽然公告经过了反复的斟酌和修改，但人们依然可以将其进行利用。

◎ 股改公告

每一次股改公告的更改都预示着大股东对自己企业发展做出的预期。发行认股权证，代表对现有股价支撑位的判断和增持的意愿，所以专家一再强调，认股权证只能结合大盘炒作大盘调整的趋势，它们大多都会变成一堆废纸；提出目标价格后，如果在一定时期内达不到则追加送股或者派现，那么这个价格九成以上一定会达到，而且出于财务部门谨慎的职业本性，这个目标价格一定是大大缩水的，提出承诺增长率，稍微专业一些的人可以计算这只股票现在的市盈率是否合理，这是现成的指标，比如如果提出20%的年增长率，而市盈率还小于20，只要判断公司基本面没有大的问题，只要你懂得把握，你就可以从中获得第一手消息。

◎ 季度报告

报告是与企业相关的记录，每一次的更改都代表着企业发展动向的转变，人们从中不仅能够看到财务信息，还可以看到机构投资的增减情况，如果在报告日发现实力机构大幅度增仓，但是本季度股价却一直在平台整理，那么，现价买入往往也可以享受到机构抬轿的乐趣。对于财务数据，除了正常的收入成本项目，对外投资和关联交易等项目也必须予以高度的重视，比如持有某一股价彪涨公司的原始股、与某投资大鳄联姻，这些都是能够立即觉察到的信息，只要你拥有敏锐的嗅觉，嗅出信息的变动性，你就可以成功驾驭股市。

怎样从财务报告中获得上市公司的信息

股市的空前狂热无时无刻不在牵动着股民的神经。然而，在选择股票时，会发现许多股民总是只看到大盘、指数以及一些简单的技术分析，却常常忽略掉对上市公司基本情况以及财务报告的分析。若想搏击股市长空，不仅要具有非凡的魄力和勇气，更重要的是要有良好的“识水性”。选择股票，除去技术分析因素，还应具有分析上市公司基本素质的能力以及读透上市公司财务报告的本领。这是因为，上市公司的财务报告直接反映着该公司真实的企业经营状况、发展水平和发展前景，从中可以让人们获取最为有利的信息。这理应成为股民是否持有股票的首要依据。

◎ 了解上市公司

上市公司所发布的信息大多与股市未来发展的动向有着直接的关系，他所披露的内容主要有四种：招股说明书、上市公告、定期报告和临时报告。这些相关的报告中，虽然包含着许多非财务信息，但是其中大部分信息具有财务性质或者与财务有关，而这些与财务有关的报告所披露的信息往往是股市中最新，含金量也是最高的。

1. 获取该股上市前的信息。这是获取最新信息所必须做的准备，其中包括获取其发行总市值、预测的税后盈利、每段收益、预计市盈率、发行后每股净资产等信息；获取募集资金的风险介绍，报告的财务信息包括投资风险和股市风险；获取募集资金的计划用途、各个项目的轻重缓急、如果募集资金不足应具有什么样的备选计划、上次募集资金的实际运用情况等信息。

2. 获取该股上市时的信息。比如在股票发行情况中，了解该公司近三年来或者自成立以来真实的经营业绩和财务状况以及公司所做的下一年盈利预测文件。

◎ 洞悉“定期公告”

从股市一直以来的发展情景来看，上市公司所公开的信息中，最为全面系统的财务资料要数上市公司的年度和中期财务报表。而大多数投资者对公司的财务报表内容都略知一二，对财务报表的指标计算也相对熟悉，但是，需要注意的是分析公司财务状况的重要性，如果仅仅是计算财务比率，而不进行分析，就会导致什么问题也解决不了，当然也不可能从中获得有效的信息。因此，财务报告分析的核心问题主要在于解释原因，同时不断地进行深化，以寻找到最直接的原因，并根据这些原因对该股的发展做出最为准确的评价。对该公司的财务分析得越具体、越深入，你所获得的信息就会越准确。

也许许多人都不明白从企业的年度报告和中期报告中股民可以得到什么信息，这也是大多数股民极想知道的。一个企业的年度报告所包含的内容主要有公司简介、业务数据摘要、董事长或总经理的业务报告、财务报表、年度内发生的重大事件及其披露情况要点、公司其他有关资料及其备查文件等。而中期报告内容则包括财务报告、经营情况的回顾和展望、重大事件的说明、发行在外股票的变动和股权结构的变化等内容。其中，财务报表至少包括资产负债表和损益表，它们可以是已经被简化的财务报表，只要上面提供了每段收益、净资产收益率和每股净资产指标就行。这些都是人们在决定投资方向时所得到的最有效的信息。

◎ 重视突降的“临时公告”

临时公告的出现大多意味着上市公司会有大的变动，这种变动会牵扯到股市的发展，所以上市公司出现这些“临时公告”时一定要加以注意。这种公告主要包括重大事件公告和公司收购公告。这些所谓的“重大”事件，往往是指这些事件的发生对于上市公司原有的财务状况以及经营成果已经或者将会产生较大程度的影响，并且影响到了上市公司当前的股票市价。而收购事件则会对收购公司以及被收购公司的股票价格产生重大的影响，有时甚至会涉及到整个证券市场。这种信息在股市发展中是最为重要的。

> 随着股市的发展，信息往往是第一批产物，没有信息的产生，炒股的人们就好比是盲人摸象。在现如今的社会，信息已成为主导一切发展的主流，没有信息的参与，投资者在股市就会错过一个又一个赚钱时机。对于身在股市的人们而言，信息就是他们决定胜负的法宝，拥有正确的信息就是他们制胜的关键，了解了信息的重要性，你才能在股市中谈笑风生，掌握大局。

股市中信息时刻都会产生和变换，不懂得把握信息这一股市命脉，不明白信息在股市中的重要性，那么你只有离开股市！

4. 国际与国内形势严重影响股市

国际市场石油价格不断地刷新着新的纪录，这在引起人们的普遍关注之外，也使得广大专业分析人士对于石油价格前景的看法有了较大的分歧，可谓众说纷纭！

现如今的国际油价已进入 100 美元的时代。我国是一个用油大国，油价的上涨给我们带来的压力不言而喻，从宏观到微观，整个社会都已经感受到了这份燥热。高油价将会在多大程度上借物价的上涨来考验宏观政策、稀释企业利润、影响 A 股市场预期？

国际油价上涨，高油价冲击中国股市

自 2007 年下半年起，国际油价便开始加速上涨，2008 年新年伊始，国际油价开盘持续走高，纽约商品交易所轻质原油期货价格于新年的首个交易日盘中突破每桶 100 美元的关口。2008 年 3 月份又创出了每桶 110 美元的最高纪录。国际油价不断创出新纪录，接连突破了人们的正常心理预期。在国内，各大城市全面上调汽油、柴油价格，燃料油期货启动……关于“油”的新闻层出不穷。对此，国际油价上涨，中国股市将受到怎样

的冲击呢?

2008年以来，国际油价连续攀升，与2008年初相比，油价最大涨幅高达40%。虽然短期受欧佩克和俄罗斯宣布将尽力增产、用以满足全球对于石油的强大需求，使油价因此而有所回落，但事实上油价依然处于高位运行。

毋庸置疑，油价的上涨无疑给我国经济带来了压力。有关研究显示，油价每上涨1%并持续1年时间，将使我国国内GDP增长率平均降低0.01%。虽然油价的上涨会给一些原油开采企业带来直接收益，可以给原油开采带来一定的收益，但是对于大部分下游企业而言，原材料价格的上升将直接影响企业的利润，尤其是成本无法转嫁的公司将首先受到冲击。

油价的上涨对中国股市的冲击具体表现在宏观和微观两个方面:

从宏观上来看，因为油价的上涨拖累了GDP的增长，很可能引起物价的上涨，从而带来利率上涨的压力，加之我国是石油净进口国，成本的增加对于整个市场的影响肯定是负面的。而从国际股市的运行中也可以看出，在纯石油消费国，油价的涨跌对于证券市场的反向影响十分明显。比如美国，石油价格和股市的涨跌在总体上就呈现出负相关性。

相对于微观经济主体，国际油价产生的影响则是多层次的。

首先，有些原油开采企业可以从油价的上涨中得到好处。比如中原油气(000956)、辽河油田(000817)等公司。除此之外，中国石油、中海油等也会从油价上涨中获益。

其次，有些纯炼、石油消费类企业会因此而受到巨大冲击。油价上涨对于该类企业的影响主要考虑成本能否前向转嫁或者后向转嫁。假若公司在行业中占有垄断地位，则成本转移的可能性就会比较大。从上市公司来看，公共交通运输业所受到的负面冲击也比较大，而对于具有瓶颈制约相对垄断优势的油运、航空等则有很大的成本转嫁能力。比如，中远航运(600428)等公司受到的影响就很小。

最后，对于石化类上市公司的影响相对来说就显得比较复杂，比如中国石化，在其主营业务中既有原油开采业务，也有石油炼制、石油加工等业务，油价的上涨对于公司的影响呈现的是此消彼长的关系。相关上市公司的中期业绩显示出该板块业绩总体上依然呈现优良状态，但是，考虑到该板块在国际油价上涨前期被大幅度炒作过，因此，短期回避调整压力还是十分有必要的。

国际油价破百，风险和机遇并行

一直以来，美元的持续贬值、新兴国家需求大幅度增长和国际投机盛行的三大背景下，国际油价收盘突破100美元的大关，更是明确宣告了高油价时代的来临。在高油价时代到来之际，什么样的投资机会更明显？传统的石油公司会受益吗？

◎ 能源股绝地反击

专业人士经分析认为，国际油价突破100美元对于能源类股票的影响，初期应该是一种利好，因为价格上涨十分有利于推动上市公司利润的增长。但是当油价上涨到一定程度，以至于使得整个经济运行成本因此而明显增加时，那么就会开始出现负面影响。

沪深股市能源板块于2008年2月20日由于受到大盘调整的影响，以致无法在盘面上体现利好。煤炭石油板块下跌66.57点。其中，权重股中国石油（601857）虽然承接了前一交易日强劲走势，高开于25元，但随后便开始一路往下泻，尾盘收于24.11元，跌幅达2.55%，几乎可以说抹杀了前一天的全部“战绩”。

◎ 新能源潜力巨大

一般来讲，高油价对经济的负面影响更大，因为它直接增加了经济整体运行的成本。比如化工成本增加、运输成本增加等。

值得注意的是，美国作为全球第一大能源消耗国，面对高油价的影响，在2006年底通过了一项新能源法，该法案鼓励大幅度增加生物燃料乙醇的使用量，此项目政策的目的在于分散能源的供应来源，减少对石油的过度依赖。与此同时，新能源法在照明以及设备的节能方面也提出了相关要求，比如从2012年起逐步淘汰白炽灯等。

中国是全球第二大能源消费国。据相关统计数据资料显示，中国在2006年共计消费了3.5亿吨原油，556亿立方米天然气，23亿吨原煤。中国做出的进一步计划则是在2020年实现风电装机容量3000万千瓦、核电装机容量4000万千瓦、小水电8000万千瓦。不过，虽然这些规划很可能会使总的能源需求得到缓解，但依然难以解决2020年新增的2亿吨原油需求所要求的供给问题。

中国石油供小于求这一问题，主要是依赖煤化工行业生产煤制甲醇、二甲醚、煤制成品油和煤制烯烃等来缓解，这些新能源均受到了国家政策的扶持，未来的发展空间很大，相关公司也具备了很好的投资机会。

◎ 农业股机会明显

对于农业股来说，高油价的机会固然非常大，这是因为在政策方面很可能迎来实质性和转折性的支持和投入。在美国制定的新能源法中，刺激了全球农产品相关产业的繁荣，在农产品这一产业链中，不仅是农产品价格的上涨，其上下游产业均受到积极的影响。

从全方面的角度来看，对于数量众多、良莠不齐的农业股来说，普遍受益的可能性很小。由于农作物的大量种植，必然使用到更多的杀虫剂，像草甘膦，因为行业景气受到明确的基本面因素的促动作用，其在短中期内的投资价值非常显著。不过，在进入2009年后，随着产能的快速释放，价格上涨必将因此而受到抑制。当产业逐渐进入平稳发展阶段之后，仍然只有具备成本与技术壁垒的企业才能获得持续发展。

每逢国际油价“高烧”之时，国内市场总会“习惯性”地陷入供应紧张的窘境，相关数据显示，只要一出现这种情况，各地成品油批发价就会出现大面积上扬，资源紧张态势随之一触即发。之所以出现这一幕，业内专家分析，这和国内可售资源减少有关，不过，如果追根溯源，则需要归因于反应迟钝的成品油定价机制。

如果按照“蝴蝶效应”来分析，每一次的国际原油上涨都与国内成品油价格、国际金价及全球股市走势息息相关。从国际国内的发展看股市的成长，你将会从中得到更理想的信息。

5. 全球股市互相影响

投资者应该逐渐学会观察国际股市的走向，所谓“他山之石，可以攻玉”。有了这样的准备，投资者才能够在行情启动之初就抓住主流概念。

股市由于受到次货危机及美国经济放缓的影响，在短时间内便开始出现全球性暴跌。美国股市在短短的半个月内暴跌近10%，日本、韩国同步大幅度下跌，而印度、中国香港等地的股市下跌幅度居然达到了15%－20%，至于欧洲股市，则出现了历史极为罕见的一天暴跌7%的恐慌局面。

美国金融市场的发展一直备受人们的关注。现如今美国的金融市场中充斥着各种各样的创新产品，次级按揭贷款有着巨大的金融杠杆，次贷问题引爆了美国金融市场危机。危机的规模、影响的深度仍然无法做出清晰的预期。因为金融和服务业占美国经济的50%以上，金融市场的危机势必会对美国的经济增长带来巨大冲击。事实上，相关调查的经济数据显示，美国经济已经出现了放缓甚至衰退的迹象。

从2002年开始，世界经济的持续高增长，催生了一轮长达5－6年的国际股市和商品市场牛市，美国股市的涨幅达到了50%，主要的新兴市场国家股市涨幅更是达到了5－8倍。从历史上来看，一轮牛市持续的时间一般是5－7年，美国次贷危机和相关金融信用危机的爆发以及美国经济的衰退预示着长达5年之久的全球牛市从此结束，在次贷危机的前景还处于不明亮状态的情况下，美国股市将会进入至少一年的盘整时期。

由于全球股市的暴跌，特别是中国香港股市的暴跌，对A股市场产生了特别大的冲击。A股的估值水平高于香港市场70%，高于H股一倍以上，港股的暴跌必然引发A股市场的同步大幅度下跌。

2008年A股市场出现的内在回调压力，也加剧了市场的波动性。其实，在2007年底股市出现大幅度上涨，多数股票涨幅超过了30%，很多股票的涨幅居然超过了50%，在全球股市普遍暴跌的情形下，获利回吐进一步加剧了市场的下跌。

从长期的角度来看，因为我国经济持续高速增长的预期、流动性过剩的格局依然存在、加上人民币处于加速升值的环境中，我国股市的长期牛市基础并没有发生根本性的改变，A股市场在经过一定的回调之后，很有可能进入长期慢牛的格局。2008年下半年开始，股市进入震荡期，在震荡期，熊市的格局不可改变，并且任何数字都不是低，也就是股指可能低于1000点都是有可能的。从2010年开始，慢牛或快牛随时可能发生。

投资者应该注意到国际国内的联动现象并不是完全同步的，在一些大的概念上会存在时滞。然而，正是由于时滞原因，为广大投资者提供了观察研究以及做好充分准备的机会。我国的股市概念主要受到两大方面的影响：国际热点题材和我国的国情。在20世纪90年代初期和中期，由于我国股市处于不成熟阶段，受国际股市的影响比较小，因此，当时的主导因素便是国内的政策问题，而且由此产生了一系列的概念及板块。

美国发生的次贷危机虽然对中国股市并没有产生直接的影响，但是却间接地影响着中国股市动态。

中国股市不可能成为脱离世界股市独处一隅的世外桃源，随着中国经济逐渐融入国际经济体系的进程，中国股市和世界股市的关联度将会越来越紧密！